Curso de escritura creativa

Brandon Sanderson

Curso de escritura creativa

Traducción de Manu Viciano

Papel certificado por el Forest Stewardship Council®

MIXTO
Papel | Apoyando la
silvicultura responsable
FSC® C117695

Penguin
Random House
Grupo Editorial

Título original: *Creative Writing Course*

Primera edición: marzo de 2022
Tercera reimpresión: febrero de 2024

© 2022, Dragonsteel Entertainment, LLC.
Esta edición se publica bajo el acuerdo con JABberwocky Literary Agency, Inc.
a través de Yáñez, miembro de International Editors Co. S.L. Literary Agency.
© 2022, Penguin Random House Grupo Editorial, S. A. U.
Travessera de Gràcia, 47-49. 08021 Barcelona
© 2022, Manuel Viciano Delibano, por la traducción

Printed in Spain – Impreso en España

ISBN: 978-84-666-7189-7
Depósito legal: B-945-2022

Compuesto en Llibresimes, S. L.

Impreso en Liberdúplex
Sant Llorenç d'Hortons (Barcelona)

BS 7 1 8 9 A

Índice

1

Introducción

Quisiera empezar este curso contando por encima la historia de por qué existe. En la década de 1980, Orson Scott Card iba a impartir un curso de escritura creativa en la Universidad Brigham Young que tenía muy entusiasmado a todo el mundo. Se matriculó muchísima gente. Después, por varios motivos, Card no pudo ponerse al frente de la clase. De modo que un profesor de literatura de la universidad a quien le gustaba la ciencia ficción empezó a dar una clase sobre la escritura de ciencia ficción y fantasía, para que quienes se habían matriculado no se quedaran sin curso. Se hizo muy popular. No dejaban de apuntarse alumnos, entusiasmados por tener una clase sobre esos géneros literarios. El curso empezó a mediados de la década de los ochenta y ya no dejó de ofertarse.

Yo fui alumno de la Universidad Brigham Young entre los años 1994 y 2000, y no pude matricularme en ese curso hasta mi último año allí. Por distintos motivos, no encajaba en mi horario. Precisamente en el 2000, David Wolverton, quien escribía con el seudónimo de Dave Farland, empezó a impartir ese curso. El profesor que se encargaba de él hasta entonces, el doctor Smith, tuvo problemas de salud y se vio obligado a abandonarlo, y la universidad quiso que el curso estuviese impartido por un autor profesional.

Cuando me enteré de que había un auténtico escritor dando un curso, me emocioné mucho. La idea de poder escuchar a un profesional del ramo me resultaba muy interesante. Y así fue. Ese curso fue, con mucho, el más valioso de todos mis estudios en la universidad.

El motivo es que, aunque a mis otros profesores se les daba muy bien hablar de conceptos como la temática de una novela, o sobre cómo encontrar tu alma interna de escritor y otras ideas similares, no sabían muy bien cómo exponer la construcción de un personaje cautivador. No sabían hablar de cómo adoptar una estructura argumental y llevarla a tu propia historia de un modo interesante, con emoción y originalidad. Y desde luego no sabían explicar qué había que hacer cuando alguien te ofrecía un contrato de publicación. Esas cosas no podía aprenderlas de la inmensa mayoría de los profesores: aunque los había con experiencia práctica, yo aún no había podido apuntarme a sus clases.

No pretendo ser la única persona que pueda enseñar estas cosas, pero lo cierto es que matricularme en ese curso lo cambió todo para mí. En aquella época ya tenía ocho novelas escritas. Sabía cómo sentarme al teclado y escribir historias, pero no cómo pulirlas, y no tenía ni idea de cómo sacarlas al mundo y terminar publicándolas.

Dave me enseñó todo eso.

Al cabo de un tiempo se retiró de la enseñanza y se marchó a trabajar en otros temas, y la universidad iba a cancelar el curso. Algunos profesores conocidos míos vinieron y me preguntaron: «Brandon, ¿estarías dispuesto a impartirlo tú?». Por esas fechas yo había vendido los derechos de una novela pero aún no estaba publicada, de modo que nadie podía considerarme un valor seguro. Me dijeron: «No queremos que el curso desaparezca. ¿Te encargarías de él?». Y así fue como, en el año 2004, pasé a ocuparme de este curso, que he impartido cada año hasta ahora.

Por suerte, desde entonces mi carrera ha despegado. Todo ha ido muy bien. Pero nunca he querido dejar este curso porque creo que, si puede señalarse el momento que más influyó en mi carrera como autor publicado, debió de ser cuando me apunté a este curso con el cambio de milenio, hace ya veinte años. Y desde entonces lo he considerado un recurso que debo asegurar que siga presente en mi vida.

De modo que procuro darle el mismo formato que a mí me hubiera ayudado como escritor novel al recibir las lecciones. Eso significa que nos centraremos en los engranajes de la escritura. Existen otras muchas clases de las que podéis obtener conocimientos sobre cómo enfocar el tema de vuestra obra y cosas por el estilo. Nosotros nos ocuparemos de la trama, la ambientación, los personajes y la parte empresarial. A la hora de impartir este curso, daré por sentado que queréis dedicaros profesionalmente a la escritura de la ciencia ficción y la fantasía en menos de diez años.

Quisiera dejar claro que vuestro objetivo no tiene por qué ser ese. En las disciplinas artísticas puede dar la sensación de que muchas veces ese enfoque es perjudicial. Uno dice a sus parientes y a sus amistades: «Estoy trabajando en un libro», y de inmediato los demás responden: «¿Van a publicarlo? ¿Cuánto cobrarás por él?». Es la primera pregunta que tiende a hacer la gente, a menos que te salgan con: «Pobrecito, no conseguirás un empleo en la vida».

De hecho, esto último me sucedió en una ocasión después de ser un autor publicado. Es una de esas cosas que piensas que algún día podrás hacer, contestar a ese lugar común. Y alguien me hizo la pregunta. Estaba en una fiesta y me dijeron: «¿A qué te dedicas?». Yo respondí: «Soy escritor». Añadieron: «Ah, conque estás sin trabajo». Y entonces dije: «La semana pasada llegué a la lista de los más vendidos del *New York Times*». Fue genial. A veces sí que pasa.

Pero no por ello debéis tener como objetivo dedicaros a

la escritura de manera profesional. Podéis escribir porque es bueno para vosotros. Si yo preguntase a alguien de cuarenta y tantos años, más o menos mi edad, a qué se dedica, y esa persona me dijera: «Ah, me encanta jugar al baloncesto, juego todos los miércoles», yo no preguntaría de inmediato: «¿Y cuándo jugarás en la NBA?». No es algo que tenga grandes probabilidades de ocurrirle a la mayoría de las personas de cuarenta y tantos años que no estén jugando ya en la NBA. Pero sí pensaría: «Qué bien, me alegro por ti». Ser una persona activa, tener aficiones, salir a hacer deporte... son cosas buenas para cualquiera.

Sencillamente creo que es bueno escribir historias, que es positivo aprender a comunicarte mejor, a sacar los relatos de la cabeza y plasmarlos en la página de un modo que el lector encuentre interesante y le permita establecer una conexión emocional.

Así que, si estáis leyendo este libro por diversión, sois más que bienvenidos. Si nunca habéis escrito nada, también sois más que bienvenidos. Si ni siquiera os gustan la ciencia ficción y la fantasía, o queréis escribir ficción literaria, sois bienvenidos. Os animo a que utilicéis este curso del modo que más os ayude a lograr vuestros objetivos.

Pero en todo caso, voy a dar por sentado que queréis convertiros en alguien como yo dentro de diez años o menos. Que queréis ganaros la vida a tiempo completo escribiendo y tener mucho éxito como autores. Voy a suponer que ese es el caso. Porque así podré transmitiros toda la información que necesitáis y vosotros podréis escoger las partes que os interesen de cara a vuestros objetivos de escritura, sean cuales sean.

También quisiera decir algo a la gente que de verdad quiera ser Brandon Sanderson, o... una versión mejorada. No sé si vuestra vida ha sido como la mía. Seguro que os han dicho muchísimas veces: «Eso no puedes hacerlo». O también: «Bueno, a la gente no le pasan esas cosas». Yo crecí escuchando frases como esas de seres queridos y bienintencionados. Querían lo mejor para mí, y lo cierto es que decían cosas razonables. Mi madre, a la que adoro, es contable. Cuando le conté que quería ser escritor, me dijo: «Hum. Quizá podrías ser médico y luego escribir aparte. Todos los buenos médicos se pasan el día jugando al golf, así que, en vez de eso, tú podrías escribir historias». No fue un consejo espantoso. Pero sí que desalienta un poco que todo aquel a quien le dices que quieres trabajar haciendo esto responda: «Ah, estupendo, ¿qué tal se paga?». O bien: «Pobrecito».

De modo que quisiera transmitiros algo que yo aprendí siendo alumno de este curso. Quizá uno de los momentos más cruciales para mí fue cuando Dave se presentó aquí y dijo: «¿Sabéis qué? Soy escritor profesional. Fui alumno de la Brigham Young y asistí a este curso en el año 1985 o 1986. Y ahora soy escritor profesional a tiempo completo». El hecho de que Dave dijera eso me hizo pensar: «Vaya, así que es posible». La gente tiende a asumir que se trata de una posibilidad entre un millón, pero seguro que podríamos calcular cuánta gente hizo ese curso. Fueron menos de un millón de personas, y Dave lo consiguió.

Cuando Dave impartía este curso en el año 2000, éramos veinte personas en el aula. Cinco de nosotros nos hicimos profesionales de un modo u otro, algunos como editores. También hubo gente que escribió relatos cortos para publicaciones profesionales, aunque no llegaran a ganarse la vida del todo escribiendo. Pero yo estaba en esa clase. Dan Wells también estaba en esa clase. Peter Ahlstrom estaba en esa clase. Peter luego se hizo editor en Tokyopop y estuvo trabajando como profesional para ellos antes de que yo lo contratara. Kristy Gilbert estuvo en esa clase, y ahora es editora autónoma profesional a tiempo completo. Así que conozco a dos editores y dos escritores que pasaron a dedicarse a tiempo completo a la escritura, y también a varios otros que lo hicieron a tiempo parcial, que es de donde sale esa quinta persona. Sabiendo eso, cabría pensar: «Vaya, cinco de veinte, eso es una posibilidad entre cuatro». Puede que nuestro grupo se saliera un poco de la norma, pero lo cierto es que las probabilidades siguen siendo mejores de lo que creíais.

El problema es que, si recibierais orientación sobre bioquímica y os dijeran: «Uno de cada cuatro de vosotros podrá conseguir empleo en este campo», lo más probable es que desconfiarais. Y más si añadieran, como debo hacer yo ahora basándome en mis anteriores alumnos, que en realidad la proporción se acerca más a uno de cada veinte. Uno de cada veinte alumnos míos, en los años en que he impartido este curso, se ha hecho profesional a tiempo completo. Pero claro, si os presentarais en la facultad de Derecho y os dijeran: «Bueno, solo uno de cada veinte de vosotros podrá acabar trabajando como abogado», lo más seguro es que pensarais: «¡Mejor no me matriculo!». Lo que quiero decir es que tenéis las probabilidades en contra, pero no son de una entre un millón.

Y luego está la gente que estudió el curso y no terminó haciéndose profesional. Por ejemplo, hay una alumna en mi grupo de escritura que no llegó a dedicarse a esto a tiempo completo. Escribe obras de calidad profesional, es una escritora fantástica. Pero le gusta escribir un libro cada tres o cuatro años y no tiene tanta necesidad de publicarlos como de contar sus historias sin más, porque le gusta hacerlo. Son unas historias fantásticas. Estoy convencido de que algún día venderá los derechos de alguna, y no tardará demasiado. Eso no puede considerarse un fracaso, deberíais predisponeros a aceptarlo.

Hubo un momento en mi carrera, después de ser alumno de este curso pero antes de vender los derechos de mi primera novela, en que tuve una especie de momento revelador. Me pregunté: «¿Qué estoy haciendo?». Por aquel entonces había escrito doce novelas, pero no había vendido ninguna. Las enviaba a las editoriales y me llegaban dos tipos de respuestas. La primera era: «Caray, qué largo es esto». La segunda decía: «¿No puedes escribir un poco más como George R. R. Martin?». Era el autor que por entonces vendía libros como churros, y escribía novelas extensas, así que tampoco sé muy bien por qué me daban la primera respuesta. Creo que en realidad a quien estaban buscando era a Joe Abercrombie. Pensaban: «¿Dónde está Abercrombie? Sabemos que anda por ahí, en algún sitio. Queremos publicarlo a él». Les interesaba un material más breve y acelerado, pero con el estilo de George R. R. Martin. El caso es que, por un motivo u otro, no hacían más que rechazarme. No estaba avanzando en absoluto.

Así que pensé: «Tal vez tiene razón toda la gente que se preocupa por mí». Mi padre me llamaba y decía: «Hijo, tienes a tu madre angustiada». De modo que me vi obligado a preguntarme qué era el éxito para mí, qué estaba dispuesto a aceptar. Tuve que plantearme la pregunta de si me parecería bien morir con más de cien años, siendo optimista, y teniendo ciento cincuenta manuscritos inéditos. ¿Pretendía seguir escribiendo, aunque supiera que jamás publicaría un solo libro? Y me di cuenta de que quería seguir. Quizá no al mismo ritmo que hasta entonces. Para empezar, tendría que buscar un trabajo de verdad: no podía ser estudiante de posgrado para siempre. Pero sí que pretendía seguir escribiendo. Iba a seguir contando mis historias. Fue entonces cuando decidí que continuaría haciendo esto, aunque nunca llegara a vender nada ni a poder ganarme la vida con la escritura. Y eso me quitó un peso enorme de encima.

Por supuesto que es importante intentar publicar, y os explicaré cómo hacerlo, pero deberíais centraros en el hecho de que queréis contar vuestras historias, de que hacerlo es bueno para vosotros, de que es algo que más o menos no tenéis otro remedio que hacer. No lo estoy planteando de un modo místico. En muchas clases de escritura os dirán que sabréis si tenéis que ser escritores. A mí ese enfoque me parece horrible. Porque opino que el mero acto de escribir ya es bueno para cualquiera. Y no creo que haya personas predestinadas a la escritura y personas que no lo están. Sí creo que la suerte es un factor muy importante para poder dedicaros a esto a tiempo completo. Pero es posible separar el «Tengo que hacerme profesional y ganarme la vida escribiendo» del «Me gusta contar historias». Y cualquiera puede tomar esta última decisión.

Si queréis contar historias, hacedlo. No hagáis caso a quienes dicen: «Tienes que ser de los pocos elegidos». Contad vuestras historias. Contadlas del modo en que queráis contarlas.

Pero debo advertiros que es posible que no lo logréis, que paséis los próximos veinte años escribiendo libros y no vendáis ninguno. Es más probable que suceda eso a que os convirtáis en alguien como yo. Sin embargo, no conozco a nadie que se arrepienta de haber escrito libros durante diez o más años. Todos se alegran de haber seguido escribiendo sus historias. ¿Lamentan no haberlas publicado? Por supuesto que sí. «Claro que querría vender un millón de ejemplares como tú, Brandon. Pero me gusta. Disfruto escribiendo estas historias. Y a lo mejor algún día lo conseguiré».

Podéis aspirar a ese nivel más bajo de éxito aceptable. Habréis escrito vuestras historias y habréis mejorado en el oficio. Sentiréis orgullo por lo que habéis escrito, y quizá todavía podréis dar el salto en algún momento. No lo olvidéis. Esta es la primera parte de mi introducción al *Curso de escritura creativa*.

Sobre enseñar a escribir

La segunda parte de la introducción aborda la siguiente pregunta: ¿De verdad es posible enseñar a la gente cómo escribir?

Es una pregunta que no tengo más remedio que hacerme a menudo cuando repaso mi vida, mi carrera, las clases que recibí. ¿Cuál es el papel de un profesor? Quizá lo más útil que podría hacer es deciros: «Mirad, tenéis que entrenaros a vosotros mismos como escritores. Tenéis que echarle diez años y escribir varios libros. Debéis esforzaros y ser constantes escribiendo. El noventa por ciento de lo que debéis hacer es eso». Ese pequeño discurso bien podría cubrir el curso completo. La respuesta a casi cualquier duda que podáis tener se reducirá a probar unas cuantas cosas, practicar un poco más, ver si mejoráis y, en caso de que no, probar de otra forma. La mayoría de mis consejos para escritores consisten en eso.

Lo cierto es que los escritores siempre estamos dando consejos contradictorios. Si leéis algún manual de escritura de un autor famoso, como *Mientras escribo* de Stephen King, que es un libro estupendo sobre el oficio, veréis que habla de qué pasos dar para convertirse en escritor. Y quizá penséis que lo mejor es hacerle caso. Pero luego leeréis otro libro de otro autor, y ese libro os dirá que debéis hacerlo de una manera completamente distinta.

A menudo utilizo esos manuales como ejemplo para diferenciar entre la escritura de descubrimiento y la escritura con esquema. Los autores tendemos a caer en dos bandos generales, aunque en realidad es más bien un espectro, y todo el mundo acaba en algún punto intermedio. Uno de esos dos bandos es el de quienes George R. R. Martin llama «jardineros», los escritores de descubrimiento. Me encanta la palabra «jardineros» para describirlos. Un jardinero empieza su historia con una premisa interesante, o con unos pocos personajes cautivadores, y la desarrolla a medida que va escribiendo, más o menos dejándose arrastrar hacia donde los lleva el viento. George R. R. Martin es un ejemplo conocidísimo de jardinero, pero lo más probable es que Stephen King sea el jardinero más famoso en activo. Los jardineros no utilizan un esquema previo. Para muchos jardineros, tener un esquema y haber trabajado mucho en ese esquema hace que su cerebro tenga la impresión de que la historia ya está escrita. Pierden todo el entusiasmo por desarrollarla, se aburren apenas han empezado.

En el otro bando están los «arquitectos», que es otra definición de Martin que también me encanta. Un arquitecto es alguien que escribe mucho mejor si cuenta con una estructura en la que apoyar su historia. Los arquitectos tienden a escribir mejor así porque pueden esbozar gran parte de la historia desde el principio, y luego, cuando están trabajando en un capítulo concreto, no se preocupan de nada más porque el resto ya lo tienen claro en su mente. Pueden centrarse en ese capítulo y darle la forma que quieren. El secreto es que incluso los arquitectos realizan escritura de descubrimiento. Lo que ocurre es que lo hacen a pasos más cortos. Un arquitecto salta de un punto de guía al siguiente, en vez de hacia lo desconocido. Pero los arquitectos tienden a odiar las revisiones y a funcionar mucho mejor con un esquema estructurado.

Esos dos tipos de escritura son opuestos si se llevan al extremo. Su existencia no implica que uno no pueda escribir un híbrido entre ambos. Pero las personas que creen que un esquema echa a perder el proceso y aniquila su capacidad de seguir escribiendo no pueden seguir el consejo (que han leído mil veces) de los autores que defienden la idea de trazar antes un esquema. ¿Qué hacen, entonces?

Tendréis que aprender a no hacerme caso, como representante que soy de toda esa gente que os da consejos sobre cómo debéis escribir. Tendréis que comprender que en realidad la escritura es un acto individual y que no hay una manera correcta de escribir un libro. Pueden existir muchas maneras equivocadas para vosotros, igual que muchas maneras adecuadas. Eso forma parte de la diversión de escribir. De hecho, la mayoría de los autores emplean combinaciones distintas entre tácticas de escritura de descubrimiento y escritura con esquema, según el libro en que estén trabajando en cada momento. Y también tienden a evolucionar y cambiar a medida que comprenden mejor su propio proceso y avanzan en su carrera.

En el fondo, no existe ninguna dicotomía entre el escritor de esquema y el escritor de descubrimiento, pero lo usaremos como modelo para estudiar el funcionamiento de muchos escritores y para entresacar cosas que podrían ayudaros. Debéis ser conscientes de que, siempre que alguien os dé consejos sobre escritura, en realidad está diciendo: «Esto es lo que me funciona a mí. La experiencia me dice que así es como escribo las historias que me gustan». Tenéis que estar dispuestos a pensar: «Muy bien, tal vez lo pruebe, le daré una oportunidad y veremos qué pasa», y a considerarlo como un utensilio en vuestra caja de herramientas, que quizá os ayude a escribir mejor. Si el consejo no funciona, también tenéis que estar dispuestos a desecharlo. O quizá no del todo, sino a guardarlo en esa caja de herramientas y tenerlo preparado por si os hace falta cuando cambiéis a lo largo de vuestra carrera. En todo caso, debéis estar dispuestos a comprender que estos modelos de escritura son solo recursos que se nos ocurren para intentar explicar lo que hacemos y ayudarnos con los problemas.

Hay otra cosa que quisiera que comprendierais. Muchos de los temas que trato en este curso son cuestiones que los escritores profesionales empezamos a hacer por instinto, sin seguir unos algoritmos al pie de la letra. Permitidme explicarlo mediante una metáfora con el juego de cartas coleccionables *Magic: El encuentro*.

Una vez oí a un jugador profesional de *Magic*, que es mi obsesión friki, hablando sobre cómo mejoró en el juego. Decía que cuando empezó a jugar, debía concentrarse en muchísimos detalles complejos sobre algunos aspectos del juego para evitar cometer errores. Pero cuanto más jugaba, más se daba cuenta de que, a base de estudiar esos detalles, había conseguido hacerlos instintivos, y que así había liberado espacio mental para pensar en un nivel más elevado y a centrarse en las distintas tácticas a la hora de jugar. Lo que ocurrió en realidad es que, a medida que iba jugando a *Magic* como profesional, cada vez hacía más cosas por puro instinto y tenía más capacidad cerebral para concentrarse en los diversos aspectos del juego.

Creo que esto se cumple también para la escritura. Me da la sensación de que cuanto más escribo, más puedo hacer por instinto las cosas sencillas, como limitar la voz pasiva al redactar un borrador. Me veo más capaz, también por instinto, de fijarme en si el ritmo de un capítulo es demasiado lento. Tendré que acelerarlo, ya sea cortando un poco de aquí, o haciendo que lo que llega fluya más rápido, o metiendo algo por el centro que dé al lector una sensación de progreso. Empiezas a hacer esas cosas por instinto, y así puedes pensar en otros aspectos más envolventes y en otros distintos que mejorarán tu escritura.

Lo que os ocurrirá al escribir es que, con la práctica, iréis metiendo más cosas en el bolsillo del instinto. ¿En la memoria a largo plazo en lugar de en la RAM? No lo sé. ¿Las meteréis en la BIOS? No sabría deciros; no entiendo mucho de ordenadores. Pero sé que seréis capaces de concentraros en vertientes distintas al poneros a escribir, y habrá cosas que os vendrán por instinto. Por eso lo mejor que podéis hacer para mejorar en la escritura es adoptar la buena costumbre de escribir con regularidad.

Pero añadamos ahí una acotación, un asterisco, porque ¿qué significa escribir con regularidad? Será algo distinto para casi cualquier persona. Para algunos autores, escribir con regularidad significa trabajar en el esquema de su obra todos los días durante ocho meses, y luego escribir del tirón durante doce horas al día durante cuatro meses hasta terminar el libro. Conozco a gente que trabaja así, que pasa por ese ciclo todos los años sin excepción: escriben su libro en cuatro meses, después de haber dedicado ocho a jugar con un guion previo.

También conozco a gente que se parece más a mí, que escribe dos o tres mil palabras a diario. Yo lo hago en sesiones de cuatro horas todos los días, con mucha regularidad. Construyo el castillo ladrillo a ladrillo. Sigo adelante sin parar. Ese es mi método.

Pero para la gente que tiene un trabajo con horario, funcionar así es un lujo inalcanzable. No pueden hacerlo. Dedican el descanso de las comidas a bosquejar lo que escribirán ese día, y luego llegan a casa y después de acostar a los niños tienen una hora para trabajar en su historia. Hay personas que no pueden hacer ni eso. Solo pueden aspirar a cuatro horas por semana, los sábados.

Será distinto para cada uno de vosotros. Pero el objetivo es la constancia. Los autores escriben un promedio de entre trescientas y setecientas palabras por hora cuando redactan prosa nueva. Si os quedáis un poco cortos o bien os pasáis un poco, no hay problema. Cada cual es diferente. Pero el término medio está alrededor de las quinientas palabras por hora de trabajo. Por supuesto, la cifra puede dispararse si lleváis una semana pensando en cómo será esa escena tan increíble que vais a escribir, y entonces podéis llegar a las mil quinientas o dos mil palabras en esa hora concreta. Ha habido épocas de mi vida en las que he tenido que ponerme a ese nivel. Pero insisto en que, el promedio son unas quinientas palabras por hora.

Eso significa que, si lográis sacar cuatro horas por semana, escribiréis unas dos mil palabras. La media de una novela está en torno a las cien mil palabras, o algo menos. Pero en todo caso, en un año tendréis un libro escrito, aunque solo podáis encontrar cuatro horas por semana, una sesión de sábado. Y aunque no podáis dedicarle cuatro horas por semana sino solo dos, podéis tener una novela escrita en dos años. Dos años es un ritmo perfectamente aceptable. La mayoría de las veces, a la hora de escribir, la regularidad vence a los atracones.

Pero aquí viene otro asterisco. Si sois escritores de atracón, deberíais aprender a trabajar con eso. Quizá os interese probar otra forma por si os resulta más fácil, pero, si no es el caso, aceptad que así es como escribís y buscad la manera de adaptar el horario a eso. A los profesores suele funcionarles bien así, porque la escritura es de esos trabajos que se vuelven muy difíciles cuando uno tiene otro empleo que le requiere una gran cantidad de espacio mental.

Mucha gente pregunta cuáles son los trabajos perfectos a los que dedicarse mientras esperan a ser escritores profesionales. Yo siempre les digo que no sé cuál es el trabajo perfecto para cada persona, pero sí puedo nombrar un par que probablemente no les interesen. Uno es el de programador informático. Hace veintitantos años, hice un curso de programación en la universidad y fue de lo más instructivo, en el sentido de que era la única clase para la que hacía los deberes y luego, cuando me sentaba a escribir, resultaba que no podía porque había empleado muchísimo tiempo y energía en escribir código y me daba la impresión de que venía a ser lo mismo.

Las circunstancias pueden variar mucho según cada persona. Quizá alguien diga: «Yo creo que mejoro como escritor gracias a que pico código». Pero a mí picar código me dejaba agotado cuando quería escribir historias. Mucha gente también menciona el oficio de profesor, pero es de esos trabajos que no se quedan atrás cuando sales del centro educativo, que están siempre presentes: no dejas de pensar en el alumnado, en los trabajos que hay que corregir. Eso puede dificultar mucho la escritura.

Un trabajo que tiende a ser excelente es poner ladrillos. Nadie te lo cuenta en la universidad. Os dirán: «Sí, sácate un grado en Filología y trabaja en algo relacionado», cuando en realidad hacerte peón de obra suele ser un oficio estupendo para un escritor, porque puedes ponerte auriculares, escuchar música y repasar la trama de lo que vas a escribir ese día, para luego llegar a casa relajado, sentarte y escribirlo. En realidad, cualquier trabajo no especializado puede ser estupendo para un escritor, por ese mismo motivo. Puede parecer estrambótico porque es justo lo contrario de lo que uno imaginaría.

La mayoría no tenemos la oportunidad de hacernos peones de obra. Pero, en un entorno universitario, debemos licenciarnos en algo que luego nos llevará a algún tipo de carrera relacionada con esos estudios. Casi todos los licenciados en Filología terminan escribiendo para empresas tecnológicas, o trabajando en la corrección de textos, pero también en temas que no están relacionados con el lenguaje, porque es una de esas carreras que acaba siendo bastante genérica. Yo tengo muchos amigos que redactan textos para empresas tecnológicas, y aun así pudieron escribir sus propias historias. Así que estudiar filología tampoco os perjudicará.

En mi caso, trabajé haciendo el turno de noche en un hotel. Escribía desde las once de la noche hasta las cinco de la madrugada todos los días, y así es como pude terminar mis libros mientras iba a la universidad y trabajaba. En eso fui todo un privilegiado, aunque nadie diría que un trabajo por el salario mínimo sea un privilegio. Pero ese empleo por el que cobraba el salario mínimo me evitaba preocuparme por las finanzas, así que me consideraba muy afortunado por estar en una situación en la que podía trabajar por seis dólares la hora. Con eso me bastaba para cubrir los gastos, y además podía escribir en el trabajo. Reconozco que la mayoría de la gente no puede hacerlo: no puede renunciar a tener una vida social, cambiar el patrón de sueño y trabajar por el salario mínimo para convertirse en escritor. A mí me funcionó. Pero quizá os interese más dejaros aconsejar por mí que imitar mis decisiones vitales.

Lo que pretendo ilustrar es que tendréis que averiguar qué os funciona. Pero si podéis mantener una regularidad, entonces podéis hacer de la escritura una actividad profesional, aunque no pretendáis dedicaros a ella a tiempo completo o no lleguéis a vivir de ella.

La escritura y la vida real

Hablemos un poco sobre ser escritor y tener una vida real, porque creo que tener una vida real es importante. Se supone que vamos a escribir sobre la vida de la gente, a contar historias acerca de sus experiencias. Pero si no tenemos una vida propia, será mucho más difícil hacerlo. Os cuento esto porque hace veinte años, en el primer día de este curso, Dave explicó algo que he recordado desde entonces. Nos dijo: «Muchos amigos me dicen que un escritor no debería casarse, que no debería tener familia, que tenerla lo distrae de su vocación por la escritura». A mí no me lo han dicho demasiado, quizá porque me muevo en círculos distintos, pero sí me han contado que ocurre. Dave nos dijo: «Yo descubrí que tener familia me ha dado mucho más material sobre el que escribir que si no la tuviera».

Uno de los mayores puntos de conflicto que he encontrado en las relaciones de mis amistades del gremio, y que suele llegar de forma bastante inesperada, es que cuanto más te dejas absorber por la escritura, más excluidas se sienten las personas de tu vida de algo que para ti es apasionante, casi obsesivo. Es un problema real, sobre todo teniendo en cuenta que os estoy animando a intentar dedicar un par de horas al día a escribir. Lo ideal, si queréis dedicaros a esto profesionalmente dentro de diez años, es arrancar fuerte escribiendo dos horas al día durante esos diez años. Puede ser difícil encontrar esas dos horas diarias, sobre todo si tenéis un mínimo de vida social. No todo el mundo puede hacer como yo, trabajar de noche sin relacionarse con nadie.

Permitidme contároslo desde el punto de vista de mi esposa. Emily y yo nos casamos en 2006, así que no tuvo que sufrir todo el tiempo que estuve trabajando en el turno de noche. Pero la persona a quien conoció tampoco era Brandon la superestrella. Era Brandon, el aspirante a escritor novel. Ella enseñaba lengua y yo era un escritor que a veces daba clases en la universidad. Así que encajábamos muy bien y teníamos muchos intereses comunes. Nos llevamos de maravilla.

Pero aún recuerdo una noche en que salimos a cenar con Brandon Mull y Shannon Hale. Estuvimos charlando y fue una cena estupenda; conecté muy bien con ellos. Fue una de las primeras veces que quedábamos, antes de intimar más con Mull, y me gustó conocer a esa persona también llamada Brandon cuyos libros la gente me pedía que firmara, al confundirme con él.

Durante la cena con Mull y Shannon, charlamos y lo pasamos bien. Compartimos ideas sobre la escritura, y después de la cena le dije a Emily: «¿Verdad que ha sido la mejor cena de la historia?». Ella respondió: «No me has mirado ni una sola vez. Estaba allí sentada sintiéndome invisible». Tal cual. Pensaréis: «Ay, ay, ay». Fue al principio de nuestro matrimonio. Ahora soy mucho mejor marido.

Pero he descubierto que eso suele ocurrir porque los escritores nos sumergimos en nuestros mundos y nos dedicamos a algo que nos apasiona. Porque escribir es fascinante. No quiero ponerme demasiado místico, pero tienes una página en blanco y creas algo a partir de ella. Plasmas lo que tienes en el cerebro, y luego lo lee otra persona e imagina algo bastante parecido a ello. Puedes escribir cosas y luego gente de todo el mundo con trasfondos muy diferentes imagina eso que has escrito, y así estableces una conexión con alguien que es absolutamente distinto a ti y a quien no conoces. Me encanta la escritura. Es un acto de creación pura, en el que coges la nada y la moldeas. Pero puedes sumergirte tanto en ella que la gente de tu vida se sienta excluida.

Así que os advertiré algo desde el principio del curso. Como escritor, os animo a que escribáis mucho. Pero también os sugiero que aprendáis a equilibrar la vida, porque es muy fácil quemarte como autor y dejarte consumir tanto por el oficio que destruya otras facetas de tu vida. Lo que yo hice para evitarlo —y de nuevo, esto es solo otra posible herramienta— fue comprender que cuando estaba con mi familia, debía estar con ella.

Para mí fue una transición difícil, porque me casé con más de treinta años. Pasé mucho tiempo entrenándome para ser escritor, y pronto aprendes, sobre todo si estudias y tienes un empleo a tiempo completo, a buscar esos momentos en los que nadie te pide que hagas nada y aprovecharlos para trabajar en tus historias. Te acostumbras a llevar un cuaderno. Llevas el teléfono. Los escritores no nos aburrimos, lo cual está muy bien. La gente te dice: «Vaya, estabas aquí solo esperándome, y yo voy y llego media hora tarde, lo siento muchísimo». Y tú piensas: «Ha sido la única media hora de todo el día en la que no me ha incordiado nadie. He adelantado un montón de trabajo, aunque haya sido todo aquí arriba, en la cabeza».

También empecé a aprovechar el tiempo de conducción. Va muy bien para esto. Moverte mientras piensas tiene algo que hace que se te ocurran ideas. Por eso Kevin J. Anderson, por ejemplo, dicta todos sus libros mientras hace senderismo. Usa un programa de dictado y así puede moverse mientras escribe. Conozco a más gente que lo ha intentado, y les funciona. A mí nunca me ha encajado, porque no pienso de palabra igual que sobre la página. Pero creo que podría entrenarme a mí mismo para hacerlo si de verdad quisiera.

Resumiendo, uno aprende a aprovechar cualquier momento. Así que un día, mientras conducía hacia algún sitio, mi esposa me dijo: «Sé cuándo estás pensando en una historia, porque si te digo algo saltas y me miras como diciendo: "Pero ¿qué haces? Con lo bien que estaba yo en Roshar. Ahora estoy en un monovolumen y no encuentro a mi spren"».

Y empecé a darme cuenta de que aquello podía apoderarse de todo. De que si establecía límites para contener la imaginación y estar con mi familia cuando debía estar con ella, mi vida mejoraría. Así que me prohibí a mí mismo trabajar en mis libros entre las cinco y media de la tarde y las nueve de la noche. Da igual si tengo tiempo libre. Da igual si mi familia no está en casa o lo que sea. Tengo esa barrera bajada y a mi vida le ha sentado estupendamente.

Porque también es bueno salir al mundo real La gente nos acusa de vivir en mundos de fantasía. No lo comprenden. No es que perdamos la pista al mundo real. No es que tengamos una especie de esquizofrenia que nos impida distinguir entre las alucinaciones y la realidad. Lo nuestro no es eso. La gente no deja de decirlo, y me molesta porque no es cierto. Estoy construyendo algo, creando algo. Es una tarea muy absorbente, y también muy gratificante. Pero no por ello olvido el mundo en el que vivo, aunque, si alguien me interrumpe, ponga cara de enfadado porque en realidad me molesta un poco que me saquen de la conexión genial que estaba haciendo entre dos partes distintas de mi historia. Esa barrera que establezco me permite salir, llevar mi vida como debo, interactuando con otras personas, y luego me noto muy despejado cuando me pongo a escribir de nuevo.

Ese es el motivo de que haga dos sesiones. En parte es porque no me gusta madrugar, que para algo soy escritor. No me dedico a esto para tener que levantarme a las ocho de la mañana. Me levanto a mediodía. Cuando sale el tema, la gente suele comentar: «Ah, eso lo aprendiste cuando hacías el turno de noche», como si todos esos años trabajando a deshoras me hubieran cambiado y ahora tuviera que soportar la vida con el horario cambiado. En absoluto. Ya era así antes de trabajar de noche. Siempre me ha gustado estar despierto a esas horas, cuando la gente me deja tranquilo.

Así que hacer dos sesiones —una entre la una y las cinco de la tarde y luego otra entre las diez de la noche y las dos de la madrugada— me va muy bien para escribir porque tengo ese tiempo en medio que me refresca y me relaja. Me permite hacer otras cosas. Y luego, cuando vuelvo a sentarme para escribir, estoy entusiasmado por empezar otra sesión de cuatro horas. Recomiendo averiguar, y al menos comprender, en qué puede afectar algo así a las personas que os rodean, y también dar pasos, que no tienen por qué ser los que di yo, para aseguraros de que no os consume hasta el punto de incapacitaros para mantener unas buenas relaciones.

Aquí os dejo algunos consejos que podéis dar a vuestra pareja o a la persona con quien conviváis, para ayudar a que os comprenda. Porque algo que la gente no suele ver sobre la mayoría de los escritores —de nuevo, cada escritor es distinto y también cada persona— es que necesitamos un poco de tiempo para entrar en el proceso. No sé si será vuestro caso, pero cuando yo me siento ante el teclado, si me cronometrara, en la primera hora no escribo quinientas palabras, sino más bien doscientas. Luego en la tercera hora puedo redactar unas mil palabras, y en la cuarta, cuando empiezo a cansarme, vuelvo al promedio de quinientas, igual que en la segunda hora.

Así que cuando alguien me interrumpe durante quince minutos cuando ya llevo tres cuartos de hora y estoy cogiendo el ritmo, lo que consigue es devolverme al principio de la primera hora, la de las doscientas palabras. Lo que mi esposa no entendía —lo que ni siquiera yo mismo entendía en ese momento— es que una interrupción de entre cinco y quince minutos puede suponerme en realidad un retraso de tres cuartos de hora para llegar al punto en que de verdad estoy escribiendo bien. Es importantísimo comprender esto, si es vuestro caso, y llegar a predecir cuál es vuestro bloque de tiempo más productivo.

Quizá podáis lograr que vuestras amistades y vuestra familia sean los guardianes de ese tiempo, llegar a un acuerdo: «Impide que la gente me interrumpa durante estas dos horas y cuando termine estaré con vosotros, mucho más relajado por haber cumplido mi objetivo de escritura». Mi esposa se ha acostumbrado a ello. Sabe que, si termino de escribir, todo va bien. Pero si no cumplo con el objetivo durante unos días seguidos, empiezo a ponerme muy ansioso. Así que le dice a la gente: «Brandon lleva un par de días sin poder escribir. Dejadle espacio».

Ofrecer a Emily esa clase de implicación con la escritura, acogerla en la fase de lanzar ideas de un lado a otro, comentarle detalles sobre alguna conexión que me ha gustado especialmente, ha ayudado mucho en nuestra relación, y también a mi carrera en varios aspectos. A Emily se le da muy bien proteger mi tiempo, asegurarse de que nadie me interrumpa. La contrapartida no es solo que los libros superventas son estupendos para un matrimonio, en el sentido de que relajan la preocupación por el dinero, sino que evita que, si los libros no venden, la situación se vuelva muy estresante. Porque lo más importante es la idea de que estamos juntos en esto, de que tenemos un objetivo y un enfoque compartido.

Preguntas y respuestas*

ESTUDIANTE: *¿Cómo se supera la sensación de desesperación cuando crees que no vas a poder lograrlo?*
BRANDON SANDERSON: Para mí, la forma de superar esa sensación proviene de un par de lugares, porque pasé mucho tiempo sin lograrlo hasta que lo logré. Uno de ellos, y aquí vamos a abrir la caja de Pandora, es que mantuve la esperanza. Siempre era posible que sucediera. Había muchos escritores que se esforzaron en la oscuridad durante mucho tiempo y luego, al final, terminaron vendiendo. Que nadie os diga que, si no habéis logrado vender libros en los primeros diez años, ya no lo conseguiréis nunca. Preguntadle a George R. R. Martin qué le decía la gente cuando estuvo treinta años sin destacar en las listas de ventas, cuando era incapaz de que la gente leyera sus libros, por buenos que fueran, antes de convertirse de pronto en el autor de fantasía más vendido del mundo. Sí, esa esperanza existe. Siempre podéis lograrlo.

Para mí, otra forma de superar la desesperación fue aprender a concentrarme en la siguiente pregunta: ¿Estoy satisfecho con lo que escribo? ¿Estoy orgulloso de lo que he hecho? Me concentraba en esas preguntas y en asegurarme de darles una respuesta positiva. Porque es todo un logro terminar proyectos. Conozco a muchas personas que quieren dedicarse a la escritura. Excluyendo a los presentes, ¿sabéis qué porcentaje de esa gente termina una novela? No son muchos. Si completáis una novela, perteneceréis a un grupo más exclusivo, entre los aspirantes a escritores, de lo que lo son los autores publicados entre todos los que han termi-

---

* Hemos decidido incluir algunas preguntas de mis estudiantes del curso, y mis respuestas, ya que es un material que os puede resultar interesante. *(N. del A.)*

nado una novela. El porcentaje de personas que se proponen terminar un libro pero no lo consiguen es mucho más alto que el de quienes terminan un libro pero no lo publican. Así que, si termináis una novela, ya perteneceréis al grupo más selecto que probablemente pueda concebirse como escritores, en términos de proporción pura, de porcentajes de fracaso entre un objetivo y el siguiente.

Podéis sentiros orgullosos de ser capaces de terminar un proyecto. Si no es así, a lo largo de este curso intentaremos que eso ocurra. Tenéis poder sobre el acto de terminar o no vuestras historias y sobre vuestra constancia. Y también sobre vuestra capacidad de emocionaros e interesaros por las historias que estáis creando. No tenéis tanto poder sobre vuestro éxito como autores. A mí me ayudó mucho pensar de este modo.

Además, podéis explorar distintas opciones. Existe la autopublicación. Es perfectamente posible que vuestra escritura tenga una calidad profesional pero no hayáis encontrado a un editor dispuesto a dar una oportunidad a vuestros libros, y que vuestro lugar sea la autopublicación. Tal vez escribís cosas tan esotéricas que vuestra base de lectores potenciales es pequeña, pero aun así os sentís satisfechos de estar escribiendo unos libros estupendos para esa pequeña base, los publicáis para ellos y buscáis un empleo adicional al de novelista que aun así os resulte gratificante.

Hay muchas cosas que podéis hacer, pero ninguna acabará por completo con esa angustia. Porque siempre estará esa pequeña parte de uno mismo que dice: «Debería estar vendiendo estos libros. Son buenísimos». O, según la psicología de cada uno, podríais pensar: «Mis libros son un horror. Yo soy un desastre. ¿Qué estoy haciendo con mi vida?». Es igual de probable, y la segunda actitud es más dañina, eso hay que señalarlo. Pero es la que tenía yo.

Así que preguntad a otros escritores. Esforzaos por formar parte de la comunidad, porque puede serviros. Yo publiqué mi primera novela porque Dan Wells había conocido a un editor en una feria del libro. Ese editor resultó encajar muy bien conmigo y solo regular con Dan, pero Dan me presentó al editor y el editor compró los derechos de mi libro. Tener contacto con otros escritores puede veniros muy bien.

Los grupos de escritura

Los grupos o talleres de escritura son también una herramienta que funciona para algunas personas, y no para otras. Si un grupo de escritura funciona, es uno de los instrumentos más útiles que podéis encontrar en vuestra carrera como autores. Yo aún estoy en el mismo grupo de escritura que formamos en este curso hace veinte años. Dan ya no viene a las sesiones porque se mudó a North Salt Lake y no quiere conducir tanto, pero los demás miembros originales siguen asistiendo conmigo, y son el mejor grupo de personas que he tenido nunca para probar ideas. Cuando Dan estaba en el grupo, hizo que me publicaran mi primer libro. Peter también forma parte de él; se hizo editor profesional y luego yo lo contraté cuando necesité un director editorial en mi empresa. Su trabajo tiene un valor inestimable, y es el ejemplo perfecto de lo relevante que fue para mí conocer a toda esta gente en el curso de escritura creativa. Venían todos a clase conmigo y aún seguimos juntos.

Pero permitidme hablaros del lado oscuro de los grupos de escritura. Por ejemplo, los escritores más principiantes no saben cómo trabajar en un taller. Siempre intentan transformar tu historia en la que ellos escribirían, en lugar de convertirla en una mejor versión de la historia que tú quieres escribir. Y eso es lo peor que puede ocurrir cuando se reciben opiniones sobre tu obra: que a alguien no le guste lo que quieres crear y pretenda transformarlo en otra cosa.

A los talleristas principiantes se les da fatal. O mejor dicho, se les da demasiado bien hacer algo que no deberían, por mucho que sea con la mejor intención. Quieren que mejores como escritor. El problema es que la única forma de ayudar que conocen es decirte cómo lo harían ellos, lo cual puede no convenir en absoluto a tu historia. El peligro se incrementa si uno tiende por naturaleza a ser más bien un escritor de descubrimiento. Si no tienes tu historia pensada desde el principio, si no trabajas a partir de un esquema, puede venir alguien y decirte: «Oye, sería mucho mejor que hicieras tal cosa». Y entonces piensas: «A mi historia le hacía falta esto. Era una novela romántica, pero ahora necesita tener un misterio». A la semana siguiente alguien te dice: «¿Sabes? Si esto lo estuviera escribiendo yo, metería vampiros». Y tú: «Últimamente las historias románticas son de vampiros. Más vale que los meta, sí». Es decir, en un principio no se parecía en nada a una historia de vampiros. Era un romance ambientado en la Regencia inglesa, pero ahora tiene vampiros. Luego llega otra persona y te dice: «Pues a mí no me gustan mucho las historias protagonizadas por mujeres», y tú decides cambiar el género a la protagonista para que todo el mundo esté... Bueno, ya me entendéis: la historia puede descontrolarse por completo si la gente te da sus opiniones y tú te las tomas demasiado en serio.

La parte positiva de los grupos de escritura es que pueden suponer una estructura de apoyo buenísima. Antes de empezar a publicar, es muy conveniente que os marquéis objetivos y fechas de entrega. Hay personas que necesitan una fecha de entrega y pueden ponérselas ellas mismas. No hay ningún problema con marcarse una fecha de entrega, y es bueno tener un grupo de apoyo compuesto por personas que están pasando por lo mismo que tú y que con toda probabilidad terminarán haciéndote buenas críticas. Con un poco de suerte, los miembros de un grupo de escritura que llevan un tiempo trabajando contigo aprenderán cuál es tu estilo al escribir, a qué clase de historias te dedicas, y a medida que te vayan conociendo mejorarán mucho a la hora de aconsejarte para moldear la historia tal y como tú quieres crearla. Es posible cultivar un grupo que con el tiempo te haga buenas críticas, aunque las del principio no sean nada del otro mundo.

Veamos ahora unas cuantas pautas para los grupos de escritura. Si sois talleristas que estáis dando consejos, deberíais mostraros descriptivos con vuestras emociones, no preceptivos. Me refiero a que, sobre todo si estáis empezando, decir que algo te aburre es perfectamente válido. Nunca hay un momento en que decir «Me he aburrido» no sea una reacción válida a algo que te ha aburrido. En cambio, puede ser un pésimo consejo decir que «Deberías añadir una escena de combate». Sería un buen consejo si conocéis bien a la persona y sabéis en qué trabaja, el género al que apunta y lo que intenta hacer como escritor. Si se da ese caso, podéis comentarle: «Me da la impresión de que un combate aquí serviría para dar coherencia a la historia». Pero en general, puede ser un muy mal consejo. Sin embargo, un «Me he aburrido» siempre es válido. La reacción a tu historia siempre lo es.

Por supuesto, la persona que recibe el consejo no tiene por qué aceptarlo tal cual. Puede pensar que el objetivo de ese pasaje en concreto era bajar el ritmo. O quizá el libro no esté conectando con quien da el consejo, no le encaje, y tampoco pasa nada porque resulta que esa escena es justo la favorita de otra persona. Hay muchos motivos para no aceptar un consejo, pero la reacción siempre es válida de todos modos. «Esto me confunde» es una respuesta válida. No importa si ha pasado algo por alto. Está bien perderse cosas, no es un problema. Al contrario: el escritor necesita saber si al lector se le escapan cosas. Quizá no las ha dejado bastante claras sobre el papel. Quizá ese lector en concreto no las ha entendido. Puede que sus hijos estuvieran llorando, o que sus compañeros de piso estuvieran en pleno asalto de su juego en línea, o lo que sea; tal vez haya por ahí un Pokémon que todo el mundo quiere atrapar mientras uno intenta leer, y entonces se le escapan cosas, pero en realidad no hace falta cambiar nada en el texto. En todo caso, sentir confusión es una respuesta válida, y hay que transmitírsela al autor. Hay que ser descriptivo, no preceptivo.

Hace tiempo me contaron un recurso que utilizan en Hollywood que me encantó. Preparan una prueba de público para varias comedias de situación, reúnen a un grupo de personas y les proyectan los episodios, con la idea de hacerles preguntas más tarde. Pero luego resulta que las preguntas son todas sobre los anuncios, porque en realidad no era una prueba de público para esas posibles series. Utilizan siempre los mismos tres episodios, que desde el principio se rodaron sin la menor intención de emitirlos. Lo que pretenden es ver la reacción a los anuncios, pero no se lo dicen al público desde el principio porque les interesa evaluar la reacción espontánea.

Eso es lo que necesita un escritor de otro tallerista: la reacción espontánea al texto, como si el lector no supiera que después le harán preguntas. Le interesa que el lector se limite a leer y ofrecer reacciones como: «Anda, pero si esto es lo que quería que pasara». O: «Vaya, eso otro me ha sorprendido mucho». Si sois quienes recibís la reacción, apuntadla pero no cambiéis nada todavía. Dadle un poco de tiempo y espacio. Escuchad los consejos y tratad de comprender de dónde vienen. Y sobre todo, pensad si esa era la reacción que queríais. A veces os interesa que el lector esté algo confuso. Otras que quiera algo que aún no ha llegado, porque se lo daréis al cabo de unos capítulos. O también puede que esté mal. Es posible que hayáis hecho algo mal, que esté mostrando la reacción contraria a la que pretendíais. Que todo el mundo esté riéndose de algo que uno, como autor, creía que era de lo más serio. Es muy importante saberlo. Pero de todos modos, guardad silencio.

Creo realmente que es un muy buen consejo guardar silencio, sobre todo para un autor principiante. Es mejor no decir nada al recibir reacciones. Fingir que uno es una mosca en la pared mientras los demás están ahí sentados hablando del libro como en un club de lectura, y limitarse a apuntar cosas. Sobre todo, evitad defenderos y explicaros. Si os ponéis a la defensiva, lo que conseguiréis es que, en el futuro, la gente se muestre más reacia a hablar de vuestro texto. Si os explicáis, estaréis saboteando el propósito de plasmar esa explicación en el mismo libro y que se entienda, porque no podréis saber si sois capaces de transmitirla mediante la escritura, al haber contado ya lo que ocurre con pelos y señales a vuestros lectores de prueba.

Un último consejo a la hora de dar opiniones sobre los textos de otra persona. Recordad decir también lo que os gusta. En nuestro taller de escritura empezamos siempre las sesiones haciendo que todo el mundo diga al principio lo que en su opinión funciona, para que el escritor no cambie esas cosas. Además, está muy bien que la gente te diga que hay cosas que le gustan y que no escribes fatal antes de que todo el mundo se lance a decirte lo mal que escribes. Dedicamos unos minutos a eso, y luego pasamos a las cosas a las que «se podría echar otro vistazo», que es como las llamamos en mi grupo de escritura. No son cosas que estén mal, sino cosas que el lector cree que debería resaltar, y a las que quizá convendría echar un segundo vistazo.

Cocineros y chefs

Siempre que hablo de la escritura, me gusta mencionar la metáfora de los cocineros y los chefs. Aparte de la distinción indumentaria que lleva a los chefs a usar un gorro alto, tendemos a pensar que un cocinero raso siempre seguirá las recetas al pie de la letra, mientras que un chef tendrá más formación en cocina y aportará ideas nuevas.

Uno de los objetivos de este curso es que, a la hora de escribir, os consideréis más chefs que cocineros. Un chef repasa lo que tiene en la cocina y piensa: «Sé lo que ocurrirá cuando combine estos dos ingredientes. Si decido mezclarlos de una manera que resulte más original e interesante, crearé algo nuevo». Y entonces prueba a ver cómo sale. Tal vez no dé resultado, pero tal vez sí. En cambio, el cocinero piensa que tal herramienta es la que debe utilizarse y la aplica sin más.

Esta diferencia se advierte bien en el periplo del héroe, que es en sí mismo una gran herramienta. Hablaremos de él más adelante, pero a grandes rasgos consiste en la presencia de un protagonista joven que sale de viaje y por el camino le va sucediendo una serie más o menos establecida de cosas. Están la figura del mentor, o el descenso al inframundo, y al final el héroe regresa al lugar del que procedía. Es un modelo muy utilizado en todo tipo de historias. Un chef tenderá a pensar que el periplo del héroe es la descripción externa de una narración y en cómo se han aplicado esas herramientas en el pasado. Se planteará por qué la existencia de un mentor que ayude o instruya al protagonista es un elemento tan atractivo de la historia. En cambio, un cocinero tomará la lista de elementos que componen el periplo del héroe y los aplicará directamente a la historia que esté escribiendo.

Por ejemplo, el nacimiento virginal forma parte del periplo del héroe, y George Lucas decidió incluir ese elemento en *La amenaza fantasma*, la primera precuela de Star Wars. En un momento de la película, la madre de Anakin dice que no hubo padre, que fue un nacimiento virginal. Estoy convencido de que George Lucas lo añadió solo para cumplir al pie de la letra con el periplo del héroe. No conozco a nadie a quien no le sorprendiera ese detalle, porque no encaja en la mitología que nos habían presentado hasta entonces, ni tampoco aporta nada a la trama. Está ahí, colocado como un añadido extraño, y es el ejemplo perfecto de lo que haría un cocinero.

Tampoco hay que recriminárselo a George Lucas, porque todos lo hacemos a veces. En algún momento todos encontramos un recurso nuevo y pensamos que deberíamos incluirlo en nuestra historia. El mentor tiene que morir, así que... matemos al mentor. Si lo hacéis solo por ese motivo, os estaréis perdiendo algo. Si, en vez de eso, decidís separar al protagonista de su mentor, puede suceder que el protagonista por fin tenga que defenderse solo, demostrar lo que es capaz de hacer, quitarse los ruedines de la bicicleta y lograr algo por sí mismo. Quizá sea un momento que encaje a la perfección en el arco específico de ese personaje, tal y como lo habíais construido. En cambio, hacer algo porque sí, porque forma parte de una lista de recursos narrativos, rara vez tendrá el mismo efecto.

A lo largo de este curso, trataremos bastantes cuestiones que tal vez parezcan formar parte de una lista preconcebida. Por ejemplo, cuando hablemos de la trama, estudiaremos los formatos narrativos, como la estructura en tres actos. Veremos cómo se construyen las historias de Hollywood, analizaremos cómo conseguir que el lector empatice con un personaje... Pero mi objetivo nunca será proporcionaros unas instrucciones pautadas que haya que seguir al dedillo, sino animaros a pensar en los porqués. ¿Por qué funciona este giro para esta trama? ¿Por qué este rasgo hace atractivo a este personaje, y cómo puedo adaptarlo a las historias que quiero contar?

En el fondo, la idea de pensar como un chef y no como un cocinero resume muy bien la actitud que me gustaría que tuvierais a medida que avanzamos en este curso.

2

La trama

¿De dónde sale la idea para un libro?

La gente a veces me pregunta dónde empiezan mis libros. En realidad, es distinto para cada novela, y en ocasiones, por muchos motivos, es un poco como saber qué fue primero, si el huevo o la gallina. Yo suelo afirmar que las historias se componen de tres ingredientes: la trama, los personajes y la ambientación. Pero lo que las une es el conflicto, y ese aglutinante del conflicto es lo que muchas veces permite que llegue por separado una idea para la trama, y luego otras ideas para los personajes o la ambientación.

Tiendo a usar de ejemplo Nacidos de la Bruma. ¿De dónde salió la saga? Podría decirse que nació porque estaba leyendo los libros de Harry Potter y pensé: «Uf, estos señores oscuros lo pasan fatal». Siempre llega un chaval bobalicón y les echa a perder el plan que llevaban toda la vida urdiendo. Ocurre lo mismo con *El señor de los anillos*. Así que pensé qué ocurriría si Frodo llegase hasta el final de *El retorno del rey* y Sauron dijera: «¡Anda, pero si es mi anillo! Lo buscaba desde hace tiempo, muy amable. Tiene que haber sido un viaje durísimo. Muchas gracias por traérmelo hasta aquí». Y entonces matara a Frodo y conquistara el mundo. Me pareció que sería un libro un poco deprimente, pero de todas formas guardé la idea en el fondo de mi mente.

Eso sería una idea para una trama. O quizá para una ambientación. Volvemos a aquello de qué fue primero. ¿Es una idea para la ambientación o para la trama? El fracaso del héroe profetizado fue una idea para la trama, pero lo que terminó resultando —un mundo donde el héroe profetizado había fracasado— fue una idea para la ambientación. Los conceptos se entremezclan.

En otro momento, estaba viendo una película de la saga de Danny Ocean y recordé lo mucho que me gusta el género de los robos. Una de mis películas favoritas de todos los tiempos es *Los fisgones*, una película fantástica. Siempre me han encantado las historias de robos: películas como *El golpe*, o *El primer gran asalto al tren* de Michael Crichton, cualquier clase de historia centrada en un robo. *Origen* también es una maravilla. Con una historia de robos, a mí ya me han ganado.

De modo que pensé: «Creo que no he leído nunca una novela de fantasía que sea una historia de robos». Y me pareció que quedaría estupenda. Podría otorgar a cada miembro de la banda un poder distinto, y así todos serían mágicos. Era una idea factible para una trama, la cual se me ocurrió por separado.

Por su parte, la idea de la bruma llegó cuando iba en coche a visitar a mis padres en Idaho y crucé un banco de niebla. Pensé: «Entrar en la niebla tiene un aspecto visual interesantísimo». En mi mente, lo asocié con una visita que hice de noche a la catedral nacional de Washington. Lo normal es estar en el interior de una catedral y ver las vidrieras tintadas por dentro, con la luz llegando desde fuera, pero esa vez iluminaron su interior de noche, con la luz saliendo, y el efecto visual me encantó. Pasaron a ser dos partes fundamentales de la ambientación: la idea de una bruma, o una niebla que casi estaba viva, y la visualización de unas catedrales en la bruma emitiendo luz. Esas ideas se combinaron con un personaje que estaba desarrollando aparte, Kelsier.

La feruquimia se diseñó por separado de la alomancia. Por si no habéis leído la saga, Nacidos de la Bruma tiene tres sistemas mágicos. Dos de ellos los desarrollé para historias independientes, pero me gustaron más al mezclarlos. Y luego diseñé un tercero en mis sesiones de trama y ambientación.

Acostumbro a anotar todas estas ideas. Van a mi cuaderno, o a un archivo en mi ordenador que ahora mismo se llama «Ideas previas». Son solo unas listas enormes de ideas, y una novela crece a partir de muchas de esas ideas combinadas. Cuando tengo algo parecido a la semilla de una novela que puede funcionar, suelo volver al cuaderno para comprobar si hay alguna otra idea que pueda encajar bien con esa semilla.

Siempre describo las ideas como unos átomos diminutos que van rebotando. Cuando se estrellan unos con otros, generan una reacción nuclear y se convierten en algo nuevo. No es como funciona la ciencia de verdad, pero en fin, puede servir para un autor de fantasía. Así que de pronto tienes algo que ha crecido al unirse todos esos átomos distintos y crear una cosa nueva y genial que, de algún modo, es más que la suma de sus partes, o más emocionante por lo menos. Para mí, eso es la historia.

Después le voy acoplando otras cosas. Me pregunto: «¿En qué más he estado pensando que pueda servir para esta historia?», y le añado lo que encuentre. Luego lo junto todo en un resumen esquemático, del que hablaré en el próximo capítulo y explicaré cómo lo construyo. Llegado ese momento, encontraré agujeros, así que tendré que taparlos con algo. Empiezo a darle vueltas. Pienso: «Sé que aquí me hace falta otra idea. Voy a darle forma a esto».

La mayoría de las veces, un libro no consiste en una sola idea. Aquí es donde a menudo tienen problemas los autores principiantes. Escogen una idea buenísima e intentan escribir una novela a partir de ella. Con una idea se puede crear un relato corto sin demasiados problemas, pero un libro entero suele necesitar una mezcla de muchas ideas. Eso no significa que el hada de las ideas tenga que tocaros con su varita para concederos una idea genial que no se le pueda ocurrir a nadie más. Las ideas no funcionan así. Lo que necesitáis son distintos ganchos, varias cosas que os entusiasmen y que vayan a entusiasmar a los lectores. En realidad, las ideas son baratas.

Mi anécdota preferida sobre lo baratas que son las ideas proviene de Jim Butcher. Él mismo me confirmó que es cierta, aunque la primera vez me llegó de oídas. Cuenta la leyenda que, antes de ser un autor publicado, Jim Butcher —ahora famoso por la saga de Harry Dresden entre otras muchas novelas maravillosas— estaba en un foro de aspirantes a escritor y se puso a discutir con alguien que afirmaba que algunas ideas son tan grandiosas y extraordinarias que lo convierten a uno en escritor. Por su parte, Jim argumentaba, como suelo hacer yo, que un autor no lo es gracias a sus ideas. Son los autores quienes hacen que las ideas funcionen. Si das malas ideas a un buen escritor, lo normal es que el resultado sea un libro estupendo. Si das buenas ideas a alguien con poca práctica, la novela se desmoronará de todos modos.

Los dos siguieron discutiendo en internet. Al final, Jim le dijo: «Dame las dos peores ideas que se te ocurran, o al menos las más incongruentes, y yo te escribiré un buen libro con ellas». Esa persona respondió: «Muy bien, quiero que mezcles la legión romana con Pokémon». Jim escribió toda una serie épica titulada Codex Alera, que a grandes rasgos es la legión romana con Pokémon en un mundo de fantasía épica. Son unas novelas buenísimas que os recomiendo, y que destacan por basarse en esas ideas tan particulares.

Sin embargo, los lectores y los editores buscan la destreza de un escritor. A veces los autores dicen: «Es que los editores rechazan muy deprisa a la gente». Lo hacen porque realmente pueden rechazar muy deprisa. Pongamos por ejemplo que ahora mismo me sacara de la manga un piano y pidiera a dos personas que lo tocaran. La primera empezó a ir al conservatorio el año pasado: no es novata del todo, sino que lleva unos ocho meses aprendiendo con empeño y sabe un poco lo que se hace. Supongamos que la segunda es concertista desde hace veinte años y sabe muy bien lo que se hace. ¿Cuánto tiempo os costaría saber quién es quién? Ni diez segundos. En general, un editor o un lector pueden distinguirlos tras leer unas pocas páginas.

También es cierto que los lectores tienden a ser un poco más indulgentes que los editores, en el sentido de que a ellos pueden gustarles las ideas y los temas, aunque la escritura no sea nada del otro mundo. Se dan cuenta, pero tampoco les supone tanta molestia. Pero la gente sabe por instinto qué cosas funcionan mejor que otras, aun cuando no domine un campo concreto. Y lo cierto es que se os podrá juzgar inmediatamente a partir de vuestra escritura. Eso significa que, por muy buenas ideas que tengáis, la mayoría de las veces la gente no llegará a esas ideas tan brillantes si no sois capaces de escribir una buena escena inicial.

En realidad, eso es lo que estamos buscando: la habilidad de alguien que ha practicado su arte y ha aprendido a atrapar deprisa al público y a convencerlo de que su historia merece la pena. Es tan importante como los personajes y la ambientación, aunque yo, si tuviera que clasificarlas, situaría la ambientación como la parte menos relevante de las tres. Cabría pensar que es lo más destacado. Sin embargo, una historia con una ambientación maravillosa pero unos personajes horribles, en general seguirá siendo un mal libro. Y una historia con una ambientación mala o muy trillada pero con buenos personajes seguirá mereciendo la pena. Podría ser mejor, claro. El objetivo es que los tres aspectos de la novela sean bien sólidos. Pero en cierto modo, la ambientación es el menos importante de los tres.

¿A qué nos referimos al hablar de la trama? ¿Por qué hay algunas que funcionan y otras que no? ¿Por qué el lector se aburre a veces, aunque estén pasando cosas emocionantes? ¿Por qué puede encontrar emocionantes las «cosas aburridas», si están escritas de cierta forma? Si pretendéis dedicaros al arte de la escritura, una habilidad muy útil es aprender a que vuestra escritura sea cautivadora, que atrape al lector página a página.

Para ello, lo más importante es la capacidad de transmitir información de manera interesante: evitar los volcados de información y utilizar la caracterización para ir haciéndosela llegar al lector. Pero lo segundo más importante es la capacidad de comprender cuáles son la promesa, el progreso y la recompensa a la hora de construir una historia. Promesa, progreso, recompensa. Vamos a centrarnos en esos tres conceptos.

La promesa

Toda historia hace una promesa. De hecho, en general hace varias al principio de su desarrollo. La maestría de un escritor se mide a la hora de controlar las promesas que hace. Escribir una historia sin más y ver adónde os lleva está bien, pero —ya sea durante la revisión o el esquema previo— deberíais preguntaros si estáis haciendo las promesas adecuadas al lector.

Al escribir, haréis varios tipos de promesas. Una es la

que llamamos «promesa de tono». En parte, para eso sirve el capítulo de presentación: indica el tono y el estilo de la historia que vais a contar. Si escribís una comedia delirante, no la empecéis con una muerte trágica que haga llorar al lector. Sería difícil conseguirlo en un prólogo, pero puede hacerse. Aun así, no empecéis con el prólogo de *El ojo del mundo* de Robert Jordan, si vuestra historia será una comedia alocada.

El ojo del mundo empieza con un hombre que descubre que ha enloquecido y recupera la cordura el tiempo justo para darse cuenta de que ha asesinado a toda su familia. Luego sale corriendo y se suicida. Ese es el prólogo del libro. Su muerte hace que se alce del suelo una nueva montaña, lo cual es fascinante. Pero si el siguiente capítulo fueran las alocadas travesuras de un burro parlante y su amigo el ogro, podría decirse justificadamente que esa promesa de tono se ha presentado de manera inexacta. Es un ejemplo extremo, pero ilustra algo sobre lo que muchos escritores a veces no tienen control ni tratan con fluidez: la clase de promesas que hacen al principio de sus historias.

Hollywood también hace esas promesas, y por eso la apertura en frío se ha vuelto tan popular. Conocer a un personaje en medio de una aventura que es un microcosmos dentro de lo que será la historia completa. Un ejemplo clásico sería *En busca del arca perdida*. Empieza con una escena divertida y solemne de Indiana Jones entrando en la selva e intentando llevarse un ídolo, y termina siendo traicionado y fracasando. Esa es la presentación. La idea que se lleva el público del personaje de Indiana Jones es que es alguien impresionante, pero también una persona muy normal en ciertos aspectos, porque por mucho que lo intente al final termina fracasando de todos modos. Esa es la introducción a la película.

¿De qué tratará la historia? De aventura. Seguiremos a

alguien con características normales, que en realidad es alguien muy especial pero a quien podemos tomar por una persona corriente. Es probable que reciba muchas palizas, que caiga en cubas llenas de serpientes, y al final puede que gane, o puede que no. Eso es lo que se pretende con la apertura en frío. Pero la promesa que hace la película es la siguiente: Indiana Jones se esforzará al máximo y el espectador pasará un buen rato. Los guionistas establecen una promesa de tono para el espectador con la apertura de esa historia.

Uno de los motivos por el que los prólogos son tan populares en las novelas de fantasía, hasta el punto de rayar en el cliché, es que muchos autores se dan cuenta de que empezar la historia con un chico en una granja no transmite la promesa adecuada de acción y aventura, así que prefieren comenzar con algo que tenga mucha acción y aventura para luego pasar al chico en la granja.

Quisiera destacar que esta no es la única forma de hacer que un chico en la granja transmita ese tipo de promesa de tono. Si os fijáis en Star Wars, ¿empieza con Luke en la granja? No. Empieza con una nave pequeña y otra nave enorme disparándola, y luego hay un tiroteo, una princesa valiente y unos droides haciendo el tonto. Esa apertura en frío te lo dice todo, y luego pasamos a Luke para recibir la última pieza y lo vemos contemplando un anochecer binario mientras suena el tema de la Fuerza en la banda sonora. Entonces es cuando a grandes rasgos tenemos ya la historia completa, el tono prometido.

Una vez visité los estudios de Pixar y me enseñaron algo que me encantó: intentan establecer el tono de sus películas mediante la paleta de color empleada en ciertas escenas. De hecho, en la pared tienen una franja de varios píxeles de ancho que muestra el color promedio de un plano, de un segundo concreto de película en la pantalla, y entonces los juntan todos y puedes ver cómo cambian los colores. Me gustó mucho con la película *WALL·E*. Gris, gris, gris, gris, marrón, negro, negro, azul, azul brillante, azul brillante, verde. Es muy curioso que traten de marcar el tono de sus historias utilizando únicamente la paleta de color.

Vosotros, como escritores, no podéis hacer lo mismo, pero sí establecer el tono de vuestra historia mediante las palabras que empleáis y el tipo de escena con la que presentáis la novela. Ya os he advertido de que el prólogo en fantasía épica se ha vuelto un poco cliché, así que tendréis que esforzaros más de lo que era necesario en el pasado para conseguirlo, porque la gente ya está acostumbrada al principio de una historia de acción, en el que alguien obtiene una información importante, muere transmitiéndola a otra persona, y entonces pasamos al chico en la granja. O al joven príncipe (o princesa) a quien le falta experiencia y quiere salir a ver el mundo, o a lo que sea. Son conceptos que ya están muy vistos.

Pero ojo: cualquier cosa que se haga con gran habilidad deja de ser un cliché. Solo es un cliché cuando ya no impacta al público. Si lográis hacerlo de forma que provoque el impacto pretendido en el lector, ya no es un cliché. Los clichés son malos porque han perdido su intención original hasta el punto de que la gente ya no la percibe en las palabras. En lugar de esa intención, lo que comunica es todo el bagaje que arrastra el cliché, y eso deja al público indiferente.

Por tanto, de lo primero que tenéis que preocuparos en vuestras promesas es del tono. Pero otra cosa que deberíais tener en cuenta a la hora de hacer promesas tempranas es que, si es posible, os interesará ofrecer al lector un arco de personaje. No tenéis por qué detallar cuál será ese arco, pero sí presentar eso que falta en la vida del personaje y los obstáculos que le impiden conseguirlo. Os interesa mostrar los deseos de vuestro personaje y qué es lo que los frustra.

También se puede hacer al revés. En ocasiones el autor nos muestra lo que sabemos que debería desear el personaje, pero también nos enseña que el personaje no lo quiere. Es otra manera bastante frecuente de hacerlo. Un ejemplo sería Bilbo al principio de *El hobbit*. Todos queremos que Bilbo se vaya de aventura. Sabemos, por la forma en que está escrito, que se irá de aventura, pero él cree que no quiere salir de casa. Así que luego lo aclamaremos cuando se dé cuenta de que sí que quiere irse de aventura. La mejor parte de las adaptaciones de *El hobbit* que hizo Peter Jackson fue esa secuencia, que quedó estupenda. Incluso mejoró lo que había en el libro con esa escena en la que Bilbo comprende que quiere emprender esa aventura. La idea es mostrarnos a un personaje que tiene una necesidad, que siente un deseo, que sufre un defecto y afronta un problema en su vida que intenta resolver. Es la clase de promesa que informa al lector de quién es el protagonista, o uno de los protagonistas, y de qué aspecto tendrá su arco en la novela.

Lo tercero que os interesa transmitir es qué tipo de trama ofreceréis al lector. Podría ser la verdadera trama o lo que yo llamo una «trama paraguas»: es decir, la estructura visible de vuestra trama. Luego, aparte, tendréis vuestra trama nuclear, que es donde estarán el verdadero progreso y la recompensa.

Permitidme explicar a qué me refiero con esto. Hay muchos libros y películas románticas. En ellos, el romance sería la trama nuclear. ¿Terminarán juntos los protagonistas? Pero luego, muchas de esas historias románticas se ven trasladadas a una trama paraguas que consiste en que los personajes tienen que hacer tal cosa, y mientras la hacen se enamorarán, que es lo que en realidad le importa al público. El género romántico tampoco tiende tanto a emplear la trama paraguas. Pero otros muchos géneros sí lo hacen, como las novelas de fantasía. La trama nuclear, lo que de verdad nos interesa que llegue al lector, podría ser que dos personajes se enamoren. Pero nuestro paraguas es que hay una invasión alienígena y tendrán que huir de los extraterrestres. Pueden ser dos aspectos separados de la obra. Pero muchas veces querréis señalar uno de los dos, y a menudo lo que señaléis será la trama paraguas, que también puede coincidir con la nuclear. En la medida de lo posible, os interesa prometer al lector la clase de historia que encontrará.

A veces es difícil hacerlo. Es posible que tengáis que esperar hasta el final del primer acto para meter al lector en situación. Porque en ocasiones estaréis siguiendo alguno de los arquetipos clásicos: por ejemplo, cuando el protagonista no quiere abandonar su cómodo hogar y salir hacia la aventura, o mejorar como persona y aprender todas las cosas que quiere hacer. En esos casos, os interesará concentraros en el arco del personaje y buscar la manera de prometer que el tono será el pretendido a partir de ese momento.

Preguntas y respuestas

ESTUDIANTE: *¿Estamos hablando del primer capítulo?*
BRANDON SANDERSON: No necesariamente. Me refiero más bien a la introducción de la obra, que puede ser un capítulo, pero también una secuencia de capítulos. En realidad, depende de la longitud del manuscrito. Si estás escribiendo un relato corto, serían los primeros párrafos. Pero si es una historia larguísima de fantasía épica, como la de El Archivo de las Tormentas, yo mismo no transmito al lector nada de eso (ni el tono, ni un arco de personaje, ni la trama) hasta el capítulo 11. Y eso sin tener en cuenta los dos prólogos, así que en realidad sería hasta el capítulo 13. Si habéis leído *El camino de los reyes*, yo diría que para el lector empieza a encajar todo, y podemos dar esta parte por zanjada, cuando

Kaladin toma la decisión de salvar al Puente Cuatro. Hay promesas anteriores sobre cómo será el libro, en particular promesas de tono, pero esa parte concreta no concluye hasta entonces.

ESTUDIANTE: *En la saga* La Rueda del Tiempo, *¿esa parte inicial sería hasta que los protagonistas se marchan del pueblo, o todo el primer libro?*
BRANDON SANDERSON: En mi opinión, hasta que huyen del pueblo. De hecho, Robert Jordan ya tiene hechas casi todas estas cosas al terminar el primer capítulo de *El ojo del mundo*. Está el prólogo, «El Monte del Dragón», y luego el primer capítulo empieza con un chico en una granja. Pero son solo como unos tres párrafos de chico-en-la-granja hasta que el chico ve a una figura sombría persiguiéndolo, y después vamos al pueblo y todo empieza a ser inquietante y raro, con forasteros en las calles. En él, la promesa inmediata es que ya hemos visto bastante acción y a una persona suicidándose. Acabamos de descubrir que hay alguien por ahí que es un dragón renacido y podría volverse loco. Además, nos damos cuenta de que en el pueblo del chico todo va mal. Y luego —creo que es al final del primer capítulo— tenemos el ataque y todo se descontrola. *El ojo del mundo* hace sus promesas muy deprisa, pero yo diría que la introducción termina más o menos ahí.

Termina cuando deciden marcharse. Entonces es cuando el lector sabe que la trama será la crónica de un viaje. Sabemos cuál será el arco. Tenemos la promesa de que nuestros personajes proceden de un pueblo pequeño y creían que querían vivir una gran aventura, pero esa gran aventura es mucho más peligrosa y aterradora de lo que pensaban. Ese será su arco argumental. Ya teníamos la promesa de tono en «El Monte del Dragón», seguida por el pueblo, en el que todo es extraño y algo va mal, y con eso termina la presentación del libro.

ESTUDIANTE: *¿Cómo sabemos si una presentación es demasiado larga?*

BRANDON SANDERSON: Como en la mayoría de las preguntas sobre escritura, la respuesta es que depende de muchos factores. Las novelas no son como los guiones cinematográficos, en los que es muy fácil señalar cuántas páginas deberían dedicarse a algo, porque la longitud de una novela puede variar mucho y su estructura también, en función de las preferencias del autor y del género que escriba. En un guion podría deciros: «Llegados a la página 6, tal cosa ya debería estar hecha». Para una novela no puedo deciros lo mismo.

Pero sí hay algo claro. En general, os interesa ir un poco más deprisa de lo que os resultará cómodo como escritores principiantes. Cuanto antes presentéis el tono de la historia y el conflicto principal del personaje protagonista —quizá no el conflicto en que se basa la trama, sino la relación que tendrá el personaje con él—, mejor os irá. Lo ideal es venderle al lector qué se siente al estar en la piel del personaje, y con que logréis establecer la personalidad del protagonista en los dos primeros capítulos, luego podréis aprovechar ese impulso durante buena parte de la novela. Esto también dependerá del género. Y por desgracia, o quizá por suerte, de la fama que tengáis.

Me explico. Cuando el lector entra en un libro, suele estar dispuesto a tener un poco de manga ancha con el autor. Si ya ha leído otras novelas vuestras que al final tenían excelentes recompensas, os dejará más tiempo para establecer la presentación, porque sabe que merecerá la pena. Es la ventaja que se obtiene al haber publicado unos cuantos libros, y el motivo de que yo pudiera convencer a los lectores de que entraran en *El camino de los reyes* más fácilmente de lo que podríais haberlo hecho vosotros. Aun así, os recomiendo escribir lo que os apasiona y contar la clase de historia que queráis contar, aunque sea como *El camino de los reyes*, con una curva de aprendizaje más pronunciada. Dedicaos a lo vuestro.

Eso no quita que haya que entender cómo elige la gente las historias que lee. Todo lector tiene una especie de «umbral de tonterías» que está dispuesto a dejar pasar al autor. El umbral de cada cual es distinto, y lo que cuenta como «tonterías» variará también en función de la persona. Por ejemplo, algún lector podría sacar *El camino de los reyes* del estante en la librería y decir: «Vale, Sanderson, no las tengo todas conmigo. Ya he leído libros extensos como este y se andaban mucho por las ramas para que luego la recompensa fuera del montón. Y como es lo que me ha pasado otras veces, creo que ya estamos un poco más cerca de mi umbral de tonterías». Acabaría de ganarme un punto en contra de ese lector.

Otro lector podría ver el libro en internet y pensar: «He tenido experiencias estupendas con libros largos. Me cuesta el mismo dinero comprar en audiolibro de nueve horas que este, que me dará cincuenta y cinco». Si queréis saber por qué *Juramentada* fue el libro más reservado en preventa de la historia de Audible, la respuesta es esta: cincuenta y cinco horas. Con esto pretendo ilustrar que los deseos y las expectativas del lector pueden suponer un punto en contra o a favor del libro.

Aunque los umbrales de los lectores varíen, os interesa tener los mínimos puntos en contra para la historia que queréis contar. Pero ojo: la historia sigue siendo más importante que el hecho de libraros de todos esos puntos en contra. Si tratáis de purgar todas las posibles pegas que alguien pueda poner a vuestra novela, lo más probable es que os quede una historia sosa, poco interesante y que no le guste a nadie. Así que tendréis que asumir riesgos y hacer algunas cosas que espantarán a algunos lectores, pero que servirán para venderle el libro a otros.

En resumen: escribid la presentación más breve posible para lograr vuestros objetivos en el tipo de historia que estáis contando. Intentad llegar cuanto antes a la mente del personaje protagonista, a su conflicto principal y al tono adecuado para vuestra narración, en la medida en que lo permita la clase de historia que narráis. Muy pocas veces se os criticará porque el libro empiece de forma demasiado explosiva e interesante, o porque el lector se quede demasiado cautivado por el protagonista.

ESTUDIANTE: *¿Qué diferencia hay entre una promesa de arco de personaje y una promesa de trama?*
BRANDON SANDERSON: La promesa de arco de personaje es la sugerencia de cómo cambiará ese personaje durante el transcurso de la historia. Al hacer una promesa sobre el arco de un personaje, estás comprometiéndote a hacer que cambie, o por lo menos a que cambie su situación para ofrecerle lo que desea. Yo tiendo a entrelazar las dos cosas. Si os fijáis en Luke, una parte de esa promesa es que podrá volar a las estrellas. Pero hay otra parte a la que no llegamos hasta que Obi-Wan le dice: «Debes aprender los caminos de la Fuerza». Es entonces cuando el espectador sabe que Luke tendrá que dejar de ser quien era y convertirse en alguien capaz de librar esa gran guerra que habíamos intuido con el destructor estelar del principio. Es una promesa de arco de personaje.

La promesa de trama es que el Imperio Galáctico es malvado. Los protagonistas deben llevar los planos de la Estrella de la Muerte a la gente que luego podrá derrotar al imperio, y esa es la trama. El argumento de la película consiste en llevar los planos a los rebeldes, pero entonces hay un giro: los protagonistas en realidad destruirán la Estrella de la Muerte. Hemos visto tantas veces Star Wars que no lo parece, pero es un final con giro, uno de los tipos de giro argumental que veremos más adelante.

ESTUDIANTE: *¿Cómo podemos ser lo bastante predecibles para hacer promesas, pero no tanto como para aburrir?*

BRANDON SANDERSON: Esa pregunta tiene dos respuestas. La primera es que, en general, con la trama puedes ser un poco más predecible de lo que crees, siempre que proporciones una ambientación interesante y unos personajes que importen al lector. La gente dice que hay cinco tipos de historias posibles, o algo por el estilo, pero lo cierto es que casi todas las tramas concebibles ya están creadas. Casi todas las formas de salirte de la norma al utilizar esas tramas implican hacer algo tan inesperado que incumpla tus promesas, y eso puede convertirse en un rasgo característico de tu historia. Pero en general, es más interesante hacer inversiones sutiles de las promesas.

Por ejemplo, recuerdo que cuando leí *El ojo del mundo* encontré una inversión que tampoco debería serlo tanto, pero lo fue, cuando resultó que el personaje tipo Gandalf era femenino. Pensé: «Anda, eso no lo había visto nunca». Había leído muchísimas novelas de fantasía y siempre estaba Gandalf, o Allanon, o Belgarath; siempre estaba el sabio hechicero. Pero cuando aparece el hechicero sabio y descubres que es una mujer en quien no confías, tienes algo distinto. Sabes qué papel cumple esa persona, pero está haciéndolo de un modo diferente y eso te intriga. ¿Deberías fiarte de ella, de esa Gandalf? Insisto en que no debería suponer tanta inversión de la promesa: nadie debería haber esperado hasta ese libro para ver un personaje tipo Gandalf que no fuera un hombre blanco. Pero para mí, al leerlo con quince años, lo fue. Podéis hacer inversiones sutiles, o jugar un poco con las expectativas para no ser tan predecibles. Al final todo se reduce a si domináis el arte.

Podría decirse que *El Imperio Final* es una historia de robos. Prometo al lector, muy al principio, que tiene en las manos una historia de ladrones. Incluye todas las características clásicas de las historias de robos. Pero como casi nadie había leído una novela de ese tipo donde cada protagonista tiene un talento mágico distinto, resultó novedosa. Y el hecho de que recluten a una chica nueva en el equipo y la entrenen introduce una trama de maestro-aprendiz superpuesta a la del robo, lo cual también era nuevo.

Mucha gente dice que me marqué un «Terry Rossio» con Nacidos de la Bruma. Rossio fue coguionista de *Piratas del Caribe* y de *Aladdín*, y suele hablar de esta idea. Él la llama el «atractor extraño». Por eso en Hollywood se oye tan a menudo que «tal peli es *x* más *y*». La idea del atractor extraño se reduce a que te interesa que tu historia dé una sensación familiar pero rara al mismo tiempo. Muchas veces se reduce a darle otra vuelta a una idea conocida, o a tomar dos ideas familiares y mezclarlas de un modo que parezca que no tiene sentido, pero resulte intrigante.

El Imperio Final es, en realidad, una película de robos en un mundo de fantasía mezclada con *My Fair Lady*. Esa mezcla es uno de los motivos de que Nacidos de la Bruma funcione. Al ser una mezcla, el lector conoce ambos arquetipos de trama. Sabe cómo funciona la historia de una huérfana a la que adoptan y entrenan para que sepa comportarse en la alta sociedad. Conoce las historias de robos. Pero el lector no había visto nunca las dos cosas juntas en un libro de fantasía.

Las novelas de Harry Potter lo ejemplifican muy bien. No creo que ningún lector habitual de fantasía se sorprenda por la trama del primer libro. Pero está compuesta a la perfección, y es glorioso ver a una persona muy habilidosa hacer muy bien algo que te apetece disfrutar. Por eso a la gente le encanta la novela romántica, aunque sepa de antemano que los dos personajes terminarán juntos; es decir, que la trama es predecible. Yo sé cómo termina *Hamlet*, y aun así estoy dispuesto a volver a verla en escena.

Pero no siempre es necesario introducir giros.

ESTUDIANTE: *¿Todos los buenos personajes deben tener un arco argumental? Lo pregunto por Indiana Jones, por ejemplo.*

BRANDON SANDERSON: Existe una categoría de personajes a los que, si no recuerdo mal, fue el guionista de cómic Jim Zub quien llamó «personajes emblemáticos». Son personajes que no cambian de una historia a la siguiente, cuyas aventuras puedes leer en desorden y las disfrutas por motivos distintos al de ver el arco argumental de ese personaje. Así que la respuesta es no. El ejemplo clásico de este tipo de personaje es James Bond. A veces, en una película concreta, y dependiendo de quién la escriba, Bond puede tener un arco de personaje. Es lo que están haciendo en los últimos tiempos. Pero el James Bond clásico, igual que el Conan clásico o el Sherlock Holmes clásico, no tiene arcos de personaje en la mayoría de sus historias. Sherlock Holmes también es un personaje emblemático, en cuyas historias las promesas de tono y la trama son mucho más importantes que el hecho de ofrecer algún tipo de arco de personaje. En estos casos no es necesario.

Pero si una característica principal de vuestra historia es que el personaje evoluciona, entonces sí que os interesa hacer la promesa al principio. En caso contrario, mostraréis que es un personaje emblemático e insinuaréis al público que por eso le interesa: porque es fantástico verlo, o leer sobre él, o experimentarlo.

ESTUDIANTE: *¿Por qué algunas promesas logran atrapar el interés del lector y hacen que quiera seguir leyendo mientras otras no funcionan?*

BRANDON SANDERSON: En parte se debe a los gustos de cada persona. Como escritores, tenéis que acostumbraros a eso; la gente tiene gustos distintos y está bien que así sea.

Aunque alguien cocine para mí el mejor plato de salmón

del mundo, me dará asco. No me gusta el salmón. Tengo una reacción visceral al pescado. Me dan arcadas con solo probarlo. Así que, por muy bueno que esté ese salmón, no disfrutaré de la comida. Como mucho, apreciaré cuánto ha costado prepararlo y lo bien hecho que está el plato.

Del mismo modo, las promesas se reducen en parte al gusto, que puede ser un asunto peliagudo, entre otras cosas porque la experiencia de cada lector influye mucho en sus gustos. Cuanto más experimentas, más caes en la categoría de «me gustan estas cosas y no me gustan esas otras», y es posible que empieces a desarrollar, aunque no todo el mundo lo haga, la sensación de que «quieres algo distinto». El hecho de que hayas probado lo mismo tantas veces hace que te apetezca algo nuevo. Ocurre mucho con las críticas de cine. Hay películas que, si has visto otras cien a lo largo de un año, son tu película favorita, pero si es la única que has visto, la odias.

Con los libros también ocurre. Podríamos llamarlo el «efecto Eragon». Cuando salió *Eragon*, mucha gente lo leyó y dijo: «Esto ya lo había leído, es Star Wars o *Los jinetes de dragones de Pern*». Y es cierto. Pero claro, Star Wars también se inspiró en otras historias, igual que *Los jinetes de dragones de Pern*. Seguro que también hubo gente que vio Star Wars y pensó: «¿Cómo puede ser que esto guste tanto? ¡Pero si llevo toda la vida leyendo los libros de John Carter y es lo mismo!». Creo que en esos libros incluso llamaban Sith a los malos.

Así que puede haber gente que lea vuestro libro y diga: «Esto es demasiado arquetípico para mí». Habrá otra gente que lo lea y piense: «Es una versión perfecta de un arquetipo que no había experimentado mucho», y le encante. Como autores, no deberíais hacer juicios de valor sobre estas cosas. Lo que sí podéis decidir es qué queréis hacer y a qué público irá dirigido.

¿Por qué otro motivo funcionan algunas promesas y otras no? También tendrá un papel fundamental la habilidad del autor, su capacidad para empezar a cumplir esas promesas. En mi opinión, es una combinación entre la habilidad del escritor y lo que busca el lector.

El progreso

Creo que el progreso es un factor más importante que la promesa y la recompensa, que es la sensación que se lleva el lector cuando termina un libro, e influye mucho en si vuelve a leer algo del mismo autor. Sin embargo, la forma que tiene un escritor de acompañar a ese lector hasta el final es incluso más importante. Deberíais saberlo por la gran cantidad de autores que desarrollan partes de progreso fantásticas y unos finales flojos, y aun así son muy famosos. También por aquellos que ofrecen principios débiles, pero unos personajes y una trama espectaculares en la parte media, seguidos por un «y entonces se acaba», y aun así gozan de una enorme popularidad. Porque el progreso en la parte central es el más difícil de todos, y es donde destacan algunos de los más grandes escritores. Stephen King es el mayor ejemplo de esto.

Pero ¿a qué nos referimos al hablar de progreso?

Yo empecé a descubrirlo al principio de mi carrera, cuando estaba leyendo *Inferno* de Larry Niven y Jerry Pournelle, dos escritores de ciencia ficción muy buenos. *Inferno* está protagonizado por un autor de ciencia ficción que acude a una fiesta, se emborracha, cae por una ventana, muere y se despierta en el infierno de Dante. Es ciencia ficción a la antigua usanza, en el sentido de que gran parte de la ciencia ficción antigua daba una sensación muy episódica. Eso se debe a que o bien los autores publicaban las novelas por entregas en revistas, o bien estaban acostumbrados a hacerlo. En *Inferno* el protagonista vive una aventura con algún personaje famoso muerto, y al final del capítulo el lector piensa: «Ese era Billy el Niño, ¿verdad?». Entonces Billy el Niño se queda en esa parte del infierno y el protagonista sigue el viaje hacia otra, donde correrá una nueva aventura demencial con otra persona, tal vez conocida. Es una historia muy imaginativa, en la que los autores se lucen con su versión fantástica de lo que sería recorrer el infierno.

Me fascinó este libro, cuando en general no me interesan especialmente las historias tan episódicas. Pueden gustarme, pero lo normal es que al terminar piense: «Vale, pues ya está». En cambio, con *Inferno* no podía dejar de pasar las páginas. Así que me pregunté por qué estaba leyéndolo como si fuese un *thriller*, el género más especializado en enganchar al lector, cuando en realidad era una aventura un poco simple y muy episódica ambientada en el infierno. Y caí en la cuenta de dónde estaba la diferencia. El libro tenía un mapa al principio.

Quizá os haga gracia porque es posible que esté un poco obsesionado con los mapas. Habréis visto que algunos de mis libros tienen muchos mapas. Así que pensaréis: «Pues claro que te fijaste en el mapa, Brandon». Pero *Inferno* no era una historia de fantasía épica. Tenía un mapa del infierno de Dante con forma de círculo, y el protagonista empezaba en el perímetro y avanzaba hacia el centro. Las preguntas de qué había en el centro del infierno y si el protagonista podría salir eran tan cautivadoras que tenía que seguir leyendo la siguiente aventura, porque podía trazar su avance continuo hacia dentro.

Esa es una sensación muy poderosa en el lector, y también un factor muy importante que atrae a la gente hacia los libros y provoca que los lean. Cualquier libro transmite esa sensación ya que, a medida que se avanza en él, van quedando menos páginas para el final. Aunque el lector no se fije en los números, sí se ve a sí mismo avanzando a lo largo de la novela. Leer un libro es una bomba de relojería natural. Y ese progreso, el hecho de que el lector sienta que está avanzando en la historia, es crucial a la hora de que una novela sea un verdadero *page turner*.

A la mayoría de vosotros la expresión *page turner* os sugerirá algo parecido a un *thriller*, una historia en la que siempre hay algo explotando o alguien persiguiendo al protagonista. Pero se puede escribir un *page turner* sobre cualquier cosa. No tiene por qué haber ni una sola pelea. Ni un solo personaje corriendo hacia ningún sitio. La mentalidad del *page turner* consiste en que, como autores, mostréis al lector que la trama se está dirigiendo hacia algo que querrán ver. En realidad, es solo una «ilusión de progreso», porque obviamente el autor tiene el control absoluto sobre él.

Si quisierais, podríais hacer que transcurrieran mil años con una sola frase: «Y entonces pasó un milenio». Podríais escribir un libro entero que ocupara un solo segundo. Tenéis un control absoluto sobre todos los aspectos de la historia. Una de las grandes pegas que pone al género la gente que no lee mucha fantasía o ciencia ficción es que afirma que, como el autor puede hacer que ocurra cualquier cosa, no hay ninguna tensión. En cierto modo es verdad, pero el problema tiene mucho más alcance, porque sucede lo mismo en cualquier tipo de literatura. Si estás escribiendo una novela romántica, puedes decir: «Y entonces él por fin se dejó de tonterías y acabaron juntos». Solo hace falta una frase. Él se decide, y encuentran un montón de dinero que les había dejado el tío de ella sin que lo supieran, y de pronto ya pueden pagar la hipoteca y olvidar al usurero malvado que los estaba apretando; y al bajar esa tensión, los problemas que tenían desaparecen y viven felices para siempre. Eso puede hacerse en cualquier historia.

Pero el progreso está absolutamente bajo vuestro control, y por eso debéis crear la ilusión de que vuestra historia está avanzando hacia un objetivo emocionante e inevitable. La manera habitual de hacerlo es identificando cuál será vuestra trama. Me refiero al verdadero arco argumental, no solo a la trama paraguas.

A menudo, el arco argumental y la trama paraguas coinciden. Pero lo que queréis saber es por qué la gente querrá pasar las páginas. ¿A qué pregunta necesitan dar respuesta? Por supuesto, pueden ser varias. Cuanto más extenso sea el libro, cuanto más larga sea la historia, más preguntas se generan. Pero habrá unas cuantas principales, y lo normal será plantearlas al identificar qué tipo de trama ofrecéis.

Volvamos a Star Wars. Allí la trama paraguas consiste en destruir la Estrella de la Muerte, aunque el espectador no acaba de darse cuenta de que en realidad es la trama general, que al principio parece limitada a llevar los planos donde corresponden. Sí, liberar a la princesa también está incluido en la trama. Es decir, todo consiste en proporcionar los planos a quienes pueden hacer algo con ellos y rescatar a la princesa. «Ayúdame, Obi-Wan Kenobi, eres mi única esperanza». El principal arco de personaje es que Luke se convierta en jedi o, mejor dicho, que Luke confíe en la Fuerza. Lo que al final acaba ocurriendo es que Luke da el primer paso para ser un jedi. Pero la promesa es que Luke usará la Fuerza y será fantástico. Y también hay un arco de personaje secundario basado en que Han deje de ser tan estúpido.

Y esas son las tramas. En esta película, la trama nuclear y la trama paraguas son la misma. Y es una trama muy sencilla, compuesta por un arco argumental y un par de arcos de personajes. La sensación de progreso que se da al espectador tiene que centrarse en esos arcos. Por muy emocionantes que parezcan, muchas historias aburren al lector cuando hacen una promesa y luego llevan el arco argumental en una dirección distinta.

A veces puede hacerse a propósito. Son excepciones y es muy difícil que salgan bien, pero permitidme que os dé otro ejemplo real con uno de mis libros, *Juramentada*, el tercer volumen de El Archivo de las Tormentas. Intentaré no destripar nada muy concreto a quienes no lo hayáis leído. Hay un momento del libro en el que varios personajes acaban en una dimensión alternativa llamada Shadesmar, que podría considerarse una especie de país de las hadas. Entran en el reino feérico, en otra dimensión. Acaba de suceder una catástrofe y apenas han logrado escapar de ella con vida. Los personajes tienen graves problemas mentales y emocionales. Se juntan. En el primer borrador, al hablar de lo que deberían hacer, dicen: «Si podemos llegar hasta este segundo lugar, allí hay un portal que nos devolverá al mundo real, para que podamos empezar a arreglar las cosas». Yo, como autor, sabía que en realidad tenían que llegar a un tercer punto mucho más alejado, para el gran clímax de la novela. Así que empiezan a avanzar y piensan: «Bueno, tenemos que pasar por aquí para conseguir un barco que nos lleve al punto 2, pero no, resulta que el barco va hacia... ¡Oh, no! ¡Se ha desviado y, no sé cómo, hemos terminado aquí, en el gran clímax! ¿Quién iba a pensar que acabaríamos en el mismo lugar al que van todos los demás personajes?».

Tenía muchísimas ganas de escribir esa secuencia. Visitar Shadesmar era algo que llevaba prometiendo al lector desde el primer libro de la saga. Sabía que iba a ser espectacular en términos visuales. También incluiría varios pasos argumentales muy interesantes. Algunas de las cosas que les estaban pasando a los personajes eran fascinantes, al menos para mí como escritor.

Escribí la secuencia y, tras la fase de lectura beta, resultó ser la parte que menos gustó a todo el mundo. Los lectores beta opinaron que era aburrida. Y yo pensaba: «¿En serio? ¡Pero si no lo es!». Entonces me di cuenta de que había incumplido la norma. Sucede muchas veces al escribir. Sin pretenderlo, había hecho una minipromesa en plena historia, la de un viaje, una trama arquetípica. Los personajes iban a llegar al punto 2, pero terminaron en el punto 3. Y la mayor parte de los lectores beta, aunque no pudieran articularlo, en el fondo estaban pensando: «Esto tiene que ser un desvío, un contratiempo. Estamos en el desvío hasta que volvamos a la trama real, que es llegar al punto 2». Leyeron esa parte esperando a que el desvío terminara, y eso los frustró y los aburrió.

Seguro que alguna vez, viendo una película, habéis pensado: «Me aburro, aunque les estén pasando cosas emocionantes a estos personajes. ¿Por qué no vuelven ya a la trama principal?». La secuencia de Canto Bight en *Los últimos jedi*, por ejemplo. Sucede porque no notamos un progreso hacia lo que queremos que ocurra. O bien nos han hecho demasiadas promesas que nos interesan más, o bien no vemos un avance lo bastante claro hacia la más reciente, o ambas cosas a la vez.

Así que revisé la historia de forma que, al principio, poco después de que empiezan a avanzar, ocurre algo y los personajes hablan entre ellos para decidir hacia dónde van. Todos dicen: «Tenemos que ir al punto 2», excepto Kaladin, que en ese momento es el personaje con cuyo punto de vista narro la escena. Este les suelta: «He tenido una visión y, si no vamos al punto 3, alguien muy importante para nosotros morirá». Los demás piensan que se le ha ido un poco la cabeza, pero sirve para convencer al lector de que el objetivo real es ese, que los personajes deben llegar al punto 3. De modo que, cuando llega el desvío, los lectores como mínimo intuyen que tenían que ir hacia allí desde un principio. Con solo cambiar la promesa, a los lectores gamma les encantó la secuencia.

Ese es el poder que tienen las promesas bien hechas y el progreso en dirección a ellas. Apenas modifiqué nada sobre lo que ocurría en el viaje. Solo cambié la promesa y el tono en las primeras escenas. Convertí un «Tenemos que escapar» en un «Debemos salvar a esa persona y para ello tenemos que llegar hasta allí». Una leve variación en el tono, un pequeño cambio de objetivo para la secuencia de viaje, y de repente tenía a todos los lectores a bordo conmigo.

Dicho de otro modo: lo que de verdad me preocupa en la fase de lecturas beta es cuando un grupo grande de lectores que ya creía que iban a disfrutar de algo lo encuentran aburrido. Entonces es cuando hay un problema.

Volvió a pasarme con *Estelar*, una novela a la que tuve que hacer revisiones importantes porque mis promesas iniciales estaban mal hechas en el primer borrador, y no logré entender el motivo hasta que llegaron los comentarios de los lectores y lo hablé con mis editores. A veces no es evidente. Cabría pensar que, después de veinticinco años dedicándome a esto, sabría de manera automática cómo hacer una buena promesa al principio de una novela. Pero hubo dos veces casi seguidas, entre tres libros consecutivos, en los que cometí un error de juicio garrafal acerca de una promesa o del progreso que estaba haciendo.

En ambos casos resolví el problema cambiando la promesa, no el progreso. El motivo fue que ya tenía el libro escrito y no quería rehacerlo. Si me doy cuenta al principio, en la fase de planificación, lo normal es que la mitad de las veces cambie la promesa, y la otra mitad, el progreso.

Volvamos de nuevo a Star Wars. Si os fijáis, casi todo lo que hacen los personajes mueve la trama en dirección a esos objetivos de los que hablábamos. La idea es no dejar de dar pasos hacia ellos. Al tratarse de una película tiene que ser muy compacta, mientras que en los libros se permite más flexibilidad, aunque yo no lo recomiendo necesariamente.

Pero en la película, todas las escenas avanzan hacia al menos uno de los tres objetivos principales: «entreguemos los planos», «rescatemos a la princesa» y «aprendamos a confiar en la Fuerza».

Como autores, a la hora de esquematizar la trama (si funcionáis a partir de un esquema), lo que os interesa es ver hacia dónde se dirige y preguntaros: ¿qué pequeños avances puedo ofrecer al lector en el camino que le resulten interesantes y le muestren que estamos progresando? A veces también podéis dar algún paso atrás. Si tenéis mucho cuidado, incluso un paso atrás de vez en cuando puede estar bien. Por ejemplo: «Venga, llevemos los planos a Alderaan. ¡Oh, Alderaan ya no existe, menudo problema!». Ha sido un paso atrás, pero hay una princesa, así que: «¡Rescatemos a la princesa, que es rica!». Ahí entra en juego el arco de Han dejando de ser tan estúpido.

Puede resultaros muy útil identificar qué clase de trama estáis trabajando, y en el próximo capítulo hablaremos sobre los distintos arquetipos de trama. Pero lo que os interesa tener en mente es que, si el núcleo de vuestra historia es un romance o una relación, deberíais aseguraros de indicar siempre que está progresando en ese sentido. Si vuestra historia consiste en que los personajes lleguen al Monte del Destino, todas las aventuras que sucedan por el camino deberían acercar al lector a ese destino.

Preguntas y respuestas

ESTUDIANTE: *¿Los pasos atrás son mucho más aceptables en la novela romántica que en otros géneros?*
BRANDON SANDERSON: A grandes rasgos, diría que sí. Pero, por otra parte, el lector espera que haya contratiempos en

casi cualquier historia. Los pasos atrás suelen utilizarse según el tipo de giro argumental que quieras emplear, o según cómo quieras cambiar la trama.

ESTUDIANTE: *Muchos pasos atrás, como el de Alderaan, terminan muy deprisa y luego los personajes vuelven a lo que estaban haciendo, sin dedicarles mucho tiempo. ¿Es posible que si se da un paso atrás muy grande, el público al final se pregunte qué hace leyendo todo eso?*

BRANDON SANDERSON: Es muy posible. Hacerlo bien requiere que haya una cierta fluidez. En la mayoría de las historias románticas, los lectores dan por sentado que no están dando un paso atrás tan grande como los personajes creen, y esos pasos atrás son una parte fundamental del género. Pero la sensación de que todo se ha ido a pique, de que no queda esperanza, sucede en casi todas las historias, sean del género que sean. No ocurre siempre, pero suele haber ese momento de: «¡Oh, no, Obi-Wan ha muerto! ¡Qué horror! ¡Esto es peor que la explosión de aquel planeta!». Peor en el contexto de la historia, no en la vida real. Muchas historias tienen pasos atrás como ese, en los que por un momento el lector cree haber retrocedido hasta el principio, aunque en realidad no sea así. Guardan relación con las recompensas y los giros argumentales.

ESTUDIANTE: *Aparte de incluir mapas, ¿una historia puede ser muy episódica y aun así enganchar al lector para que pase las páginas?*

BRANDON SANDERSON: Desde luego que puede. En la mayoría de los casos, el secreto de un *page turner* episódico es incluir un buen gancho al final de cada capítulo que prometa cómo será el siguiente, y hacer ese siguiente capítulo realmente interesante.

En este sentido, mi filosofía consiste en que, si vas a hacer una historia muy episódica, hay dos maneras de dar ese giro con gancho al final de un capítulo. Una de ellas sería: «Llamaron a la puerta. Ella fue a abrir y al otro lado estaba...». ¡Corten! Es la fórmula clásica de final con gancho misterioso, que hace que el lector pase la página para descubrir quién está en la puerta de la protagonista. Es un truco un poco sucio, pero como escritores usamos trucos sucios a todas horas. La otra opción sería que la protagonista abriera la puerta, encontrara a su padre, a quien creía muerto, y ahí se cortara el capítulo. En mi opinión, ese gancho es más interesante porque el primero solo funciona si el autor ya ha establecido de antemano quién podría ser, y así el lector puede inferir el significado del giro. Ese primer tipo de gancho da mucho mejor resultado si el lector puede anticipar lo que ocurrirá al pasar la página.

El problema que puede tener el gancho de abrir la puerta —y seguro que los habéis visto en varios libros— es que muchas veces la puerta se abre y, al principio del siguiente capítulo, están trayendo una pizza a la protagonista. Lo que obtiene el lector es pizza. Exagero un poco, pero en ocasiones los autores saben incluir esos ganchos al final de un capítulo y luego no logran hacer que lo que viene sea realmente interesante. Usan el truco barato con el único objetivo de que el lector pase la página, porque cuando ya ha empezado otro capítulo es más fácil que siga leyendo. Así que intentad evitarlo y procurad ofrecerle al lector momentos legítimos de crisis o curiosidad para que siga con el siguiente capítulo. Esa es la manera de que una historia episódica sea un *page turner.*

Se hace mucho en televisión. El formato televisivo suele tender un anzuelo al final de cada episodio para que el espectador regrese al cabo de una semana. Algunos de esos anzuelos serán trucos sucios, y la mayoría no me gustan, pero aun así se puede aprender mucho sobre el método. Si queréis escribir una historia episódica, estudiad las buenas series de televisión porque os enseñarán a pulir los ganchos. Y una vez hecho eso, cuando el lector pasa la página, ya habéis superado el principal bache, que consiste en que siga con el siguiente capítulo, y entonces podréis engancharlo de nuevo con los personajes, con el conflicto, con vuestra narrativa experta, y así evitar que se os escape.

ESTUDIANTE: *Antes mencionabas una promesa errónea para una parte concreta del libro de* Juramentada. *Entonces, ¿la promesa, el progreso y la recompensa se hacen también para las subtramas, no solo para la trama principal? ¿Hay que plantearlos varias veces a lo largo de la historia?*
BRANDON SANDERSON: Sí, pero con una salvedad. Cuanto más largo sea el libro, más tramas secundarias tendrá, y más procesos de promesa-progreso-recompensa deberéis establecer. *Juramentada* es un muy mal ejemplo de esto porque en general los libros de El Archivo de las Tormentas están planteados como tres novelas que encuadernamos juntas con una sola cubierta. Esa secuencia en realidad estaba al principio de un libro, en ese modelo de planificación. En el arco argumental anterior, los personajes iban a salvar una ciudad pero entonces ocurre algo terrible, y al hacerlo así, como si fueran tres novelas, puedo introducir un contratiempo importante sin que parezca un cataclismo. Porque es un poco más fácil hacer que los personajes tengan un gran fracaso en medio de una historia que no que lo tengan al final.

Por eso mismo *El imperio contraataca* funciona tal y como está planteada. Si *El retorno del jedi* terminara así, el público saldría del cine más decepcionado. No digo que no pueda hacerse: de hecho, muchas grandes historias concluyen de ese modo. En mi caso, yo podía dar a *Juramentada* una estructura de trilogía. Pero incluso si no lo hacéis, tendréis arcos argumentales secundarios.

Muchas veces describo ese proceso como el de anidar

tramas, igual que se hace al programar. Tienes un corchete abierto, y otro dentro de ese, y un tercero dentro del segundo. El de fuera sería la trama paraguas, luego tendrías el arco argumental (si es que es distinto), y en su interior el arco de personaje. Los tres corchetes se cerrarán hacia el final del libro, aunque la trama paraguas podría no cerrarse hasta el segundo libro o el tercero, con otro libro entre medias. Es muy frecuente hacerlo así. Y dentro de esos corchetes, puedes insertar corchetes sucesivos que se abren y se cierran, subtramas una detrás de la otra.

Volvamos a Star Wars. Alderaan ha explotado y el rayo tractor ha atrapado a los protagonistas. Es una nueva subtrama que consiste en desactivar el rayo tractor de la Estrella de la Muerte y rescatar a la princesa. La trama de la princesa ya estaba presagiada desde antes, pero en realidad empieza aquí. Luke y compañía ya pueden ir a rescatarla. Obi-Wan se marcha a hacer sus cosas y hay otras subtramas en las que cada cual resuelve sus propios problemas, corchetes que van cerrándose para pasar al siguiente.

Esta forma de visualizar las tramas suele funcionar muy bien. Y el progreso a base de subtramas está relacionado con la aparición de problemas y contratiempos.

ESTUDIANTE: *¿Cómo se anidan las tramas de manera efectiva, sin que el lector las tome como distracciones?*
BRANDON SANDERSON: Es difícil hacerlo. Habréis visto películas en las que los personajes se pasan un buen rato mareando la perdiz sin que sirva de nada, o cumpliendo misiones secundarias que os aburren. ¿Cómo hacer que una trama secundaria tenga relevancia en la historia principal? ¿Cómo lograr que los hilos argumentales de un reparto amplio de personajes resulten interesantes?

Para empezar, debo advertiros que los lectores tienden a elegir sus personajes favoritos. Por lo que yo he visto, lo normal es que graviten hacia elegir el que más les gusta, el que menos y el que les da un poco igual, si hay al menos tres personajes. Pero en la inmensa mayoría de los casos, por lo menos escogen un favorito. Y cuanto más avanza el libro, más pesará esa elección, más impulso cobrará para muchos lectores. A veces es inevitable. O si no lo es, yo aún no he encontrado la manera de utilizar un reparto de varios personajes con punto de vista sin que la gente empiece a compararlos y decantarse por alguno de ellos. Quizá exista algún método para hacerlo que todavía no he averiguado.

Hay varias formas de hacer que las tramas secundarias sean relevantes. Una muy importante es lograr que el lector se implique de verdad con los personajes y comprenda sus motivaciones. No es por ensañarme con *Los últimos jedi*, porque la película tiene muchos aspectos positivos y me impresiona lo que intentaba hacer Rian Johnson con ella, pero la subtrama de Finn y Rose no terminó de encajar para buena parte del público. Podría tener que ver con las promesas y con la conexión del espectador con los personajes. Finn tenía una relación interesante con otro personaje, Rey, en la primera película de la nueva trilogía, y en *Los últimos jedi* se presenta al personaje preguntando por su amiga, a quien quiere ayudar. Pero en lugar de eso, termina en una misión secundaria.

Es el mismo problema que tuve con el primer borrador de *Juramentada*. Mi promesa era que los personajes querían ir a un lugar A, y entonces los enviaba a otro lugar B. Así que los lectores del borrador pensaron: «Vale, pero esto es la misión secundaria. ¿Cuándo llegaremos a la trama principal?». Con Finn pasaba lo mismo: él quiere ayudar a su amiga Rey, pero de algún modo termina en una aventura alocada montando a caballo y demás, mientras el espectador piensa: «De acuerdo, pero esto es...». Aunque, tras la presentación inicial de Finn, los guionistas se esforzaron por transmitir la importancia de esa misión secundaria, daba la impresión de que el personaje no estaba siguiendo sus motivaciones, y en consecuencia al público no le interesaba lo que hacía. Estaba muy implicado en la trama principal de la película, y al principio parecía que la secundaria iba a confluir con ella pero luego no lo hacía tanto.

En eso hay una lección que aprender: cuando escribáis subtramas con los personajes secundarios, aseguraos de que el lector se implica en ellas y quiere ver lo que le ocurre a ese personaje, o por lo menos intentad que su arco de personaje sea cautivador e interesante. Preocupaos de hacer las promesas adecuadas para el personaje y de que el lector perciba un progreso hacia lo que le habéis prometido. También conviene mostrar cómo se combinará esa subtrama con la historia principal, qué relevancia tendrá en ella.

Esto no es siempre un requisito absoluto. Sobre todo en el género de la fantasía épica, muchas novelas empiezan con los personajes repartidos en distintas partes del mundo, cada uno haciendo sus cosas, y el lector no tiene muy claro cómo se relacionan hasta el final del primer libro o quizá hasta en volúmenes posteriores. En ese caso, hay que tratar esas tramas como si cada cual protagonizara su propia novela, no como misiones secundarias, lo cual requiere hacer con esos personajes lo mismo que con un protagonista: implicar al lector, mostrar progreso, avanzar su arco. Si os sale bien, el lector se implicará con ese personaje hasta el punto de que su historia no le parecerá una desviación de la trama principal, sino su propia trama secundaria.

En cambio, si los personajes están todos juntos en la historia y queréis narrar temas y personalidades secundarias, la clave está en mantener un buen equilibrio. El lector os dará mucho más margen si los personajes están en el mismo lugar, por lo menos al principio de la historia. *Guardianes de la Galaxia vol. 2* es un buen ejemplo de muchos personajes distintos con subtrama. La película los presenta estando todos juntos, y luego algunos se separan durante un rato. Pero el espectador ya está implicado con el conjunto, con la historia, y al haber pasado mucho tiempo juntos, puede resultar muy satisfactorio alejarlos un poco para descubrir por qué tal personaje es así y tal otro es distinto, y entonces cerrar esos arcos narrativos que has dado a cada uno.

Tenéis la ventaja, sobre los guionistas de cine, de contar con muchas más páginas para jugar. Podéis tomaros uno o dos capítulos de vez en cuando para un personaje secundario, sobre todo si están todos en el mismo lugar con un propósito común. Podéis decidir: «Este capítulo lo veremos a través del personaje D, y así mostraré una perspectiva nueva e interesante sobre la trama, y de paso presentaré al lector la subtrama de que está enamorado de otro personaje pero no lo expresa». De ese modo seguís haciendo progresar la trama principal mientras el lector ve el mundo con los ojos de un personaje distinto. Es más fácil hacerlo así que si los separáis.

Pero en todo caso, si hacéis bien vuestro trabajo, si tratáis a cada personaje como el protagonista de su propia historia cuando os metéis en su cabeza, no tendréis tantos problemas a la hora de anidar tramas.

La recompensa

La recompensa es, sencillamente, que el autor cumpla con lo prometido. El truco está en que uno no siempre tiene que cumplir al pie de la letra con lo que había prometido al principio. El arquetipo clásico, que no deja en absoluto de ser válido, es hacer una promesa al principio, esforzarte durante la fase de progreso en mostrar al lector que está funcionando y luego hacer que las cosas empiecen a desmoronarse, para iniciar el tercer acto con los personajes convencidos de que es imposible que salga bien. Lo intentaron y han fracasado. Y entonces, al principio del tercer acto, encuentran una nueva inspiración, reciben datos nuevos o alguna pista, o sencillamente una fuerza renovada para intentarlo de nuevo, y en esa ocasión les sale bien y el lector tiene lo que se le prometió al principio. No hay ningún problema con esa estructura.

Yo suelo emplear la siguiente metáfora: prometes a tu hijo que vas a comprarle un cochecito de juguete. Él espera hasta el día de Navidad, como se supone que debe hacer, abre el paquete y ahí está el cochecito. No hay ningún problema con eso. La gente lee muchos libros que tienen tramas enrevesadas con muchos contratiempos y pasos en falso, y cree que tiene que hacer lo mismo al escribir. Pero olvida que muchas de las mejores historias que existen, como Star Wars, no tienen una trama con tantos giros.

Star Wars tiene lo que yo llamo el giro de la expansión de trama, que consiste en prometer a tu hijo un cochecito de juguete y, tras la espera, regalarle un coche de verdad, no de juguete, a estrenar. Es lo que ocurre cuando a Luke le prometen que volará al cielo y ayudará a devolver los planos de la Estrella de la Muerte, pero lo que ocurre en realidad es que no solo devuelve los planos, sino que destruye él mismo la Estrella de la Muerte y salva a la princesa. Expansión de trama. Es un giro argumental, porque la promesa del principio era, a propósito, inferior a lo que los guionistas sabían que entregarían al público. Y han tenido que esforzarse para enganchar al espectador con esa promesa.

Ese es el mismo giro que utilicé en *El Imperio Final*. ¡Sorpresa! Lo siento si no lo habéis leído. Uno de los grandes giros de esa novela está en que la promesa era un robo. A medida que avanzamos en la historia, mientras tiene lugar el progreso, el lector ve lo mal que lo están pasando los habitantes de la ciudad y empieza a pensar: «Quiero que a esos ladrones tan estupendos les salga bien el robo, pero si se enriquecen y huyen, dejarán atrás a toda esa pobre gente, así que en realidad quiero algo más. Ojalá esto fuera Star Wars y derrotaran al imperio». Y entonces, «¡Ay! ¡Acaban de derrumbar el imperio!».

En parte, pude hacerlo porque los lectores esperaban que la lucha contra el imperio estuviera en el tercer libro, y que el primero se limitara al robo. Era más o menos el modelo establecido para las trilogías de fantasía épica. Y al hacer el giro expansivo, al condensarlo todo en un libro, di al lector más de lo que esperaba. Rara vez os meteréis en problemas si hacéis este giro argumental: ofrecer al lector más de lo que espera.

En cambio, podéis meteros en problemas si hacéis el giro de sustitución. Bien hecho, queda resultón, y en realidad hasta puede que al lector le guste más. El giro de sustitución de trama podría visualizarse así: prometes a tu hijo que vas a comprarle el cochecito de juguete, y entonces te pasas varios meses diciéndole lo geniales que son los aviones de juguete, hasta que tu hijo piensa: «Ojalá me regalara un avión». Y al final abre el paquete y resulta que es un avión. ¡Yuju, un avión de juguete!

Una de las películas que mejor hizo este giro es *Mientras dormías*. Es una estupenda historia romántica en la que una mujer ve al hombre perfecto. La vida de ella es un desastre, y se enamora de él desde lejos. Entonces él entra en coma y, por cosas que pasan, la situación se enreda y ella empieza a decir a todo el mundo que es su novia. Como el hombre en coma nunca contaba nada a sus parientes, estos se lo creen y la aceptan en la familia. La promesa inicial es que ese hombre perfecto terminará siendo su pareja, pero la cosa se pone cada vez peor y, entretanto, ella se enamora del hermano, que es un gran tipo y encaja muy bien con ella. La promesa era que la protagonista acabaría con el hombre que está en coma, pero al final termina recibiendo el avión de juguete. Es una sustitución de trama brillante.

La sustitución saldrá bien solo si eres capaz de convencer al lector de que en realidad quiere algo distinto. Yo afirmaría, aunque en realidad es un caso aparte, que es lo que hace la película *Into the Woods* de Stephen Sondheim. La gente me pregunta a veces cómo se hace algo parecido. Empieza como una combinación de varios cuentos de hadas clásicos. Pero al llegar a la mitad, en el segundo acto, la vida de toda esa gente se vuelve un desastre y empiezan a caer como moscas. Es una desgracia, pero divertida. En fin, así era Sondheim.

¿Por qué funciona? Antes que nada, debo señalar que incluso cuando la sustitución de trama funciona, a mucha gente no le gusta. Es el peligro que tiene. Pero a mucha gente le gusta *Into the Woods* porque al principio da la sensación de que todo es demasiado perfecto. No termina de cuadrar, es demasiado... de ensueño. Además, es Sondheim. ¿Quién mata a personajes y hace pasteles con ellos? Así que cuando ocurre, dices: «¡Sí, están matando a gente y haciendo pasteles!». Sucede en la segunda mitad, pero reconozco que *Into the Woods* es un ejemplo único.

La recompensa debería fluir con naturalidad a partir del tipo de progreso que estéis haciendo, a menos que optéis por una sustitución o un pequeño cambio en la trama. Pero en la mayoría de los casos, deberíais dar al lector todo lo que quería al principio y añadir algo más, algo nuevo. La mejor apuesta es regalarles el cochecito de juguete y el avión. Esas suelen ser las mejores historias. En todo caso, lo importante es aseguraros de que la recompensa se deriva del progreso al que estéis dedicando la historia.

3

Cómo crear una trama

Estructura y arquetipos

En el capítulo anterior he expuesto mi filosofía sobre las promesas, los progresos y las recompensas. En este iremos al meollo del asunto: ¿cómo se construye un argumento? ¿Qué piezas se juntan para hacer que una trama funcione? ¿Cómo se prepara un esquema?

Antes que nada, una advertencia: no todo el mundo esquematiza. Los esquemas no son necesarios para escribir una historia, ni siquiera si es muy compleja. Lo normal es que la gente caiga en algún punto intermedio entre no adelantar nada de trabajo y adelantar todo el posible según sean escritores de descubrimiento o de esquema: es decir, según cuánto trabajo adelantan o retrasan. Los dos tipos de autores tienen que esforzarse al principio, y también un poco hacia el final. Un escritor de descubrimiento en general deja para más adelante muchas cosas que el esquemático ya ha resuelto de antemano, y tendrá que revisar más el texto para intentar ajustar lo que no funciona, mientras que el escritor de esquema tiende a hacer ese trabajo por adelantado y termina con un primer borrador más limpio.

Sin embargo, a la mayoría de los escritores de descubrimiento que conozco también les gusta saber ciertas cosas desde el principio. Al esbozar la trama, se intenta descubrir cuál será su estructura, qué promesas se harán, qué recompensas habrá, cómo se logrará que funcione. De hecho, el primer borrador del libro que hacen muchos amigos míos que son escritores de descubrimiento es en realidad un esquema muy detallado. Su segundo borrador sería el equivalente al primero de un escritor de esquema. Es más, tengo una buena amiga que escribe cada libro dos veces desde cero. En primer lugar, escribe la novela entera y la deja a un lado. Ese sería su esquema. Luego vuelve a la página en blanco y redacta el libro de nuevo, utilizando el primero como guía. Para mí sería horrible hacerlo así. Por eso es bueno que haya distintos tipos de escritores y que no exista una única manera correcta de plantear un libro. En mi caso, descargar el trabajo al principio y crear un esquema me ayuda muchísimo.

¿Por qué me gusta escribir así? Porque —como me enseñó aquel jugador de *Magic*— con el tiempo aprendes a hacer algunas cosas por instinto, y así puedes concentrarte en otros aspectos de la escritura y, echándole horas y días, ir mejorando en esos aspectos. Para mí, el esquema funciona también del mismo modo, en el sentido de que me permite trasladar una parte del trabajo, que de otro modo tendría que hacer ya estando ante el teclado, a las sesiones de planificación que hago antes de empezar el libro. Y eso significa que, cuando me siento a escribir un capítulo concreto, necesito tener menos cosas en la cabeza, porque el esquema de la novela ya me proporciona información sobre los objetivos globales que pretendo alcanzar con él. De este modo puedo centrarme en hacer que ese capítulo sea emocionante, interesante, más activo que pasivo, evitar que lo dominen los volcados de información y dedicarlo más a las motivaciones de los personajes y a su visión del mundo.

Cuando iba al instituto, me hablaron de cómo crear el

esquema de una novela. Decían que un esquema debía tener un número 1, y luego una A mayúscula, y una i minúscula, y dos íes juntas, y ese era el aspecto de un esquema. Así que, cuando empecé a escribir, supuse que los esquemas tenían que ser así. Pero no es necesariamente cierto. De hecho, si un editor os pide una descripción esquemática de vuestra historia, lo que quiere es un documento de tres páginas resumiendo la trama. No le interesa recibir algo como «Apartado 1, subapartado B». Lo normal es que soliciten unos capítulos de muestra y una descripción general, que podría tener más de tres páginas. Yo siempre recomiendo entre tres y cinco, nunca más de diez. Diez páginas estarían bien para una novela de fantasía épica en la que ya trabajáis con el editor, cuando ya ha comprado los derechos del libro y quiere saber cómo será. Pero cuando lo pide por adelantado, lo que quiere es una sinopsis. Para los editores, una descripción esquemática es una sinopsis.

Mis esquemas de trama tampoco tienen ese aspecto. No son resúmenes del libro. La mayoría de mis esquemas empiezan con un encabezado para los personajes, y luego otro para la ambientación y otro para la trama en sí. Utilizo el panel de navegación en Microsoft Word para poder moverme con facilidad por el documento pinchando sobre donde quiero ir, así que esos tres serían encabezados de nivel superior. Luego, en el primer apartado vendrían los nombres de los personajes: Kaladin, Shallan, Dalinar, Szeth, todos los personajes principales. Cada personaje tiene su propio subapartado, y añado otro para los personajes secundarios, que a su vez tendrá apartados de nivel inferior con cada uno de ellos.

En el apartado de cada personaje empiezo con un párrafo que describe quién es (lo que sería su presentación), y después sus distintos arcos a lo largo de la novela. Hago lo mismo con cada personaje: me explico a mí mismo cómo empiezan y hacia dónde van. Lo normal es que los personajes secundarios tengan solo un breve párrafo cada uno.

En la parte de ambientación, añado subapartados en los que hablo de cosas como la magia o la tecnología, según sea el caso, y la construcción del mundo en términos físicos o culturales. Estos subapartados tienen más aspecto de entradas de enciclopedia, en las que defino cada uno de esos aspectos, y pueden dividirse en más subapartados si se extienden mucho.

Cuando construyo la trama en mi esquema para el libro, busco sobre todo un par de cosas. Uno de mis principales objetivos es establecer las promesas, el progreso y la recompensa. Para mí, en general, lo más importante es determinar la parte del progreso, porque cuando comprendo cómo será el progreso en mi esquema, me resulta más fácil deducir cuáles serán las promesas adecuadas y la manera de cumplirlas. Al hacerlo, suelo buscar algún arquetipo de trama que pueda emplear, que es algo distinto a la estructura de la trama. Esto último podría ser el formato en tres actos o el periplo del héroe, mientras que el arquetipo de trama es un estilo de argumento; es lo que intentamos conseguir con nuestra novela.

Por ejemplo, cuando estaba planeando el primer volumen de la trilogía Nacidos de la Bruma, *El Imperio Final*, tenía muchas ganas de escribir el libro por dos motivos. El primero es que iba a ser una novela de robos. Ese era uno de mis arquetipos de trama principales. Un robo es un tipo de historia. Podía buscar otras historias del mismo tipo e investigar lo que hacían, analizarlas y utilizarlas. Al planear el libro, también sabía que habría una trama de maestro-aprendiz, que sería la historia de Vin aprendiendo a ser una nacida de la bruma. Esa era la parte al estilo de *My Fair Lady*, en la que Kelsier enseña a Vin a moverse entre la nobleza y también a utilizar la alomancia. Además, sabía que la novela tendría lo que yo llamo una «trama de información», que se parece mucho a una trama de misterio. Hay ciertas cosas que el lector no sabe sobre el pasado del lord Legislador y se le irán insinuando en forma de pistas. Y por último hay una cuarta, la subtrama de la relación romántica entre Vin y Elend.

Entonces miro esos cuatro apartados y me pregunto cómo puedo ensamblar una historia en torno a esas ideas. Ahí está la respuesta a la pregunta de si utilizo un solo progreso y una sola recompensa en cada libro o hay más: en *El Imperio Final* estaba manejando cuatro tramas principales todo el tiempo, cada una con sus promesas, su progreso y su recompensa. Sería más o menos lo adecuado para una novela de fantasía épica.

No obstante, una de esas líneas argumentales tiene que ser un poco más importante que las demás y, al trabajar en este libro, al final terminé considerando la trama del robo casi como secundaria, y la del maestro-aprendiz se convirtió en la principal. Si leéis la novela, casi toda la sensación de progreso se deriva de Vin convirtiéndose en nacida de la bruma, de modo que ese aprendizaje sería el núcleo del libro. La mayoría del tiempo que pasamos con ella está acudiendo a bailes, luchando contra otra gente o aprendiendo los distintos tipos de magia. Por tanto, podría decirse que *El Imperio Final* es una historia de aprendizaje que tiene una trama B, o un aspecto secundario, que es un robo. Y, a su vez, el robo tiene otras tramas secundarias.

Cuando ya están establecidas, hay que construir esas tramas, y, aunque la del robo ahora sea secundaria, me centraré en ella porque me ayuda mucho investigar qué han hecho antes otros autores. Es posible crear algo desde cero, por mucho que la gente piense que no. Lo que sin duda no es imprescindible es utilizar estas estructuras de trama, o ni siquiera estos arquetipos. Siempre digo que, si quisiera dedicarme a la cocina, me iría muy bien echar un vistazo a lo que se ha hecho antes, no para seguir una receta al pie de la letra, sino para entresacar lo que mejor funciona de ellas.

En mi caso, lo que hice fue repasar algunas de mis historias de robos favoritas. Utilizaré películas como ejemplos, porque tienen una estructura un poco más fácil de diseccionar, al ser más compactas que las novelas por las exigencias y la naturaleza de su medio. Después de estudiar varias historias de robos, me di cuenta de que, en esencia, existen dos arquetipos principales en ellas. Está el de *Ocean's Eleven* y el de *The Italian Job*. Se estrenaron *remakes* muy populares de ambas películas en la época en la que estaba trabajando en el libro.

¿Qué las hace interesantes? ¿Por qué funcionan? Las tramas del tipo *Ocean's Eleven* funcionan así: se reúne un equipo y suele haber una persona novata a la que hay que explicarle cosas. Entonces plantean el problema. En el *remake* de *Ocean's Eleven* había una escena con Brad Pitt y George Clooney en la que uno enumeraba las cosas que tenían que hacer y el otro respondía a cada una diciendo: «Lo cual es imposible». Presentaban el problema utilizando un método cinematográfico muy efectivo: hay que superar tal obstáculo, cosa que es imposible, y luego habrá que superar este otro, cosa que es imposible, y el siguiente; y así exponen el gran quebradero de cabeza que supondrá el casino que quieren robar. Se ponen a dividir el problema en pedacitos, y lo normal en este tipo de trama es que sigamos al principiante mientras van reuniendo las piezas que necesitarán para componer la gran solución.

Pero uno de los atributos principales de este tipo de trama es que falta una pieza importante, el principiante pregunta por ella y los demás le dicen: «Eso ya lo pensaremos, tú no te preocupes». El espectador ve cómo las distintas piezas resolverán cada obstáculo que enumeraban al explicar el problema, pero le queda la duda de qué harán con la parte que falta. Todo saldrá mal. Esa pieza ausente crea una sensación de fatalidad, de temor, de algo nefasto e inevitable. Hasta que llegas al final de la película y el giro consiste en que ya sabían cómo iban a resolver el gran problema, pero no se lo habían dicho al principiante para poder sorprender al público. Al final crees que todo ha salido mal, pero entonces se quitan los pasamontañas, y resulta que el equipo de operaciones especiales de la policía eran los ladrones disfrazados, o algo por el estilo, y en realidad todo había salido según el plan, solo que tú no lo sabías.

Es una trama distinta a la de *The Italian Job*, aunque tengan en común los elementos de reunir un equipo y plantear el problema. Pero esta variante de la trama del robo hace algo muy interesante. Presenta los problemas (llamémoslos A, B, C y D) y explica que utilizará las soluciones 1, 2, 3 y 4. La trama sigue más o menos igual que en el caso de *Ocean's Eleven*, solo que llegan al final y descubren que (en lugar de los problemas A, B, C y D) tienen los problemas E, F, G y H. Habréis visto historias de robos de este estilo, en las que lo planifican bien, ultiman todos los preparativos y, cuando están a punto de lanzarse a hacerlo, alguien mueve el objetivo, lo traslada a otro país o lo que sea. Y de repente, toda esa preparación se va al traste.

Esta es una muy buena forma de dejar completamente descolocados a los personajes, porque ¿cómo resuelven la situación? No lo consiguen. Toman la solución 1 y dicen: «Haciendo un apaño, podemos aplicarla al problema F». Y la solución 4, que era la persona a la que habían reclutado para abrir la caja fuerte, puede servir para robar este coche que nos hace falta en el problema G. Usan las soluciones 2 y 3 para los problemas E y H, y así mezclan todos los preparativos para resolver los contratiempos de maneras distintas e inesperadas. Si funciona tan bien es porque muchas veces, si queréis introducir un giro divertido en la historia y descolocar a los personajes, pasa un poco lo que decíamos en el capítulo anterior sobre prometer un cochecito y luego regalar algo distinto y sorprendente.

Además, al avanzar en la novela, el lector dedica mucho tiempo a la parte intermedia, al progreso. Pasará la mayor parte del libro concentrado en lo que hacen los personajes para que la historia avance. En esa situación, si habíais planteado un robo (y de pronto las soluciones 1, 2, 3 y 4 se vuelven irrelevantes), estáis tirando por la ventana el ochenta por ciento de la experiencia del lector, y este se enfadará con vosotros. Se frustrará porque le habíais prometido algo —además del giro si estáis construyendo un robo, porque las historias de robos se basan en los giros—, pero lo habéis descolocado. ¿Cómo resolverlo? Asegurándoos de que el tiempo invertido en 1, 2, 3 y 4 siga siendo relevante al aplicarlo en la improvisación del final. De pronto, ese final resulta muy satisfactorio, porque el lector recibe a la vez el giro y la sensación de que al final su experiencia, el tiempo que ha dedicado a experimentar la historia, cobra sentido.

Pensando en términos de recetas de cocina, ¿por qué es satisfactoria una historia de robo? ¿Por qué quiere ver la gente una película centrada en un robo, por qué le gusta? No tiene por qué ser lo que ya he mencionado, pueden ser otras partes relevantes. ¿Por qué os parece a vosotros que funcionan estas historias?

ESTUDIANTE: *Por la emoción de que los protagonistas se salgan con la suya.*
BRANDON SANDERSON: Correcto. En muchas grandes historias de robos, incluso si los héroes están en el bando de la ley, tenemos la sensación de que se salen con la suya. De que han robado a Hitler, o lo que sea. Esa sensación sin duda existe. ¿Qué más?

ESTUDIANTE: *Porque son personajes muy competentes.*
BRANDON SANDERSON: Exacto. Más adelante veremos que la destreza resulta muy atractiva para el lector.

ESTUDIANTE: *Está también el rompecabezas de descubrir cómo llevarlo a cabo.*
BRANDON SANDERSON: Los dos arquetipos de historia de robo sugieren un rompecabezas al espectador. Uno plantea el de la improvisación, que suele funcionar mejor si tienes a varios personajes con punto de vista al mando, porque así no hay que esconderles cosas. También es posible ocultar cosas a los personajes y, por tanto, al lector. En *El Imperio Final* utilicé un estilo más parecido al de *Ocean's Eleven*, aunque introduje un poquito de *The Italian Job* para un giro al final. Pero sobre todo estaba Kelsier escondiendo cosas a todo el resto, y eso que era un personaje de punto de vista, a través de quien narraba buena parte de la historia. Para que eso salga bien, tienes que hacer un poco de trampa.

ESTUDIANTE: *Hay, además, la sensación de rebeldía. Los personajes son un poco insubordinados, furtivos Atacan al poder.*
BRANDON SANDERSON: Se salen con la suya. Están haciendo algo excitante y que incumple las normas. Insisto. Aunque los protagonistas sean héroes, tendríamos el caso del equipo de *Misión imposible*: nadie más lograría cumplir esa misión porque ellos pueden saltarse las reglas, salirse de lo esperado y lograr algo increíble.

ESTUDIANTE: *También nos gusta eso, ver que la gente triunfa en una situación imposible.*
BRANDON SANDERSON: Nos gusta mucho. Para eso está la escena de George Clooney y Brad Pitt diciendo: «Tenemos que hacer esto, que es imposible, y esta otra cosa, que no nos

saldrá bien en la vida». Porque establece esa expectativa, esa promesa al espectador, la de que le gustará ver cómo lo hacen, porque será difícil pero lo lograrán. Esa escena es una promesa muy bien hecha.

Así que os recomendaría que, cuando estéis analizando una trama, os hagáis esas preguntas: ¿por qué esto gusta tanto a la gente? ¿Por qué me gusta a mí? ¿Qué es lo que me entusiasma de ver una trama como esta o de jugar con ella? ¿Cuáles son los elementos a los que no querría renunciar? Por ejemplo, ¿puedo hacer que los personajes no sean muy competentes? Si lo hago, sería otro tipo de historia. Pero si lo que os encanta de ellos es esa destreza llevada al extremo, apoyaos en ella y aseguraos de utilizarla para contar vuestra historia.

Una de las ventajas de empezar a estudiar así las tramas es que podéis reducirlas a sus arquetipos y después aplicarles las formas del género. Es muy interesante. Yo lo he hecho, y más adelante tuve la oportunidad de hablar con Joe Russo, uno de los directores de *Vengadores: La guerra del infinito*. Le pregunté cómo habían construido la trama de la película y me respondió: «Ah, nos gustó mucho hacerlo. No es que se distinga a simple vista, pero en realidad hicimos un robo». Ellos utilizaron la trama de «irrumpir y agarrar», que es un tercer arquetipo. Pensaron: «Haremos una película de superhéroes que sea un robo; nos plantearemos así el argumento y lo aplicaremos a la ciencia ficción con superhéroes. A la gente le encantará porque los robos siempre gustan, pero lo que estarán viendo de manera consciente es una historia de superhéroes». Es relativamente común que un narrador tome los elementos que mejor funcionan de un género y les aplique otro marco de referencia que pueda resultar familiar al espectador.

Suelo hablar mucho de la historia del deportista en desventaja como arquetipo. Me divierte señalar que tanto *Hoosiers:*

Más que ídolos como *El juego de Ender* y *El camino de los reyes* son historias que emplean el arquetipo de trama del deportista en desventaja como un elemento importante en una parte considerable de su narrativa. Pero, a primera vista, parecen unas historias muy distintas, ¿verdad? Si comparáis *Titanes: Hicieron historia* con *El juego de Ender*, parecen unos géneros muy distintos, pero ambas historias emplean el mismo arquetipo de trama del deportista en desventaja.

Ser capaces de analizar las tramas centrándoos en sus elementos principales también os ayudará a comprender vuestro progreso. A veces la gente se equivoca con esto. Si estáis escribiendo una novela de fantasía y creéis que las novelas de fantasía son crónicas de viajes, pongamos por caso, entonces quizá intentéis haceros una idea de vuestro progreso a medida que pasáis de una ciudad a otra y a otra. Pero si lo que en realidad queréis narrar es el romance entre dos personajes, si el grueso del tiempo que pasa el lector con vuestras páginas se centra en ese romance y resulta que la relación no progresa, da igual adónde vayan los personajes. El lector se aburrirá. Tendrá la sensación de que no ocurre nada, porque lo que le estáis dando es sobre todo una línea argumental de relación sin ningún progreso.

Os interesa poder identificar los pasos que dais. Para esto volveremos al ejemplo del robo, porque los pasos suelen estar muy claros. Hay que explicar el problema, porque eso ya le transmitirá al lector una idea general de cuál será la historia. Tenemos estos doce problemas y vamos a atacarlos uno tras otro. Por tanto, vuestro progreso consiste en que los personajes aborden cada pieza del rompecabezas por separado y les salga bien, o fracasen y tengan que hacer algo nuevo porque una pieza del plan no funciona. Es una estructura bastante fácil y directa, siempre que vayáis recorriendo esa lista y el lector vea cada vez más cerca que pueden realizar el golpe y su expectación crezca. Sabe que algo saldrá mal, porque siempre sucede y porque ya lo habréis anticipado. Alguien dice: «Bueno, esto aún no lo tenemos claro del todo». O: «Va todo bien, estamos preparados para mañana y... Oh, no, han trasladado lo que queríamos robar». Podéis hacer crecer esa tensión a base de progreso, progreso y progreso.

En el momento en que tenéis eso identificado, vuestra escena de promesa se vuelve muchísimo más fácil de escribir. La promesa que hacéis en una trama de robo es la exposición de los problemas que hemos visto en el ejemplo de *Ocean's Eleven*. No tenéis por qué hacerla justo así, y de hecho recomendaría no hacerlo. Pero veréis que la promesa funciona bien con el progreso, y luego la recompensa al final es que los protagonistas logren hacer su robo a pesar de los contratiempos que han encontrado. Muy sencillo, muy directo, pero es más difícil hacerlo que decirlo.

Veamos otros tipos de trama, algunos progresos que podemos hacer en ellas y las formas de lograr que sus recompensas encajen con las promesas iniciales. Empezaremos por el misterio, por una historia detectivesca clásica, un asesinato que hay que resolver. ¿Por qué nos gustan las tramas de misterio?

ESTUDIANTE: *Porque el personaje protagonista es inteligente.*
BRANDON SANDERSON: Muy bien. Tenemos la promesa implícita de que el detective será más listo que el villano. Es un elemento característico. ¿Qué más?

ESTUDIANTE: *Hay otra vez el aspecto del rompecabezas. El lector quiere descubrir qué ha pasado.*
BRANDON SANDERSON: Queremos saber qué ha ocurrido, cómo lo ha hecho el asesino. A menos que sea a la inversa y te cuenten desde el principio cómo ha sido, al estilo de *Colombo*.

ESTUDIANTE: *A veces plantean al lector el reto de si será capaz de resolverlo antes que Sherlock Holmes o quien sea.*

BRANDON SANDERSON: Ese es uno de los mayores atractivos de las tramas de misterio. ¿Podré descubrir yo al culpable? Permitidme una advertencia aquí, porque en las tramas de misterio, si el escritor hace trampas y es imposible que el lector lo resuelva, puede ser muy frustrante. Algunos autores no comprenden que parte de la promesa en una trama de misterio es que el lector pueda resolverla. Si le vas dando pistas, después la solución debería ser coherente con ellas, sin ser muy forzada. Si habéis leído o visto una historia de misterio que os ha dejado muy insatisfechos, lo más probable es que sea porque el autor os había hecho la promesa implícita de que podríais resolver el misterio con esas pistas, con esa información, y luego no había manera ni de que os acercarais y al final os sentís engañados.

ESTUDIANTE: *A mí me gusta que haya personajes muy ingeniosos con buenos diálogos mientras el investigador trata de descifrar lo que está ocurriendo.*

BRANDON SANDERSON: Un sello distintivo de las novelas detectivescas es que el protagonista caiga bien al lector, ya sea porque es ingenioso o más bien campechano, al estilo de Angela Lansbury. Al espectador le gusta verla resolver misterios en *Se ha escrito un crimen* porque su personaje es tan agradable que enseguida conecta con él. En el caso de Agatha Christie, solía ser por lo inteligente que era el detective.

ESTUDIANTE: *Una de las cosas más interesantes de las novelas de misterio son los amagos, las pistas que no llevan a la respuesta. Aun así, el lector puede resolverlo, solo que el escritor no te lleva de la mano a la solución del misterio. Es más bien que no lo has visto venir, pero al final entiendes de dónde procede.*

Brandon Sanderson: Un misterio implica que exista cierta dificultad para resolverlo, y también que haya nuevas revelaciones. Para mí, los misterios son tramas de información. Un misterio consiste en que los personajes no tengan todos los datos, y el progreso está en verlos reunir esa información mientras intentas deducir qué significa. Por ejemplo, en *El Imperio Final* esa trama de información es sobre la verdadera historia del lord Legislador. Os revelo eso, pero no os contaré cuál es. Al principio, el libro miente al lector respecto al auténtico pasado del personaje, y luego insinúa que esa historia es una mentira que han contado a los personajes y va dejando pistas por el camino, hasta que el misterio cobra sentido cuando se entiende al final.

Lo que más me gustó de eso fue que, en *El Imperio Final*, la pieza que falta no es algo que Kelsier sepa seguro al cien por cien. Ahí está la trama de información. Si el lector consigue resolver esa trama de información, sabe qué falta en el robo que Kelsier está seguro de poder realizar pero del que aún no las tiene todas. En esa novela pude hacer que la trama de información encajara con el problema principal que tiene el plan cuando se le presenta al lector.

Pasemos ahora a las tramas de relaciones. Por cierto, aquí debo mencionar que una película de policías y una novela de Jane Austen siguen más o menos el mismo arquetipo de trama, solo que con distintas marcas de género y líneas argumentales secundarias. La mayoría de las novelas románticas clásicas y las películas de policías clásicas son en realidad tramas de relaciones. Todas, ya sea una relación de amistad entre tipos duros o un romance, tienden a ceñirse al mismo argumento general. ¿Qué nos emociona de un romance? ¿Por qué leemos una trama romántica? ¿Por qué los escritores las añaden a casi cualquier historia?

Estudiante: *Porque dan esperanza a los que somos del montón.*

BRANDON SANDERSON: Nunca subestiméis el cumplimiento de deseos, en todo tipo de tramas. ¿Qué más?

ESTUDIANTE: *Son cercanas a nivel humano. Podremos identificarnos con un superhéroe en la medida en que podamos vernos reflejados en alguien que se enamora.*
BRANDON SANDERSON: Muy cierto. Es una de esas tramas que puedes incorporar a cualquier historia, por fantástica o extraña que sea, para conferirle un elemento humano muy poderoso.

ESTUDIANTE: *Igual que en los misterios, el lector sabe que se resolverán. Sabe que esas dos personas terminarán juntas antes de que lo hagan.*
BRANDON SANDERSON: Sí, lo normal es que terminen juntas, pero ¿cómo? El cómo es lo que de verdad nos emociona y nos interesa. Identificar el porqué, el motivo de que algo nos guste, y luego buscar una manera de cuantificarlo, de dividirlo en pequeños pasos, es la manera de construir muchos esquemas de trama. No es la única forma de hacerlo, pero sí funciona muy bien.

El esquema de la trama

Cuando esquematizo el argumento de un libro, suelo empezar, en la parte de arriba, con lo que quiero que suceda. En una trama de relación, podría ser: «El personaje A y el personaje B serán pareja al final». Ya definiré lo que significa eso basándome en la historia. Puede ser solo que resuelven sus problemas de odio mutuo y por fin están dispuestos a colaborar. Sea lo que sea, en esa parte superior he identificado lo que quiero que ocurra.

Planifico hacia atrás. Empiezo por el objetivo, porque

cuando tengo claro lo que hace que algo sea satisfactorio, es más fácil que se me ocurra el progreso que lo hará satisfactorio. Me pregunto cuál será el mejor final para esa historia, con ese arquetipo de trama, qué funcionará, qué lo hará emocionante, y suelo añadir un párrafo especificando lo que quiero lograr. Entonces, debajo del objetivo, hago un listado con todos los pasos que llevarán a los personajes desde el principio de su relación hasta el final. Empiezan de una manera y terminan de otra, así que concreto los pasos que debo incluir en la novela para que eso suceda. El primer paso, dependiendo de la trama que esté haciendo, podría ser: «Escena que muestra al personaje A siendo muy competente en algo y viviendo bien, pero tiene una necesidad, le falta algo». Luego puedo sacar al personaje B, que está muy capacitado en algún otro aspecto de su vida, pero a quien le falta algo distinto. Llegado ese punto, el lector astuto tal vez se dé cuenta de que a B se le da bien lo que le faltaba a A, y B tiene una laguna en algo que es un punto fuerte de A. Así que entonces, en el tercer paso, me interesa aclarar por qué no se proponen matrimonio de inmediato la primera vez que se ven. ¿Cuál será el conflicto que los separa? Uno puede ser un Montesco y el otro un Capuleto. Y después no voy a crear la escena en sí, pero sí que puedo apuntar, por ejemplo: «Escena en la que colaboran».

Cuando Dave Farland impartía esta clase, describía las tramas de relaciones como el equivalente a entretejer rosas. Porque todo el mundo tiene espinas. Al principio de la historia, las espinas de un personaje entrechocan con las del otro. La trama de relación podría empezar con que se conocen y es un desastre por tal motivo. La segunda vez que se encuentran, también es un desastre por tal otro motivo. Pero luego tienes una escena en la que el lector se da cuenta de que el personaje A está haciendo lo que el personaje B necesita, y otra en la que B se fija en que algo de A es digno de admiración. Y así, despacio, vas entretejiendo las rosas como diría Dave, de modo que, al final de la historia, las espinas ya no se atacan unas a otras, sino que apuntan hacia fuera, hacia cualquiera que intente acercarse a destruir la relación. Es una metáfora maravillosa, y por eso aún la recuerdo después de veinte años. Entretejed esas rosas.

Tenéis toda esa lista de cosas que se os han ocurrido, que de momento son solo ideas. Todavía no son escenas. Podría pasar que el personaje A ve al personaje B con su hermana pequeña y se da cuenta de que es capaz de involucrarse con otras personas, preocuparse por ellas de una forma que no suele expresar por el motivo que sea. Lo considera un atributo admirable y le interesa. En este momento de la planificación todavía no sé cuál será esa interacción con la hermana: solo sé que la hermana es relevante. Lo que tengo es una lista de pasos.

Y entonces repito la operación con la siguiente trama. Pongamos por caso que es un misterio. Apunto «Misterio» como cabecera y debajo especifico, por ejemplo: «Descubrir X», y explico por qué será tan interesante que se descubra X. Querría que esa escena sea increíble. En *Elantris*, cuando Raoden averigua por qué la magia está rota, ocurre X en una escena muy dramática y poderosa, porque media trama de Raoden es de misterio en esa novela. Era más o menos la estructura que estaba utilizando, aunque en aquella época aún no había aprendido a hacer estas cosas y me salían un poco por instinto. Pero la planificación tendría ese encabezado y luego, debajo, en lugar de los pasos del romance, lo que habría son pistas que se irán descubriendo y relacionando con otras pistas, o a veces serán pistas falsas que no están ahí para lo que el lector creía al principio.

Así es como desarrollo mi sentido del progreso, pasando de un elemento de una lista a otro y a otro, sin prisa pero sin pausa, cuantificándolo. Repito esa esquematización para todas las tramas del libro y, en general, también para los arcos de personaje después de haber decidido cuáles serán. Lo normal es que, llegados a este punto, mi esquema no esté en orden cronológico. Está ordenado por secciones. Luego, cuando empiezo a escribir, voy tomando elementos de distintas cabeceras y pienso, por ejemplo: «El primer capítulo será este elemento y aquel de allá. El segundo capítulo vendrá de un elemento de otro arquetipo de trama sumado con este de aquí». Y así organizo todos esos elementos en una secuencia de arcos y líneas argumentales. Eso lo hago mientras escribo. Recombino los elementos de esas listas y entonces sí que construyo una escaleta en orden cronológico, no dentro de cada trama, sino ya todos juntos, y los uso para construir escenas a medida que imagino dónde encajan.

Y así, cuando me siento a escribir al principio de la jornada, muchas veces solo tengo que pensar: «Necesito una escena que consiga A, B y C», que para mí es mucho más fácil que tener en la cabeza todo el argumento del libro e intentar escribir la escena sin que nada haga aguas por otro lado. Puedo decirme a mí mismo: «Hoy solo tengo que hacer esto, escribir una escena de Navani en la que haga X y Z para luego encontrarse con Z. Eso sé hacerlo». De ese modo puedo centrarme en que la escena sea activa e interesante, que transcurra en un escenario vistoso e incluya un buen conflicto dinámico. Me apoyo en esos elementos de las listas para lanzarme a un capítulo que confío en que quede estupendo. Para mí, esta forma de escribir funciona porque me permite descargar mucho trabajo al principio.

Quizá os preguntéis si siempre es necesario tener varios arquetipos de trama que se entrelacen entre ellos, o si eso es solo para los libros extensos de fantasía épica. La respuesta es que cuanto más breve sea lo que estáis escribiendo, menos recursos de este tipo necesitaréis, y cuanto más extenso sea, más. Pero tampoco es una correlación de uno a uno. Hay historias muy largas que están planteadas casi como una sucesión de explosiones de las que debe ocuparse el protagonista, y el libro termina cuando ya no hay más explosiones. Esa última vez, nada sale mal. Da más sensación de escritura de descubrimiento y también puede funcionar muy bien. Hablaremos de ello al final de este capítulo.

Pero en general, para una novela, querréis como mínimo un arquetipo de trama, un arco de personaje y una clase de subtrama arquetípica: una relación, un aprendizaje o lo que sea. En mi opinión, será algo así la mayoría de las veces. En *Escuadrón*, que es un libro mucho menos complejo, empleé el arquetipo de trama «chico encuentra huevo de dragón». No sé si aparece en los libros sobre tramas, pero es un arquetipo que me llamó la atención. Leí varios buenos libros y pensé: «Voy a usar el chico y su huevo de dragón, solo que será una chica y encontrará una nave espacial». El arquetipo se reduciría a que alguien joven encuentra una cosa muy interesante, la guarda en secreto y trabaja en ella. Esa era la trama principal que quise escribir.

Pero añadí una trama de relación secundaria y una terciaria, y también incluí un arco de personaje para ella. La protagonista, Spensa, tiene una idea muy clara de cómo debería ser un héroe, y cuando va a la guerra no le queda más remedio que lidiar con el hecho de que su imagen idealizada del heroísmo no encaja muy bien con la realidad de la batalla. Ese es su arco de personaje. Hay otras cosas menos importantes, pero a grandes rasgos tendríamos tres líneas argumentales: la trama principal, la de relación y el arco de personaje. También hay una relación con la nave que encuentra, pero más o menos va incluida en la trama del chico y el huevo de dragón.

Se nota a simple vista que es una novela más sencilla que, por ejemplo, *El camino de los reyes*, que tiene montones de líneas argumentales simultáneas, y por eso no me bastó con un archivo, porque tenía muchísimos datos sobre el mundo. Pero lo que hago con los libros de El Archivo de las Tormentas es asegurarme de que cada libro tiene al menos un arquetipo muy reconocible, porque lo normal es que las demás tramas no sigan ninguno. Por eso es tan importante que en *El camino de los reyes* Kaladin tenga la historia del deportista en desventaja, porque de otro modo podría dar la sensación de que la novela es un revoltijo de cosas que ocurren sin un sentido. La trama de Dalinar no es tan sencilla y nítida como un arquetipo. La de Shallan quizá lo es un poco más, pero están ocurriendo tantas cosas que, sin un argumento central firme al que agarrarse, el libro parecería un despropósito. La primera versión que escribí de *El camino de los reyes*, en 2002, fracasó porque no tenía ese argumento central. Consistía en muchas tramas distintas que no terminaban.

Preguntas y respuestas

ESTUDIANTE: *¿Cómo se mantiene la originalidad? ¿Cómo se convence a un editor de que una idea es original?*
BRANDON SANDERSON: Ahí es donde viene muy bien la idea del atractor extraño de la que hablábamos. Si puedes resumir la idea de tu libro con algo como: «Es la historia de un chico y su dragón, solo que son una chica y una nave espacial», ya estás explicando en qué adoptas un punto de vista original.

Pero en realidad, esa idea es una parte muy secundaria de lo que hace que *Escuadrón* funcione. Su punto fuerte, o al menos eso espero, es una buena ejecución de esa trama, combinada con un arco de personaje que da una sensación muy personal y emotiva. Esos detalles son los que harán que un libro funcione. Sin embargo, enganchar a la gente, convencerla, consiste en decir: «El héroe profetizado que debía salvar el mundo fracasó, y ahora hay un grupo de personas que le robarán». Con eso logras que quieran saber más. Y así, convencer al editor se convierte en un arte por derecho propio. Porque en realidad, esa frase con la que vendes el libro es la forma de que la gente lo lea y compruebe que funciona y que es bueno, pero en general debe limitarse a transmitir una sola idea, concentrarse en lo realmente distintivo de la novela. Para *El Imperio Final*, podrías decir que es la historia de un robo, pero habría que añadir algo sobre el interesante sistema de magia que se te ha ocurrido o sobre un protagonista. Si lo haces así, tiende a salir bien.

Suelo afirmar que, en la trama y en los personajes, cuesta un poco más ser original de verdad. O, mejor dicho, ser original es muy fácil, solo que resulta poco satisfactorio para el lector. Hay un motivo por el que se usan ciertas tramas y ciertos personajes. Sí, podríais fijaros en el movimiento literario modernista, o en los antihéroes, o en clásicos como *Madame Bovary*, e intentar escribir unos personajes sobre los que será un suplicio leer, pero hay un motivo por el que la ficción popular tiende a volver a los mismos tipos de historia: porque funcionan muy bien. Lo que hará original vuestro libro es el estilo propio que le deis.

Con la ambientación sí que podéis dejar volar la imaginación y no pasará nada mientras el lector pueda identificarse con vuestro personaje. Esto se ve mucho en la animación moderna. ¿Por qué es famoso el estudio Pixar? Un buen día decidieron hacer una historia de insectos que tenían sentimientos. Luego hicieron otra de juguetes con sentimientos, y después una de sentimientos que tenían sentimientos. Al crear personajes cercanos al espectador, pueden hacer que la trama transcurra dentro de la cabeza de una preadolescente, es decir, que sea protagonizada por personificaciones de sus estados emocionales. Y funciona porque la ambientación puede ser mucho más estrambótica que la trama y los personajes.

ESTUDIANTE: *Has hablado de mezclar arquetipos para una historia, de utilizar más de uno. ¿Qué ocurre si empleas uno solo, pero duplicándolo?*

BRANDON SANDERSON: ¿Puede utilizarse una trama duplicada en la misma historia? Se puede, aunque yo haría que se desarrollaran de un modo distinto. Por ejemplo, podrías tener dos relaciones y que una vaya a peor como contraste con la que mejora. *Orgullo y prejuicio* hace la inversión de esa idea, en el sentido de que la relación que el lector cree que va bien es la que termina fatal, y la que cree que va mal termina funcionando. Esa inversión es lo que hace tan interesante *Orgullo y prejuicio*.

ESTUDIANTE: *Cuando necesitas añadir líneas argumentales para una novela extensa, ¿se podría colocar dos repeticiones consecutivas de un mismo arquetipo?*

BRANDON SANDERSON: También se podría duplicar un arquetipo para que una historia sea más larga, pero otra opción es añadir pasos a los que ya tienes. Por ejemplo, si quisieras prolongar un robo, podrías dividirlo en tres minirrobos, que es algo muy habitual en el arquetipo, y hacer que toda una parte del libro consista en robar algo que luego permitirá a los personajes robar otra cosa. Y así, escribes los tres minirrobos y terminas con el golpe principal, en el que utilizan los objetos que habían robado antes. Solo hay que preocuparse de que cada minirrobo tenga un estilo distinto, dé una sensación distinta. Esto se ve un poco en *Origen*, donde hay minigolpes que llevan al gran golpe del final.

ESTUDIANTE: *¿Podrías proporcionarnos una lista exhaustiva de todos los arquetipos de trama que existen?*

BRANDON SANDERSON: No puedo, porque yo tampoco he sido capaz de encontrarla. Sé que hay más gente que piensa en términos de arquetipos de trama, y de hecho me gusta contar la historia de Joe Russo y *Vengadores: La guerra del infinito* porque fue cuando conocí a alguien más que lo hace, que también describe sus historias de ese modo. Seguro que hay mucha otra gente, pero no creo que nadie haya recopilado una lista. Y cuando preguntas a expertos cuáles son los tipos básicos de historia, tienden a simplificar un poco demasiado y a decirte que solo hay siete arquetipos narrativos, empezando por el de «de mendigo a millonario». Pero yo no quiero siete tramas básicas. Quiero los doscientos arquetipos que se emplean con cierta frecuencia y que podría adaptar para crear un marco que sirva a mi libro. No he encontrado a nadie que tenga una buena lista como esa.

Mi consejo es que creéis vuestra propia lista y la hagáis crecer cada vez que vayáis al cine. Las películas de Marvel son muy buenas para esto, porque todas son historias de superhéroes, pero han logrado que cada una de ellas encaje en un género distinto. Por ejemplo, *Capitán América: El soldado de invierno* es un *thriller* de espías. Cumple todos los requisitos del género, y si la comparáis con las películas de *Misión imposible* o con otros *thrillers* de espías, veréis que en efecto lo es. En cambio, *Ant-Man* y su secuela son historias de robos humorísticas. Podéis verlas y pensar: «Muy bien, aquí tengo las premisas básicas para una comedia de robo con un grupo pequeño de protagonistas, en lugar de un elenco numeroso». *Thor* es fantasía épica. Podéis empezar a clasificar las películas que veis, y a comprenderlas de un modo distinto. También podéis empezar a leer los libros de un modo distinto, que os permita reducirlos a unos temas comunes y a unos arquetipos de trama similares entre ellos para luego construir el vuestro. Porque no creo que exista una lista que englobe todos los arquetipos, o al menos de la manera en que a mí me gusta hablar de ellos.

ESTUDIANTE: *Cuando equilibras tres, cuatro o más líneas argumentales en una historia, ¿cómo las mantienes funcionando de forma que ninguna se pierda de vista durante media novela?*

BRANDON SANDERSON: Podría ocurrir que dejarais de hacer avanzar una trama y que, al volver a ella, al lector ya no le interese o se le haya olvidado. Pero es cada vez más difícil evitarlo conforme la historia crece en extensión y líneas argumentales. Cada escritor debe tomar sus propias decisiones sobre qué hacer en esos casos.

Por un lado, está la opción de hacer lo que, con cariño, llamaré «un Robert Jordan». Su método consiste básicamente en partir cada trama en secciones y seguirlas hasta llegar a un punto culminante intermedio, momento en el que esa trama puede desaparecer durante un libro entero para luego regresar. Intenta llevar al lector hasta un punto de esa trama que resulte satisfactorio por el momento. O, en caso de cortar en un punto de gran suspense, procura que el lector solo tenga que recordar una cosa, porque luego pasará mucho tiempo antes de volver a esa línea argumental. A menudo la fantasía épica tiene que hacerlo así.

Pero también está el método de seguir las tramas una tras otra. Por ejemplo, tenemos un libro muy extenso y al principio se centra en una relación. Pero luego los personajes van a separarse y se echarán de menos durante la parte en la que no estén juntos, porque su relación apenas había empezado a funcionar antes de tener que alejarse. De ese modo, solo tienes que recordar una cosa. Y en la mayoría de los casos, puedes entremezclar esa trama con la siguiente para no tener que abandonarla tanto tiempo.

En El Archivo de las Tormentas suelo recurrir a un híbrido entre las dos opciones. *El camino de los reyes* sería un buen ejemplo. En él, llevo la trama de Shallan hasta cierto punto y entonces la dejo a un lado y pasamos un tiempo a la trama de Dalinar antes de volver con Shallan. Procuro que el lector llegue a puntos conclusivos en ambas líneas argumentales, y también que Kaladin actúe como hilo conductor a lo largo de todo el libro. Las tramas de Dalinar y Shallan son lo bastante cortas para ocupar solo media novela (en lugar de una entera), y al final intento entremezclarlas. Es bastante difícil y requiere práctica. Por eso, si adelantas un poco de trabajo, puedes ver que en tu trama de relación habrá un hueco enorme en el que los personajes no están juntos. Quizá se te ocurra trasladar un momento importante de esa relación a justo antes de que se separen, porque luego pasarán un tiempo alejados, y no lo dejarás en el centro de su historia.

ESTUDIANTE: *¿Cómo son las sesiones de planificación en las que desarrollas ideas? ¿Buscas cosas que te gustan y las apuntas?*
BRANDON SANDERSON: Más o menos. En muchas ocasiones, esas ideas llevan un tiempo dando vueltas en mi cabeza. Tal vez estoy en el gimnasio haciendo ejercicio e imaginando cómo será la última escena de una línea argumental, porque pienso mucho en esas últimas escenas antes de poder sentarme a escribir. Pero a la hora de planificar, en general me digo: «Muy bien, este es el arquetipo de trama en el que voy a basarme. Estos son sus elementos principales. ¿Cuáles me interesa utilizar?».

Es una cuestión importante, que nos lleva a abordar un nuevo tema: las estructuras de la trama.

Algunas estructuras clásicas de la trama

A continuación veremos dos estructuras clásicas de la trama —el periplo del héroe y la obra en tres actos—, y la forma de aplicarlas. Tenéis otro material disponible como *¡Salva al gato!*, un manual para guionistas que habla mucho sobre cómo atrapar el interés del espectador y planificar una trama. Se centra bastante en las estructuras de nueve y siete puntos. Creo que a Dan Wells le gustaba mucho la de siete, e incluso tiene un vídeo estupendo en YouTube sobre ella. Cada autor utiliza estructuras diferentes.

Pero entre los clásicos, para la ciencia ficción y la fantasía, destaca el periplo del héroe. La versión abreviada de su historia es que había un hombre llamado Joseph Campbell —investigador, etnógrafo y folclorista—, que se dedicó a comparar las historias que se contaban a sí mismos los diferentes pueblos del planeta. No fue el primero a quien se le ocurrió, pero Campbell popularizó la idea de que muchas culturas distintas, separadas por barreras físicas e idiomáticas, contaban los mismos tipos de historias. Al principal relato épico lo llamó monomito, y postuló que todas las historias se alineaban con él. No es cierto, pero muchas sí lo hacen, porque el monomito tiene una estructura muy difusa y unos elementos interesantes.

El monomito consiste en que tienes a un personaje en su casa que no quiere irse de aventura. Se niega, pero luego se ve obligado a salir, a cruzar el umbral hacia el mundo y adentrarse en lo desconocido. Un ejemplo clásico sería Star Wars, porque Luke encaja mucho con el monomito. A George Lucas le encantaba, quizá hasta un poco demasiado, y creo que llegó a presentar unos programas de televisión sobre el monomito. Tenemos a Luke en su casa y vemos la llamada cuando mira hacia el cielo con ganas de marcharse. Pero cuando llega realmente la llamada, cuando le dicen que debe aprender los caminos de la Fuerza, ¿qué hace Luke? Dice: «Qué va, tengo que volver a casa a ocuparme de los convertidores de energía. No puedo». Y entonces vuelve a casa y resulta que su casa ya no existe, porque los soldados imperiales pueden ser muy precisos cuando quieren. Así que se ve obligado a salir al mundo desconocido.

Luego llega el camino de iniciación. En esencia, se presentan varios problemas y el personaje tiene que aprender a superarlos. También suele haber un mentor, que de pronto se esfuma. ¡Nooo! Y unos compañeros que desaparecerán de manera muy sospechosa cuando el protagonista llegue al fondo del asunto, que es el descenso al inframundo. El personaje muere, de manera metafórica o real, y desciende a los infiernos. Si es una metáfora, lo vemos en su punto más bajo, cuando todo le va fatal. Pero entonces emerge. Tiene su momento de apoteosis y expiación, un renacimiento, aunque creo que Campbell lo llamaba apoteosis.

A grandes rasgos, el personaje evoluciona de algún modo, toma alguna decisión, aprende una habilidad nueva, se redime. Recibe la recompensa del elixir y entonces se propone llevar ese elixir a casa. Puede haber un encuentro con una divinidad o una figura paterna, y el héroe lidia con ello y lo acepta, se reconcilia y vuelve a casa con el elixir, pero ha cambiado tanto que ya no es una persona que pueda quedarse en casa. Suele haber un epílogo en el que se marcha. Esto es *Fallout*, el primer videojuego de la saga.

¿El periplo del héroe puede servirnos de algo como escritores? Desde luego que sí. Nos sirve para visualizar un arco de personaje interesante. Os recomiendo leer sobre el periplo del héroe, pero teniendo siempre en cuenta que no está exento de pegas. Muchos de sus elementos pueden no encajar con cualquier historia. Por ejemplo, Campbell estableció que el héroe de los mitos antiguos era casi siempre fruto de un nacimiento divino o un parto virginal. En la antigua mitología griega, Zeus estaba haciendo sus cosas con un cisne muy hermoso, y de pronto tenemos a un hijo de la divinidad o a alguien nacido en circunstancias misteriosas. ¿Y qué añadió George Lucas en *La amenaza fantasma*? ¿De dónde procede Darth Vader? Del parto virginal de Anakin Sky-walker, concebido por la Fuerza. Cuando fui a ver la película al cine, todo el mundo exclamó: «¿Qué me están contando?». Si tengo alguna crítica que hacer a George Lucas, a quien considero uno de los mejores y más celebrados narradores de todos los tiempos, sería que a veces cae en los peligros de dejarse atar demasiado por una fórmula o una estructura argumental.

Ahí reside la diferencia entre una estructura y un arquetipo. Con un arquetipo de trama, el escritor busca despertar una emoción concreta en sus lectores, y sigue unos pasos más o menos determinados hacia esa emoción. Sin embargo, una estructura es un andamiaje, una manera de componer el relato. Y si esa estructura es demasiado rígida, al final uno termina añadiendo elementos a la historia que no encajan bien. Lo normal es que no la echen a perder del todo, pero de vez en cuando ceñir demasiado la trama a una estructura puede ser contraproducente.

Por tanto, ¿cómo aprovechamos el periplo del héroe? Yo os recomiendo que lo veáis como una receta de cocina y os preguntéis por qué nos gusta esa historia. Puede haber muchas respuestas, pero quizá cabría destacar la idea de que todos los seres humanos pasamos más o menos por eso. El periplo del héroe viene a ser en muchos aspectos la adolescencia, el paso a la edad adulta, con un poco de suerte sin la muerte literal y el renacimiento. Una experiencia que todos vivimos.

Yo tengo un hijo de doce años, y una vez le dije: «Vas a ir a la universidad, y será dentro de poco tiempo en términos adultos, dentro de unos seis años o así». Él me respondió: «No puedo hacerlo, no puedo irme de casa». Y yo: «Tranquilo, tienes doce años. Los chicos de doce años no se van de casa». Pero fue lo más aterrador que le habían dicho nunca: que se esperaba de él que algún día se marchara de casa y viviera por su cuenta. Es algo que puede dar mucho miedo, y por lo que todo el mundo pasa.

Otra cosa que podríamos aprender de la receta es que el periplo del héroe está repleto de momentos satisfactorios, como cuando vemos que el héroe quiere emprender la aventura y luego se ve obligado a hacerlo. O cuando desciende al inframundo en su momento más oscuro y después logra salir. La apoteosis, o la expiación —enfrentarse a su destino y a sus figuras paternas, redimirse y volver a casa siendo mejor persona y llevando algo que ayuda a todos los demás, como la destrucción de una Estrella de la Muerte—, es un momento triunfal muy gratificante para el lector. Así que el periplo del héroe puede considerarse como una sucesión de pequeños pasos muy satisfactorios que podéis incorporar a vuestras historias para que el progreso gane emoción. Si los pasos individuales del progreso emocionan, es que vais por el buen camino. Indica que os está quedando un buen libro. Y el periplo del héroe está basado en esos momentos, esos triunfos o esos problemas con los que el lector se identifica, y por eso es una estructura tan interesante para una trama.

Otra estructura con la que quizá os hayáis encontrado es el formato en tres actos, que en esencia es una abstracción de las mismas ideas que aparecen en la mayoría de los arquetipos de trama. En él, la historia se concibe como tres partes separadas por dos puntos de división principales. Se ha hablado mucho del formato en tres actos y hay muchas formas de implementarlo, pero el primer punto de inflexión suele llegar cuando el protagonista deja de ser inactivo y se vuelve proactivo. La historia pasa del primer acto al segundo cuando el personaje dice: «Voy a ir a hacer esto». Y sabemos que el formato no está tan claro como puede parecer porque entonces todo el mundo se pone a discutir sobre dónde está exactamente ese cambio de arco.

También suele utilizarse Star Wars como el ejemplo perfecto de historia en tres actos, pero nadie coincide en si el primer acto termina cuando Luke decide marcharse con Obi-Wan porque no le queda más remedio, cuando despegan de Tatooine o cuando llegan a la Estrella de la Muerte y deciden salvar a la princesa. Hay argumentos para defender esos tres momentos como final del primer acto.

La transición entre el segundo y el tercer acto se produce en el momento más bajo de la historia, cuando todo lo que los protagonistas han intentado hasta entonces solo ha servido para hundirlos más. En el punto medio del segundo acto (y de la novela) suele darse un giro dramático, un cambio en lo que hay en juego, generalmente un incremento del riesgo o bien una mejora en la situación del villano. A lo largo del segundo acto, lo habitual es que se vaya acelerando la acción, que crezcan las apuestas, que haya más tensión, y que el protagonista intente cosas y a menudo sufra un fracaso espectacular. Es lo que se llama un «ciclo de prueba y error», en palabras de Dave Farland. Al personaje se le ha ocurrido una solución a su problema. La intenta, fracasa y todo empeora. Prueba otra cosa, fracasa y todo empeora más. El tercer intento vuelve a fracasar y todo empeora todavía más. Y así llegamos al punto más bajo porque lo hemos intentado todo. «¡Oh, no! ¿Qué vamos a hacer? ¡Frodo ha decidido quedarse el anillo!». Es el momento de crisis absoluta, y entonces sucede el final y, a continuación, el desenlace.

Este modelo puede veniros muy bien a la hora de estructurar vuestra historia si sabéis que necesitáis un momento en que el protagonista tome la iniciativa, justo en el centro de la historia, de modo que lo que hay en juego cambie de manera radical y drástica para llevaros a un punto de tocar fondo en que ya se ha intentado todo, pero aún queda una última posibilidad. Si Luke confía en la Fuerza, podrá disparar los torpedos, aunque los anteriores hayan fallado, porque lo guiará la Fuerza.

Si veis que funciona, podéis incorporar a este modelo las distintas tramas superpuestas que manejéis. Por ejemplo, en Star Wars estaba el arco de saber si Han terminará siendo bueno o no, si aprenderá a buscar algo más que el dinero. Y lo que ocurre es que se solapa ese momento más bajo de la trama —cuando Luke por fin decide confiar en la Fuerza y se oye la voz de Obi-Wan— con que Han regresa de pronto, y se convierte en un hermoso punto culminante de intersección entre todas las distintas tramas. Es lo que de verdad me encanta, tener varias tramas y un arco de personaje en el que toma una última gran decisión o por fin comprende lo que le faltaba en su vida, y ver cómo ese instante se solapa con una gran sorpresa y con el punto álgido de la historia.

La trama en la escritura de descubrimiento

¿Y qué ocurre si tu escritura es de descubrimiento? La verdad es que no tengo mucho que decir sobre eso, porque no es como yo construyo mis novelas. Os recomendaría recurrir a otros autores que sí hacen escritura de descubrimiento. Por ejemplo, podéis leer lo que escribe Stephen King sobre su técnica, o ver lo que dice George R. R. Martin sobre el escritor como jardinero.

Aun así, no dudéis en hacer una prueba. Mary Robinette Kowal me enseñó un método de escritura de descubrimiento que funciona bastante bien: se llama «Sí, pero / no, y». Se basa en arrojar a un personaje a una situación espantosa desde el principio, y entonces preguntarte qué es lo más inteligente o razonable que podría hacer para librarse de ese problema. El personaje lo hace, y entonces te preguntas si funciona. Si decides que sí, añades un «pero»: otra cosa distinta ha salido mal. Si decides que no, añades un «y»: el problema crece y se vuelve más grave.

Así se logra crear una sensación de movimiento incesante en el que el personaje siempre tiene dificultades, cosa que puede venir muy bien para mantener la tensión en una historia escrita con el método de descubrimiento. Después, cuando el libro ya está escrito, podéis volver atrás y pensar si todas esas cosas que han sucedido pueden convertirse en elementos de una trama más envolvente. O si os conviene jugar un poco para que un elemento presagie otro. Pero mientras escribís solo tenéis que recordar que las cosas tienen que seguir empeorando la mayor parte del tiempo. Podéis encontrar muchos otros métodos. Os recomiendo averiguar lo que hacen otros escritores, probar muchas cosas distintas y ver cuáles os funcionan.

Preguntas y respuestas

ESTUDIANTE: *A veces da la sensación de que los giros argumentales son un poco cliché, de que algunos autores los introducen porque sí. ¿Cómo puede evitarse?*

BRANDON SANDERSON: Merece la pena pensarlo. Al principio de mi carrera, cuando aún no había publicado nada pero ya me faltaba poco, a veces me decía: «Este libro no tiene los suficientes giros. Debería añadirle más». Cuando me fijé en que lo hacía, tuve que dar un paso atrás y preguntarme para qué. «¿Qué emoción añade este giro? ¿Cuál es su objetivo?»

Existen motivos perfectamente válidos para añadir un giro. Cuando matas a un protagonista de manera inesperada al principio de una historia, puede servir para añadir tensión al resto de la trama o a las siguientes novelas de una saga. Es lo que hizo la serie *Juego de tronos*, y le valió una gran capacidad de crear tensión a la hora de transmitir al lector la idea de que los protagonistas no estaban a salvo de morir. De hecho, se convirtió en uno de los principales argumentos de venta de la serie: en Canción de Hielo y Fuego, los personajes no están protegidos de las consecuencias de sus actos. Por eso después mucha gente se molestó con la adaptación de HBO, porque en las últimas temporadas empezó a dar la sensación de que sí estaban protegidos. Por tanto, ese giro, la idea de tomar las expectativas del lector y volverlas en su contra, tenía un verdadero propósito en la historia. Preguntaos qué logró esa subversión y llegaréis a una respuesta válida.

Dejadme contaros una anécdota. Tengo un amigo que publicó su primera novela más o menos a la vez que yo. La mía fue un bombazo y la suya no logró despegar del mismo modo. Intenté leer su libro, pero pronto decidí que no era para mí. No es que estuviera mal escrito: era una novela más que aceptable, pero a mí no me funcionaba. Un día estábamos charlando y me preguntó por qué creía que su libro no se vendía. Le dije: «Bueno, a mí me dio la impresión de ser una trama de fantasía bastante típica, centrada en una misión, muy al estilo de Terry Brooks. Antes esas historias me encantaban, pero como lector empezaron a aburrirme un poco. Ya he leído suficientes novelas de ese estilo. Y me han llegado muchos comentarios de lectores que apuntan a esa misma idea». Él respondió: «Pero es que ahí está el asunto. Más o menos cuando llevas leídas tres cuartas partes de la novela, te das cuenta de que no es la típica misión en un mundo de fantasía. Lo pone todo patas arriba. Invierte un montón de tropos y subvierte todo lo que creía el lector. La historia gira en una dirección muy interesante».

No llegué hasta esa parte, así que no puedo comprobar si es verdad o no. Pero esa conversación me hizo pensar mucho en la idea de subvertir expectativas y hacer girar la historia. La novela de mi amigo podría ser un ejemplo perfecto de por qué el hecho de limitarte a demoler expectativas no es necesariamente una virtud en sí misma. Porque si un lector buscaba un libro de fantasía clásica al estilo de Terry Brooks, ¿cómo reaccionará a esa novela? «Me has dado tres cuartas partes de un libro que estaban llenas de promesas de un cierto estilo, el que yo quería, y luego al final me lo has arrebatado». Y si a un lector le encanta esa subversión de expectativas, la idea de retorcer y machacar los temas clásicos, ¿cómo reacciona? «No he llegado al fragmento que iba a gustarme porque me he aburrido en el primer setenta y cinco por ciento». Hay una lección práctica interesante en esta historia: no es una virtud incumplir las promesas que se hacen al lector.

En cambio, si lográis escribir un giro que le dé más de lo que esperaba, o algo mejor que lo que esperaba, o si habéis dedicado mucho tiempo a convencerlo de que en realidad quería una cosa distinta y se la dais, esa subversión de las expectativas sí que funciona. Y podéis utilizarla para avivar su deseo de ver más, o para expandir un personaje.

Un ejemplo clásico sería *El imperio contraataca*, cuando descubrimos que Darth Vader es el padre de Luke. No era necesariamente algo que quisiéramos al principio, así que el espectador podría decir: «Esto no era lo prometido», aunque en realidad un poco sí, porque estaba presagiado cuando Luke decapita a Vader en su visión del entrenamiento y aparece el rostro del propio Luke bajo la máscara. Aun así, podría decirse: «Yo no he entrado en esta historia para tener una gran revelación al final». Entonces, ¿por qué este funciona y otros descolocan al lector? El motivo principal es que la trama está centrada en la misión de Luke, en su recorrido como personaje, y eso que ocurre al final implica muchísimo al espectador en su desarrollo. Ya sabíamos que algo se torcería, porque es imposible que el protagonista desobedezca a alguien como Yoda y le salga todo bien. Es un giro bien establecido: el espectador ya sabía algo, ya estaba preparado. Ha visto la escena de peligro en el entrenamiento con Yoda, y entonces Luke hace caso omiso a su maestro y se marcha. Las cosas empiezan a ir mal y sabes que se derrumbarán. Incluso lo deseas... Casi piensas: «Más vale que Luke sufra las consecuencias de esto». Y entonces se descubre el pastel y es devastador, y eso expande la comprensión del personaje. Introduce un nuevo conflicto, o recrudece el que ya existía, y eso hará muy interesante la relación entre Luke y Vader. No estamos hablando tanto de una subversión, aunque también lo sea, como de una ampliación del conflicto hecha con maestría.

Así que, si podéis, intentad ampliar en lugar de derruir por completo.

ESTUDIANTE: *¿Siempre tiene que haber algún giro argumental?*

BRANDON SANDERSON: No es necesario que lo haya siempre, pero dependerá de cómo definamos lo que es un giro. En muchos casos, de hecho en casi todos, los giros deberían ser ampliaciones, recrudecimientos. Un recrudecimiento no tiene por qué ser un giro, pero suele cumplir la misma función: empeora las cosas. La situación ha cambiado, pero es a peor. Es el motivo de que, en la mayoría de las comedias románticas, aunque todo el mundo sepa que los personajes terminarán juntos, haya una escena de ruptura en torno a las tres cuartas partes de la historia. Podría llamarse un giro, o podría ocurrir como consecuencia de un giro, pero muchas veces será el resultado lógico de la personalidad de los personajes. Las espinas se veían desde el principio.

Antes os hablaba de Dave Farland y su metáfora de las tramas de relaciones como rosas que se entretejen. Las espinas están a la vista y los tallos han empezado a entrelazarse, pero casi al final aún quedan dos espinas que se clavan entre ellas. El espectador sabía que era posible. Incluso lo esperaba. Sucede, y entonces: «¡Oh, no! Todo se va a pique porque ella ha descubierto lo peor de él y él lo peor de ella». Esto puede llevarse con gran pericia o con muy poca; seguro que habéis visto ambos casos. Pero la idea es que se produce un recrudecimiento. Llegan más problemas, hay más obstáculos, las cosas empeoran. Como decía, aquí el giro y el recrudecimiento cumplen la misma función.

Un giro argumental debería servir para un objetivo en esa línea. Cuando llega el giro, debería ampliar un problema y hacer que el lector se replantee sus expectativas. La historia tendría que ser ahora más atractiva e interesante. Descubrir que Darth Vader es el padre de Luke es un gran giro de recrudecimiento porque esos personajes ya estaban en conflicto. Ya se nos había presentado la trama de que iban a tener un conflicto. La historia apuntaba a un enfrentamiento entre ellos (llegados a ese punto ya sabemos que Luke ha perdido), y entonces sucede un giro argumental que amplía el alcance de ese conflicto a unas dimensiones nuevas e imprevistas, además de poner a Luke en conflicto con su otro padre, Obi-Wan, quien le había mentido. Es un giro repentino que recrudece el conflicto de un modo precioso. Es la visualización perfecta de cómo manejar un giro en vuestra historia.

Así que intentad que vuestros giros amplíen la historia, pero insisto en que no es necesario introducirlos. Podéis hacer que los problemas no dejen de acumularse y que los personajes los superen. Sobre todo, no os obsesionéis demasiado por los finales con giro. Tener un final satisfactorio suele ser preferible a acabar con un giro, aunque si lográis que el giro también resulte grato, en general será mejor que las dos primeras opciones. Pero si el giro final no es satisfactorio, necesitaréis que la historia sea muy especial para que funcione. Puede hacerse, pero es muy difícil.

Ya he mencionado *Into the Woods* de Sondheim. Es un ejemplo del tipo de trama que consiste en deconstruir una historia y hacer que el público tenga una experiencia más bien negativa, pero disfrute de ella. Esa clase de trama puede funcionar con un giro final que no sea satisfactorio, porque existe una especie de satisfacción implícita en el siguiente pensamiento: «Vaya, me has pillado. No me lo esperaba. Creía que iba a salir de aquí contento y ahora estoy triste. Y eso me pone contento, pero no me tires de la lengua porque lo que quiero es enfadarme contigo». Es dificilísimo que salga bien, pero sin duda posible.

ESTUDIANTE: *Cuando una historia no funciona, ¿cómo se sabe si debemos cambiar el personaje o la trama?*
BRANDON SANDERSON: Esta pregunta puede interpretarse de dos formas distintas, según la experiencia que tengáis como escritores. Para mí, muchas veces el problema se presenta cuando la evolución de los personajes, que tiendo a escribir por el método de descubrimiento, los lleva a no cumplir lo que indica la trama de la historia que había construido. En ese momento hay una pequeña crisis, que no tendréis los escritores de descubrimiento porque no habíais establecido de antemano una trama relativamente rígida. Pero quizá estéis escribiendo y os dé la misma sensación.

Cuanto más escribes, más instinto desarrollas para saber si algo está funcionando o no. Ese instinto empieza a crecer cuando ya has terminado varias novelas o varios relatos. Si no habéis escrito varias obras, lo más probable es que aún no tengáis ese instinto, aunque creáis que sí, porque se deriva de una familiaridad con vuestro propio proceso. No es lo mismo que cuando un escritor principiante llega a la parte central de una novela, que siempre es difícil, y se bloquea. Lo que le ocurre a alguien con experiencia es que lleva escritas tres cuartas partes del libro y se da cuenta de que no funciona. Sabe que hay algo crucial que falla. Ha probado todos los remedios que le habían servido en otras ocasiones y no hay manera.

Son dos problemas muy distintos. Lo más normal es que la persona con cierta experiencia pueda salvar el escollo por instinto. Pero para los escritores principiantes, mi recomendación es que terminéis la historia. No paréis, aunque creáis que está fallando alguna pieza fundamental, porque el mero acto de terminarla os proporcionará las herramientas para arreglarla. La mejor cura para el bloqueo del escritor es, casi siempre, seguir escribiendo. Nadie os ha quitado el bolígrafo ni os ha desenchufado el ordenador.

Cuando se habla del bloqueo del escritor, muchas veces significa que el subconsciente sabe que ese libro tiene un problema, pero no identifica cuál es. Otras veces, el subconsciente está aterrorizado porque no sabe hacia dónde va y asume que debería saberlo, así que se considera un farsante y no puede seguir avanzando. Es fácil que alguien sin experiencia se quede paralizado por esas sensaciones, o por otras parecidas en la misma línea, y la reacción adecuada es recordar que vuestro trabajo como escritores no es crear un libro perfecto. Quizá lo hagáis. Quizá seáis Patrick Rothfuss y escribáis una primera novela brillante. A veces pasa. *Harry Potter y la piedra filosofal* fue una primera novela. Trece borradores, creo que dijo Rowling, pero una primera novela de todos modos. Puede hacerse. Pero en casi todos los casos, vuestra misión ahora mismo consiste en transformaros en alguien capaz de escribir grandes novelas, no una gran novela, porque sencillamente aún no sois lo bastante hábiles para hacerlo. Y aunque lo fueseis, con toda probabilidad tendréis que hacerle muchísimas revisiones, y para eso necesitáis un texto terminado.

Por eso creo que el mejor consejo para la mayoría de los autores inexpertos es seguir escribiendo. Haced que suceda algo. Preguntad a vuestra pareja, a vuestra hija, a quien sea. Decidles: «¿Qué hago?». A lo mejor vuestra hija os responde: «Haz que jueguen al *Fortnite*», y ahí está la solución.

No os quedéis sentados en la silla con la mirada perdida: haced algo.

Incluso como autor consolidado que ha escrito mucho, mi reacción cuando pienso que algo va mal es seguir escribiendo y ver si me sigue dando la misma sensación al cabo de uno o dos capítulos. Porque, aunque sea así, lo habitual es que escribir ese capítulo haga que lo tenga metido en la cabeza y entonces, cuando esté pensando en él al día siguiente, mi cerebro dirá: «Vale, pero es que, teniendo un mal capítulo terminado, podemos arreglarlo». Al haber estudiado la escritura durante tanto tiempo, puedo mirar algo que no funciona y pensar que, por ejemplo, el capítulo tenía el punto de vista equivocado y por eso está mal. Tendríamos que meternos en la cabeza de este otro personaje y hacer tal revelación, lo cual dirigiría la trama hacia donde quiero que vaya. Nueve de cada diez veces, al día siguiente descarto el texto que tenía problemas, lo rehago desde cero, lo incorporo al libro y funciona.

Aun así, de vez en cuando el problema es más grave. Entonces es cuando busco todas las herramientas de las que hablo en este curso, las que mis amigos dicen que utilizan y que veo en manuales de escritura. Empiezo a descomponer el problema en distintos aspectos: ¿dónde están las motivaciones de estos personajes? ¿Qué promesas he hecho? ¿Cuáles son el arquetipo de mi trama y mi trayectoria? ¿Cómo llevo el ritmo? Empiezo a descomponer la historia para localizar el problema utilizando todas esas herramientas, y casi siempre encuentro la solución.

A veces no la encuentro. Hace unos años escribí un libro, *The Apocalypse Guard*. Aún no sé cómo arreglarlo. Pude identificar que le fallaba algo, y mi editora estaba de acuerdo. El libro no terminaba de funcionar, y todavía no sé dónde está el fallo.

En 2002, tuve el mismo problema con *El camino de los*

reyes. Durante años, no dejé de dar vueltas a ese libro en mi cabeza, y entonces por fin averigüé dónde estaba el fallo fundamental de la historia y la escribí de nuevo. Lo reescribí en 2009 y lo publiqué en 2010. Es decir, fue siete años más tarde cuando supe qué hacer y empecé desde cero, y por fin el libro funcionó. Tal vez no es lo que queríais oír, pero en fin: tomaos siete años. Quizá lo resolváis.

4

El punto de vista

Existen tres puntos de vista comunes que podéis utilizar para el narrador de una historia: el narrador omnisciente (o en tercera persona), el narrador en primera persona y el narrador en segunda persona. De esos tres, los que en realidad se utilizan son el narrador omnisciente y el narrador en primera persona.

La segunda persona —el «tú hiciste esto, tú hiciste aquello»— suele utilizarse en los libros del tipo «Elige tu propia aventura». Otro ejemplo sería la Trilogía de la Tierra Fragmentada, en la que N. K. Jemisin hace un uso bastante extensivo de la segunda persona. En general, es un punto de vista muy literario y difícil de usar, o bien muy *pulp*. No os recomiendo utilizar la segunda persona a menos que pretendáis convertirlo en un argumento de peso a la hora de vender vuestra novela y sepáis bien lo que hacéis.

Eso nos deja con dos puntos de vista principales: el narrador en primera persona y el omnisciente. Lo interesante es que cada uno presenta varios modelos distintos entre los que elegir, dependiendo de unas pocas características. Veámoslas en detalle.

Los modelos narrativos en primera persona

Ahora vamos a analizar las alternativas para escribir una novela en primera persona. Una de ellas es el género epistolar, en el que la historia se narra a través de recortes o fragmentos de escritura que alguien ha encontrado y reunido. El *Diario de Greg* de Jeff Kinney es una historia epistolar, narrada por medio del diario que escribe su protagonista. *Drácula* sería el ejemplo clásico. Hace unos años se publicó una novela muy buena, *Illuminae*, de Amie Kaufman y Jay Kristoff, que tenía una parte narrada a partir de documentos censurados reunidos por una agencia gubernamental, con sus renglones tachados y demás. También hay conversaciones por mensaje de móvil, e-mails y cartas, y la historia se construye a partir de todo eso. El género epistolar se basa en combinar documentos y diarios personales para crear una narrativa, y puede ser muy ameno.

Otro ejemplo famoso, dentro de la fantasía y la ciencia ficción, es *Sorcery & Cecelia or The Enchanted Chocolate Pot*. Según tengo entendido, sus autoras, Patricia C. Wrede y Caroline Stevermer, se escribieron cartas como si fueran las protagonistas y después publicaron esas cartas como novela. Me parece una manera estupenda de escribir un libro: «Esto es lo que ha pasado en mi vida», «Esto es lo que ha pasado en la mía», y luego, al ser escritoras profesionales, trabajan en las conexiones. El género epistolar concede mucho margen de actuación para salirte de la norma.

Sin embargo, en términos narrativos, también puede ser un método bastante limitado, ya que la necesidad de narrar a través de documentos impone una rigidez a la estructura con la que puede ser difícil trabajar, y que tal vez no guste a todo el mundo. Además, dificulta la suspensión de la incredulidad. A veces lees un libro escrito en género epistolar y piensas: «¿De verdad este personaje recuerda lo que dijo alguien tan al pie de la letra como para transcribírselo al otro personaje en una carta? ¡Venga ya!». Si al escribir notáis que lo estáis haciendo demasiado, quizá os interese pasar al siguiente modelo.

Otro tipo de narración en primera persona es lo que llamaremos el modelo *flashback*. Voy a utilizar mis propios términos para los modelos narrativos, así que es posible que no los encontréis con el mismo nombre en internet. El *flashback* es la típica narración en primera persona: alguien contando su propia historia. El protagonista se desdobla en dos personajes, la persona que era a lo largo de la historia y la que es en la actualidad, en el marco de la narración. Es lo que hace por ejemplo *El nombre del viento* de Patrick Rothfuss, donde el protagonista explica cómo se convirtió en quien es con el método clásico de narración en primera persona. La Trilogía del Vatídico de Robin Hobb también recurre al mismo modelo.

Debo señalar que no siempre tiene que haber una historia marco actual desde la que se nos narra el *flashback*. Mi serie de Alcatraz contra los Bibliotecarios Malvados apenas tiene historia marco en la que sigamos al Alcatraz moderno que cuenta la vida del Alcatraz joven. Pero sigue teniendo un personaje desdoblado, porque el Alcatraz narrador a veces se dirige al lector en presente, indicando así que está hablando quien cuenta la historia, no la versión del personaje que la protagoniza.

En el modelo *flashback* tenemos, como en el epistolar, la sensación de que es el narrador, el personaje, quien cuenta el relato, pero un libro escrito en *flashback* tendrá muchos más detalles que si alguien llevara un diario. Se lee como una novela, solo que es un personaje narrando su historia, y ahí radica parte de su artificio. Si escucháis *El nombre del viento* en audiolibro, son como unas treinta horas, pero en teoría el protagonista está relatando su pasado a lo largo de tres sentadas nocturnas, lo cual es imposible. Pero funciona.

Una desventaja de escribir en *flashback* es que se pierde un cierto misterio, porque sabemos desde el principio que el personaje protagonista sobrevive. Podría ser una de esas historias en las que muere y cuenta la historia como fantasma, que no son infrecuentes, pero en todo caso el personaje sigue por ahí de algún modo para hacer la narración, cosa que en el género epistolar no sabemos. Por supuesto, aunque el protagonista siga vivo, el interés puede derivarse de lo mucho que ha cambiado, de ver cómo evoluciona con el tiempo, de oír su voz, de llegar a entenderlo bien, de apreciar el contraste entre las dos versiones del personaje. De hecho, ese contraste tan interesante del personaje moderno con el del pasado es lo que se obtiene a cambio de revelar que sigue con vida.

El tercer tipo de narración en primera persona es el que podríamos llamar cinematográfico o «primera persona inmediata». Es el modelo más frecuente en la literatura juvenil actual, y está narrado en primera persona pero como si el protagonista estuviera experimentando lo que ocurre en ese preciso momento. No es que esté escribiéndolo, ni que se lo esté contando al lector. Es como si el lector hubiera colocado un pequeño dispositivo en el cerebro del narrador, y ese implante le transmitiera sus pensamientos en primera persona mientras el narrador vive los acontecimientos.

En este modelo no se espera que haya ninguna historia marco, ni nada que dé la sensación de ser como un diario. No hay motivos epistolares. Es solo una historia en primera persona, narrada con inmediatez: de ahí el nombre de «primera persona inmediata». Suele estar escrito en presente verbal, aunque no es obligatorio, mientras que los dos modelos anteriores normalmente están en pasado.

El modelo cinematográfico y el de *flashback* son bastante similares salvo que el cinematográfico, al no contar con una historia marco, no revela nada del futuro. En contrapartida, se pierde la capacidad de jugar con ese futuro, con dos versiones del protagonista. Su mayor pega es que la narración está muy centrada en unos pocos personajes. No tiene por qué ser solo uno, y encontraréis novelas escritas en *flashback* o en estilo cinematográfico con dos narradores en primera persona, o incluso tres. Pero cuantos más haya, más le costará al lector seguirles la pista, porque no verá repetido muy a menudo el nombre del personaje (como ocurriría en una historia escrita en tercera persona), y porque la conexión personal que establece con quien narra la historia sufrirá interferencias. Se le hace raro sentir ese nivel de empatía con cinco personas distintas, y deja de funcionar.

Los modelos de narrador omnisciente

Si empleáis un narrador omnisciente en tercera persona, también podréis elegir entre varios modelos. El primero es el modelo del narrador presente, que en realidad es un híbrido entre el punto de vista en primera persona y el omnisciente. A grandes rasgos, consiste en una historia marco escrita en primera persona que pasa a un narrador en tercera persona omnisciente, el cual no está limitado a los pensamientos de ningún personaje concreto.

El hobbit es el ejemplo por antonomasia de este tipo de narrativa. En él, la idea es que Bilbo está escribiendo la historia, pero mientras la cuenta se mete en la cabeza de los demás y revela sus pensamientos al lector, aunque el propio Bilbo más joven del relato no pudiera conocerlos. Porque Bilbo finge que no es él quien escribe el libro, aunque sí lo sea, de modo que en realidad tenemos a Tolkien fingiendo ser Bilbo, fingiendo no ser Bilbo escribiendo un libro, nada menos.

Siempre que leáis las palabras: «En ese momento no lo

sabían, pero...», lo normal es que estéis ante algún tipo de narrador presente. También se ve mucho en los cómics, cuando en las cartelas tenemos la voz de un personaje contando su propia historia.

El segundo modelo en tercera persona es el omnisciente verdadero, y en él, el narrador no suele ser ninguno de los personajes y, además, el lector tiene acceso a los pensamientos y las emociones de todos ellos al mismo tiempo. Cualquier párrafo puede estar narrado desde cualquier punto de vista en cualquier momento, a discreción del autor, que en la mayoría de los casos no ocultará ninguna información al lector.

El ejemplo clásico en ciencia ficción es *Dune*. Cuando entra alguien en escena dispuesto a traicionar a los demás, la narración se mete en su cabeza y sabemos qué está pensando: «Madre mía, qué horror tener que traicionar a esta gente». El lector recibe toda la información. Por eso en la película que rodó David Lynch en 1984, muchas veces oímos los pensamientos de los personajes mediante voces superpuestas, mientras ellos están ahí sin hacer nada: porque el libro es omnisciente e intentaron reproducir ese aspecto al trasladarlo a la pantalla. Queda rarísimo, incluso tratándose de una obra de Lynch.

El estilo omnisciente verdadero es muy difícil. Os recomiendo estudiarlo bien si queréis usarlo. Su ventaja es que tendréis un libro escrito con un estilo muy interesante que ya no emplea mucha gente, pero a cambio no podréis construir la tensión basándoos en misterios, sino que deberéis cimentarla en la expectativa y la anticipación. Si va a ocurrir algo terrible, como una traición, el lector ya sabe que está a la vuelta de la esquina, así que la manera de mantener su interés tiene que ser, por ejemplo, a través de la reacción de los personajes que lo están viendo venir.

Por último, está el narrador omnisciente limitado. Este

modelo en tercera persona es, en mi opinión, el que emplearéis con más frecuencia. Un noventa y pico por ciento de todos los libros publicados están escritos en omnisciente limitado, *flashback* o cinematográfico. El omnisciente limitado consiste en que, para una escena concreta, el escritor escoge el punto de vista de un personaje y la ve a través de sus ojos. Solo tenemos acceso a su mente, de modo que, si algún otro personaje piensa algo, lo que recibimos es la interpretación de esos pensamientos o emociones que hace el personaje de punto de vista: «Parecía tener ganas de tal cosa», o algo por el estilo. El lector está muy metido en la cabeza de ese personaje, pero en los cambios de escena puede saltar a otra cabeza distinta. Incluimos este modelo en el grupo de los narradores omniscientes porque el autor puede contar la historia desde la mente de todos los personajes, aunque tenga que ser de uno en uno.

La principal diferencia entre el estilo omnisciente limitado y el cinematográfico es (aparte de que el omnisciente limitado salta de una cabeza a otra) el cambio de tono entre el uso de la tercera y la primera persona respectivamente. Cuando alguien cuenta su propia historia, da una sensación más personal, y el estilo limitado puede resultar un poco más distante. En consecuencia, es mucho más difícil utilizar un narrador no fiable en el estilo limitado que en el de *flashback* o en el cinematográfico. Aunque la historia se cuente desde la cabeza de los personajes y la narración se vea muy influida por su percepción del mundo, si al escribir en estilo limitado mentís de forma activa al lector, se sentirá engañado.

No es que no existan formas de hacerlo. En *El Imperio Final*, novela que escribí en formato omnisciente limitado, lo conseguí unas pocas veces. Kelsier, un personaje con punto de vista, oculta un gran secreto al resto de su equipo. Para evitar revelárselo al lector, cuando estábamos en la cabeza de Kelsier, le hacía pensar así: «Ahora no puedo concentrarme en eso, es demasiado doloroso». Tendréis que utilizar trucos como ese para reservaros información si estáis escribiendo en omnisciente limitado, y eso es hacer trampa. Pero a veces es una trampa necesaria. En los modelos en primera persona no tendréis ese problema, porque un narrador no fiable puede decir: «Sigue doliéndome demasiado pensar en esto, después te lo cuento», y el lector responde: «Claro, es comprensible que te cueste tanto».

Pero esa credibilidad que se presupone al estilo omnisciente limitado también es un punto a su favor. El lector sabe que lo que ve el personaje es realmente lo que está viendo. El narrador es sincero, aunque la perspectiva llegue teñida por la visión del mundo de ese personaje, y se establece sin mucho esfuerzo una confianza que no tiene por qué darse en los modelos en primera persona. También es el método narrativo que mejor funciona para repartos numerosos, porque ayuda al lector a seguir la pista a todos esos personajes al utilizar sus nombres más a menudo, y al marcar esa pequeña distancia en la que el lector comprende que tiene a un narrador contándole la historia, solo que va pasando de una cabeza a otra.

Ventajas, desventajas y combinaciones

Todos estos estilos tienen sus pros y sus contras. En términos generales, una gran ventaja de la primera persona es que, si la voz del personaje es interesante, podéis libraros de un montón de restricciones que os afectarían en tercera persona, sobre todo en el estilo omnisciente limitado. Narrar con una voz hermosa, poética, divertida o sarcástica os concede la bula para muchos pecados que, de otro modo, harían aburrida vuestra historia. Los volcados de información, por ejemplo, son mucho más fáciles en primera persona. Al enfocarlos desde la perspectiva directa del personaje, podéis hacer chistes, o escribir un párrafo descriptivo pero exuberante o poético, y eso en sí mismo convence al lector de que quiere seguir con ello, de que quizá incluso le gustaría que el volcado de información durase un poco más, porque está descubriendo mucho sobre el personaje y pasándolo bien con él.

Esa dinámica es el motivo principal de que *El nombre del viento* funcione. Rothfuss hace lo contrario que en muchas otras novelas, que utilizan el narrador presente en tercera persona y ofrecen la historia marco en primera. Aquí la historia marco está en estilo omnisciente limitado, y cambia a la narrativa en primera persona cuando Kvothe se sienta a contar su vida al cronista que ha llegado para escucharla, lo cual, por cierto, es una historia marco muy ingeniosa. Funciona de maravilla. Y gracias a eso el autor consigue muchas cosas. Logra que la voz del personaje sea un punto atractivo y cautivador de la historia. Al lector le parece estar sentado escuchando a un cuentacuentos, en cierto modo como si fuera un narrador presente, pero lo está leyendo escrito en un modelo de *flashback* en primera persona muy estricto, y así consigue despertar su interés.

La pregunta que rige casi todo el progreso de *El nombre del viento* es la siguiente: ¿En quién se está convirtiendo Kvothe? Desde el principio, Rothfuss hace una promesa al lector mostrándole al Kvothe viejo, aunque solo tenga unos pocos años más que el joven. Presenta al Kvothe viejo, que está deprimido y se ha rendido, en contraposición al Kvothe joven, optimista, entusiasta y con ganas de comerse el mundo. Ahí está la promesa: ¿Cómo se transforma el Kvothe joven en el Kvothe viejo? Es una promesa enorme, hecha casi al principio del libro: la de que el progreso nos mostrará a un personaje que pierde la inocencia, que se viene abajo y se convierte en esa otra persona. Por eso opino que quien crea que la trilogía será más cómica que trágica se equivoca.

En primera persona, casi toda la progresión de la trama puede estar motivada por el personaje. En lugar de «El personaje tiene que ir a tal sitio y llevarse tal cosa», pensamos: «¿En qué cambia al personaje llegar al sitio y llevarse esa cosa?». En el fondo no importa lo que se lleve, sino en qué afecta al personaje, y eso como autor te permite centrarte en él. También es posible hacerlo en omnisciente limitado, y de hecho es lo que debería intentarse. Pero en primera persona, puedes llevar ese enfoque a lo más alto, porque todo el progreso se basa en el personaje.

Por su parte, el género epistolar tiene la ventaja de que es muy envolvente y hace que el lector se sumerja en la historia. Incluso aunque no estéis escribiendo una obra completa por el método epistolar, podéis incluir fragmentos que llamen la atención sobre determinados aspectos de la trama o los personajes. Es lo que hace *Watchmen*, de Alan Moore y Dave Gibbons. Al final de cada cómic de *Watchmen* hay una parte epistolar, que puede ser una carta, un informe o un artículo escrito por algún personaje. Recuerdo uno que me gustó mucho: era la estrategia de ventas que tenía uno de ellos para las figuritas de acción que estaba creando. Incluir algo así puede decir mucho sobre los personajes; es una inmersión espectacular.

En los libros de Nacidos de la Bruma, narrados en omnisciente limitado, utilicé epígrafes epistolares al principio de los capítulos. Con ellos podía dar al lector pequeñas pistas interesantes, o bien escondérselas. En mi opinión, el género epistolar es donde resulta más fácil ocultar información al lector sin que crea que estás haciendo trampa. Incluso escribiendo en *flashback* se sentirá engañado si te callas demasiadas cosas, pero en el género epistolar, sencillamente el personaje no comunicaba la información en esa carta. Así es mucho más fácil reservarte cosas que sabe el personaje.

Las combinaciones de modelos narrativos no tienen por qué limitarse a incluir fragmentos breves aquí y allá. *Escuadrón* es una novela en primera persona cinematográfica, aunque la escribiera utilizando el pasado verbal: estamos ahí con la protagonista en el momento en que suceden las cosas. Pero le añadí unos interludios en tercera persona, en omnisciente limitado, para contar la historia de otro personaje. Viene a ser lo mismo que hace *El marciano* de Andy Weir, que está escrita en género epistolar, solo que cuando deja de serlo pasa también a omnisciente limitado, para diferenciar esas partes de la narrativa principal.

Muchas veces, alternar entre dos modelos es una manera estupenda de ayudar a que el lector perciba una estructura donde, de otro modo, no la habría. Por ejemplo, al escribir *Escuadrón* sabía que hacia el final del libro iba a narrar unos pasajes desde el punto de vista de un personaje concreto, distinto de la protagonista en primera persona, porque necesitaba salir de ella para un momento importante de la trama. Pero también sabía que, si introducía de repente ese otro punto de vista cuando el libro estaba muy avanzado, daría la sensación de salir de la nada y sacaría a los lectores de la historia. Así que lo preparé narrando los interludios entre las distintas partes del libro en omnisciente limitado, desde el punto de vista de ese otro personaje, y así también aproveché para dar al lector otra perspectiva diferente de los personajes y del mundo.

5

Las leyes de la magia

En este capítulo os hablaré de las Leyes de Sanderson sobre la magia en una ambientación fantástica. Me gusta mucho llamarlas así porque tanto Asimov como Clarke tienen sus leyes, así que supuse que yo también debería poner mi apellido a un conjunto de leyes. Y eso hice.

Empezaré con un poco de trasfondo sobre qué son las Leyes de Sanderson y por qué existen. La primera se me ocurrió cuando estaba trabajando en la trilogía Nacidos de la Bruma. Terminé la primera novela, *El Imperio Final*, la entregué y me puse a trabajar en su segunda parte, *El Pozo de la Ascensión*. Cuando ya se acercaba la fecha de publicación del primer libro, empecé a darme cuenta de que había algo mal, que no funcionaba como yo quería.

Trataré de no destriparos la trama, pero el problema estaba en el punto culminante del libro. Estaba escribiendo el final y todo iba bien. Lo terminé, se lo envié a mi editor y él me respondió: «Creo que ese final necesita un pelín más de impulso. Da la sensación de que le falta algo». Así que me puse a pensar en cómo podía darle ese pelín de impulso adicional. Me dije: «Bueno, tengo una trama guardada en la que Vin, la protagonista, empieza a descubrir que puede utilizar la bruma para alimentar la alomancia», que es la magia que utiliza. El plan era introducir esa trama en el segundo libro para presagiar unas cosas necesarias en el tercero, pero se me ocurrió adelantarla hasta ese clímax de la primera novela para reforzarlo. Me gustaría resaltar que era el primer libro que escribía sabiendo que iba a publicarse. Aunque a esas alturas ya había terminado catorce novelas, era un escritor bastante inexperto. Por primera vez trabajaba con un editor mientras escribía una novela. *Elantris* había salido publicada unos años antes, y sí, le habíamos hecho muchas revisiones, pero trabajar en *El Imperio Final* era una experiencia nueva para mí.

Añadí eso al libro y Moshe Feder, mi editor, dijo: «Estupendo, funciona. Le da ese impulso que necesitábamos», y publicamos el libro. Entonces empecé a recibir opiniones de los lectores y, cuando fui a comprobar si tenían alguna base, descubrí que realmente parecía que había concedido un poder nuevo a la protagonista cuando ya llevábamos un noventa y cinco por ciento del libro. Era exactamente lo que había hecho.

Pensé que a mucha gente no le gusta la ciencia ficción y la fantasía porque cree que el autor puede hacer que suceda lo que le dé la gana, y por tanto el final del libro carece de conflicto, ya que se inventa cualquier forma de salvar a los personajes. Es cuestión de gustos. Pero no creo que esa crítica tenga fundamento, porque todo autor puede hacer lo mismo en cualquier tipo de historia. No es algo que prevalezca más en este género que en otro.

Es cierto que, en ciencia ficción y en fantasía, es posible hacer lo que yo hice por error: inventarte un poder nuevo para un personaje con la historia ya muy avanzada y, en consecuencia, desinflar un poco la satisfacción del final, porque el personaje estará usando algo que el lector no sabía que tenía para salvar la situación. Pero es igual de fácil escribir una novela romántica cuya tensión principal sea que el personaje A pertenece a la nobleza y el B al pueblo llano, y eso es lo que los separa. Y entonces, al llegar al noventa por ciento del texto, el autor puede hacer que aparezca un pariente del que no se sabía nada y diga: «Ah, por cierto, ella está emparentada con la realeza, así que podéis casaros sin ningún problema», y con eso haga que se evapore el conflicto. En realidad, lo que hace es esquivar el conflicto resolviéndolo con un parche, igual que yo parcheé *El Imperio Final* de una forma que no era satisfactoria. Es igual de fácil hacerlo en cualquier otro género. Sea cual sea el conflicto, al final de la historia es posible aplicarle un parche que sirva de resolución, aunque no sea satisfactoria.

Es bueno tener soltura en la resolución de conflictos, puesto que son una mecánica narrativa importante. Dado que soy escritor de ciencia ficción y fantasía, creé una especie de normativa para mí mismo que me ayudara a entender por qué existía ese problema y cómo evitarlo en el futuro, enmarcándola en un cierto aire científico. Es lo que yo escribo: no hago ciencia, sino cosas con aire científico. Al fijarme en ciertos problemas, desarrollé un poco más esa normativa y la dirigí a la construcción de sistemas de magia para un libro de fantasía. Y así nacieron las Leyes de Sanderson.

La Primera Ley de Sanderson

La Primera Ley de Sanderson dice así:

> La capacidad de un autor para resolver un conflicto mediante la magia de manera satisfactoria es directamente proporcional a lo bien que el lector haya comprendido dicha magia.

En realidad, el enunciado de la ley no es más que una forma técnica de explicar la historia anterior. Dediqué mucho tiempo a pensar cómo expresarla, porque estaba comprendiendo algo sobre mi narrativa que antes no sabía.

Sí era consciente de que el *deus ex machina* era un recurso narrativo pobre. Esta expresión, que significa «el dios traído por la máquina», se utilizaba en la antigua Grecia cuando hacían que un dios salvara a los personajes al final de una obra porque no tenían otra manera de superar un problema. En narrativa moderna, se aplica cuando el escritor inventa un mecanismo por el que los personajes se salvan de las consecuencias de sus actos hacia el final de la historia. No conseguiréis una sensación satisfactoria si inventáis nuevos poderes mágicos al final de una novela para sacar de apuros a vuestros protagonistas.

Suelo acompañar esta Primera Ley con la anécdota de cuando acudí a mi primera convención mundial de fantasía y ciencia ficción, la Worldcon, como escritor invitado. Fue en Boston, en 2004. Iba a participar en una mesa redonda titulada: «¿Cómo funciona la magia?». Pensé que era perfecto, que aquello era lo mío. Me encantan los sistemas mágicos interesantes, así que estaba preparado. Me senté allí junto a tres personas, y entonces el moderador hizo la primera pregunta: «¿Qué es lo primero en que pensáis a la hora de construir un sistema de magia?». Me tocó responder el primero, y pensé que iba a clavar la respuesta.

Dije: «Bueno, es evidente que un sistema de magia debe tener reglas». Creo que lo había sacado del manual de escritura de Orson Scott Card, pero en todo caso era algo en lo que creía firmemente: que todo buen sistema mágico tiene normas. Me pareció una respuesta fácil que serviría para hacer que arrancara la conversación. Pero los demás conferenciantes me miraron y dijeron: «¡Qué va! Si pones reglas a la magia, la echas a perder».

Sorprendido, vi cómo la siguiente media hora de charla se convirtió en una discusión con esas tres personas, en la que yo insistía en que las normas eran fundamentales para construir un sistema de magia. Era como si intentaran decirme que uno más uno no eran dos. Me desconcertaba tener que estar defendiendo aquello. Pero entonces empecé a darme cuenta de que mi forma de hacer las cosas no tenía por qué ser la única. De hecho, muchas historias que me gustaban no explicaban las reglas de la magia, e incluso era posible que ni siquiera el autor se basara en unas reglas.

De modo que pensé: «Bueno, y entonces, ¿cómo funciona esto?». Y empecé a construir una especie de segunda filosofía sobre la magia, que consiste en la existencia de un continuo, una escala móvil en la que todo autor se sitúa. En un extremo está la magia como generadora de sentido de la maravilla, y en el otro extremo está la magia como ciencia, como instrumento capaz de resolver problemas. Tampoco os lo toméis como una norma estricta, porque seguro que hay gente capaz de hacer las dos cosas a la vez. Pero lo que suele ocurrir es que, a medida que te acercas a que la magia resuelva problemas y funcione más como una ciencia, te apartas de que la magia transmita misterio, sentido de la maravilla. Ocurre con todo: al explicar algo, se modifican la emoción y la comprensión que despierta.

Al convertirme en escritor, cambió mi relación con las películas que veía y los libros que leía. Muchas veces, en lugar de pensar «¿Cómo han hecho esto?», me decía: «Veo lo que hacen, y es estupendo». Son dos emociones un poco distintas. Ahora puede maravillarme una historia bien desarrollada, porque sé exactamente lo difícil que es hacerla. Pero ya no me quedo perplejo sin saber cómo el autor lo ha conseguido.

Con la magia pasa más o menos lo mismo. A medida que desarrolláis la magia como ciencia, podéis resolver problemas de manera satisfactoria con esa magia. Es decir, al lector le gustará ver cómo los personajes usan las herramientas que les habéis dado para escapar de malas situaciones y resolver problemas. A mis hijos, por ejemplo, de pequeños les encantaba ver *La casa de Mickey Mouse*. En el programa decían: «Estas son las tres herramientas que necesitaremos hoy». Estaban estableciendo el sistema. Y luego: «Mirad, una de las tres herramientas es un gato y se nos acaba de averiar el coche. ¿Cuál tendremos que utilizar?».

En vuestras historias usaréis una versión más complicada de esto, pero en esencia es lo mismo: vais a establecer las herramientas de las que dispone el personaje. Por ejemplo, podrá teletransportarse para cruzar paredes, o podrá beberse una poción que transforma su aspecto en el de otra persona, o lo que sea. Luego, si estáis en el lado científico de la magia, el personaje tendrá que confiar en su ingenio para aplicar esa herramienta a distintas situaciones. Se parece un poco al arquetipo de trama de robo tipo *The Italian Job*, cuando un grupo de ladrones tiene unas determinadas herramientas, planea el golpe y al final se ve obligado a usarlas de una manera distinta. Es lo mismo que haréis si utilizáis un sistema de magia basado en reglas.

Pero no es el único tipo de magia que se emplea en la fantasía. En muchas ocasiones se pretende conseguir otra cosa con la magia: por ejemplo, que el lector no sepa de qué es capaz. En *La casa de Mickey Mouse* también había una herramienta misteriosa. No se sabía cuál era, solo que en algún momento resolvería algún problema. Esa herramienta misteriosa es lo que se ve mucho en las novelas de fantasía, y no tiene por qué significar que estemos ante un mal sistema de magia. De hecho, algunos de los mejores sistemas usan lo que yo llamo magia blanda, en oposición a la magia dura.

En la magia blanda, el lector no conoce las consecuencias

ni el coste del uso de la magia, y no está muy seguro de poder predecir cuáles serán sus ramificaciones o sus efectos. En la mayoría de los casos, el personaje protagonista no es quien emplea la magia, o, en caso de hacerlo, es a través de un aparato u otra cosa mágica que utiliza sin saber muy bien su resultado.

La pata de mono de W. W. Jacobs es un buen relato híbrido, cuya magia cae un poco más del lado del sentido de la maravilla. Los personajes saben que pueden pedir un deseo, pero desconocen qué consecuencias tendrá ese deseo, y la emoción en la que se apoya la historia es ese sentido de la maravilla retorcido para convertirlo en un sentido del horror. Muchas veces el horror consiste en retorcer una emoción positiva y transformarla en negativa. En el relato, la gente pide deseos a la pata de mono y el resultado siempre es nefasto, horroroso, temible. A medida que avanza la historia, ves cómo se recrudecen esos resultados. Es un relato maravilloso que emplea un sistema de magia blanda con algunos matices de magia dura, para que el lector comprenda lo que los personajes pueden hacer aunque no controlen las consecuencias.

Con ese tipo de magia y de argumento se pueden crear unas historias fantásticas. Analicemos dos ejemplos de novelas que emplean a la vez la magia dura y la magia blanda, para que veáis lo efectivo que puede ser el contraste entre ambas.

La primera es *El señor de los anillos*. Tolkien utiliza para el Anillo Único lo que yo consideraría una magia cercana a la ciencia. No está en el extremo científico del espectro, sino un paso más hacia el sentido de la maravilla, o en este caso también del horror, porque como lectores no estamos muy seguros de hasta dónde alcanzan en realidad los poderes del anillo, de lo que Sauron podría hacer con él. Solo sabemos que sería una calamidad que lo tuviera. Pero, en términos de mecánica narrativa, el anillo hace dos cosas: te vuelve invisible e incrementa tu longevidad. ¿Cuáles son los costes? A grandes rasgos, que Sauron te ve y que te transformas en Gollum.

Tolkien hizo muy bien al incluir a Gollum en la historia, como ejemplo para mostrar al lector cuáles son las consecuencias exactas. Las novelas dejan muy claro que, si Frodo conserva el anillo, se convertirá en alguien como Gollum. Se trata de un sistema de magia bastante duro, en el espectro del que hablamos. Lo vemos cada vez que Frodo usa el anillo: se vuelve invisible, pero ahí tienes las consecuencias, funestas pero explicadas y previsibles. Repetibles por experimentación. Tolkien está siguiendo el método científico. Y el lector sabe qué herramienta tiene Frodo y cuál es el coste de utilizarla.

En cambio, ¿de qué es capaz Gandalf? En las novelas, Gandalf estaría casi del todo en el lado del sentido de la maravilla, de la magia blanda. Es evidente que es poderoso y capaz de hacer muchas cosas, pero no sabemos muy bien qué son. La mayoría de las veces el lector no ve cómo usa sus poderes. El combate contra el Balrog no viene en las páginas de *La comunidad del anillo*, y es a propósito. El lector no sabe qué hace Gandalf. Puede intuir que tendrá consecuencias graves, y en efecto el personaje muere y resucita como Gandalf el Blanco. Pero como lectores no sabemos muy bien cómo ha sucedido, por qué ocurre y qué consecuencias tendrá.

Se podría pensar que Tolkien está librando a un personaje de las consecuencias de sus actos. Pero el propósito de la magia de Gandalf no es ese. Gandalf no es una cabeza nuclear que Tolkien emplee en un lugar específico para un propósito concreto. Gandalf está en los libros para que los hobbits parezcan pequeños, tanto metafórica como literalmente. Tolkien era un estudioso de la narrativa épica clásica. Incluso tradujo *Beowulf*, que es muy curioso leer y comparar con *El hobbit*, porque parece que Tolkien quiso escribir una historia épica y heroica al estilo antiguo pero con una persona normal en el papel protagonista. En lugar de Beowulf, tenemos a Bilbo y luego a Frodo. Y para enfatizar lo pequeño que es Frodo, aunque le conceda un poder de magia dura, Gandalf está presente en la historia, indicando que la Tierra Media es un mundo con una magia muchísimo más grandiosa de lo que los hobbits pueden llegar a comprender, e indicando al lector que no necesita comprenderlo.

Esas dos magias funcionan a la perfección en paralelo, y mediante ellas la obra transmite una sensación de grandeza y de maravilla, y al mismo tiempo concede al protagonista una herramienta que puede utilizar con ingenio para escapar de problemas y situaciones peliagudas, aunque luego deberá pagar por esa magia cuando le pase factura en el momento culminante de la historia.

Otro gran ejemplo de esa combinación es *El nombre del viento* de Patrick Rothfuss. Ya hemos visto algunos motivos por los que esta novela funciona tan bien. Otra razón por la que lo hace es la contraposición entre los dos tipos de magia. El protagonista, Kvothe, acude a una escuela de magia, y allí construyen, entre otras cosas, aparatos basados en la magia simpática. Es una clase de magia que la gente creía que funcionaba en nuestro mundo, la cual afirma que lo similar afecta a lo similar, que los efectos se parecen a sus causas. Pero en la misma escuela hay otro profesor que estudia un tipo distinto de magia, la nominación, que al parecer es muy poderosa, muy misteriosa y vuelve loco a quien la usa. Cómo no, el protagonista se ve atraído por esa magia de la nominación, y parte de la tensión de la historia está en si sufrirá las mismas consecuencias que su maestro cuando profundice en la disciplina.

La magia de la nominación está para reforzar que *El nombre del viento* es la historia de un poeta y un músico, porque se habla de ella con mucha musicalidad y poesía. Es una magia que no puede definirse. En esa escuela de magia imparten clase de ingeniería y de poesía. A Kvothe se le da bien la ingeniería, pero quiere ir a clase de poesía porque es algo que no puede cuantificarse. Los dos tipos de magia funcionan muy bien juntos en un contexto académico, que permite mostrar ambas disciplinas y el contraste entre ellas.

No es necesario que incluyáis los dos tipos de magia en vuestros libros. De hecho, en la mayoría de las novelas solo aparece uno. También os diría que no es conveniente estar en ningún extremo del espectro. Incluso si vais a utilizar una magia dura, viene muy bien desplazarla un poco hacia el otro lado para no perder la herramienta del misterio, porque de ese modo, si estáis escribiendo una serie, luego podréis expandir la magia: dejar un poco de misterio en el primer libro que podáis explorar y explicar más adelante.

Yo tiendo a situarme en el lado de la magia científica. Cuanto más avanza el lector en mis libros, más empiezan a rellenarse las lagunas que he dejado al principio en el sistema de magia. *El Imperio Final* podría haber funcionado bien si lo hubiera hecho de ese modo, porque en realidad la Primera Ley de Sanderson es una indicación sobre el arte de dar indicios al lector. A lo largo del libro podría haber repetido varias veces: «Hubo algunos nacidos de la bruma en el pasado que podían hacer algo muy raro, y no sabemos por qué, pero creemos que tal vez esté relacionado con esto». Podría haber señalado una contradicción aparente en el sistema de magia, algo que los personajes creen que deberían ser capaces de hacer y no saben por qué no. Así, más adelante, podría resolver la contradicción, hacer que la protagonista descubriera algo que le permitiera acceder a la magia, y ese final sería satisfactorio.

La mayoría de las historias basadas en las tres leyes de Asimov funcionan así. Sus tres leyes son sobre la robótica.

Un robot empieza a hacer cosas raras, a correr en círculos en lugar de hacer lo que debería. ¿Qué estará fallando? Bueno, los personajes miran cómo interaccionan las tres leyes entre sí y descubren que la programación de ese robot tiene un error que provoca una contradicción entre ellas, y es lo que hace que actúe de ese modo. Es un mecanismo narrativo bastante frecuente en la obra de Asimov.

La Primera Ley de Sanderson es la ley del indicio. Si su enunciado especifica «de manera satisfactoria» es porque a veces no os interesará resolver los problemas de manera satisfactoria, y la razón puede ser que la escena tenga otro objetivo. Seguro que habéis visto muchos ejemplos en los que los personajes se meten en una situación desesperada durante el primer tercio de la historia, y entonces llega alguien salido de la nada para salvarlos. Ocurre mucho en las películas de Hollywood. ¿Y para qué se hace? A veces, para presentar a un personaje nuevo. Buscan una introducción espectacular para el personaje, así que hacen que en el primer acto salve a los demás de un apuro al que no sobrevivirían de otro modo. Presentar a un personaje que saque las castañas del fuego a los demás en el primer acto es muy distinto de hacerlo en el tercero para que los salve al final. En Star Wars, la llegada de Han al final de la película funciona porque el espectador ya tenía indicios de que podía ocurrir por su evolución como personaje. «Ah, sí, este es mi amigo Han. Ahora podéis ver todos lo estupendo que es».

Quisiera que entendierais que todo esto son herramientas. No hay maneras erróneas de usarlas. De hecho, las llamo las Leyes de Sanderson porque suena bien y porque la gente suele utilizar ese formato, pero no deberíais tomároslas como leyes. No tenéis por qué cumplirlas. Son normas que creé para mí mismo, para contar las historias que quería contar, para obtener la clase de efecto que pretendía, y quizá os ayuden a comprender algunos aspectos narrativos a la hora de emplear vuestros sistemas de magia en una historia.

Preguntas y respuestas

ESTUDIANTE: *¿Cómo se puede crear un final que sea satisfactorio e incumpla esa norma?*
BRANDON SANDERSON: Cuando yo aplico la Primera Ley de Sanderson, cuando me ciño a ella, el objetivo es indicar por adelantado que algo puede ocurrir y ocurrirá, de forma que el lector quizá sea capaz de predecirlo antes de que suceda. Puede que no siempre me salga bien; eso dependerá un poco de cada lector. Pero cuando esta ley funciona para mí, el resultado es que el lector podría haber deducido por adelantado lo que iba a ocurrir.

Tengo un buen ejemplo. Dejadme explicarlo con la segunda y la tercera película de *El señor de los anillos*. La segunda, *Las dos torres*, es mi favorita de todas, y en parte se debe a la defensa del abismo de Helm. Los personajes van a una fortaleza para detener la invasión de los orcos, sabiendo que será su última defensa posible. Las cosas están muy mal. La película plantea la situación cuando Gandalf dice a Aragorn: «Espera mi llegada con la primera luz del quinto día». Ahí se establece que, si sobreviven cinco días, Gandalf los salvará a todos. Después la narrativa hace todo lo posible para que el espectador lo olvide, mostrando lo cruenta que es la batalla, haciendo que los personajes luchen agotando su ingenio y sus últimas fuerzas. Están casi derrotados. Pero al final salen de la muralla para una última carga de caballería y entonces amanece y llega Gandalf. Los protagonistas ven a Gandalf, y acto seguido a las tropas que trae con él. Ya habíamos visto marcharse a ese ejército, así que las piezas estaban colocadas, pero la situación no se había planteado como derrotar a los orcos o morir, sino como: «Si sobrevivimos durante este tiempo, nos irá bien».

La tercera película, *El retorno del rey*, no lo establece del mismo modo. También defienden una fortaleza, Minas Tirith, pero esa defensa viene explicada así: «Si Minas Tirith cae, estamos condenados». Entonces Aragorn se marcha para hablar con unos fantasmas. Y cuando la fortaleza está al borde de la derrota, aparece Aragorn con los fantasmas y la salva. En términos estructurales, las dos historias son la misma. Y, sin embargo, al ver que Aragorn salva a todo el mundo con los fantasmas, me sentí decepcionado. Mientras que, cuando veo la segunda película, cuando aparece Gandalf coronando esa montaña con la luz a su espalda, apenas puedo contener la emoción.

¿Por qué tengo una reacción visceral tan distinta entre ambas películas? La clave está en las promesas y las recompensas. En ambas películas —porque en los libros no sucede exactamente igual—, Peter Jackson está resolviendo un problema con una fuerza externa que protege a los personajes de las consecuencias que se les echan encima. Pero en *Las dos torres* se les promete que, si hacen tal cosa, recibirán tal otra. En *El retorno del rey*, se les dice: «Tenéis que sobrevivir. Ah, ¿no podéis? Bueno, os salvaremos de todos modos».

Simplifico mucho, y salta a la vista que está mucho mejor hecho que como lo explico, porque son unas películas buenísimas, incluso la tercera. Pero cuando pongo en práctica la Primera Ley de Sanderson, no es necesariamente en el sentido de que haya que entender al dedillo lo que puede hacer la magia. Lo que hay que entender es qué hemos establecido.

Muchas historias dicen: «Creo que, si puedo resolver este problema que tiene la magia, recibiré un volcado de comprensión que me permitirá salirme con la mía». Si después de establecer eso, los personajes resuelven el problema y de verdad ocurre lo planteado, el lector se quedará complacido. En cambio, si los personajes no logran resolverlo, si no toman la decisión que sea, si fracasan en lo que debían hacer y les sale bien de todos modos, necesitaréis hacerlo de otro modo para que funcione. Es perfectamente posible, pero en ese caso no tiene por qué aplicarse la Primera Ley de Sanderson.

ESTUDIANTE: *A la hora de plantear la situación, ¿cómo puede explicarse la magia de forma interesante, sin volcados de información?*

BRANDON SANDERSON: ¿Os he contado que estoy trabajando en el guion de una adaptación de Nacidos de la Bruma? He renunciado a que lo escriba Hollywood y estoy haciéndolo yo mismo, aunque no tenga experiencia como guionista. Por suerte, sí que tengo amigos muy buenos en la escritura de guiones que me están aconsejando y ayudando con sesiones de planificación. Un problema al que me enfrenté escribiendo el guion es que, en el libro, cuando Vin está aprendiendo de su mentor Kelsier, este se la lleva a la bruma para explicarle cómo funciona el sistema de magia. En la novela queda bastante bien: en lugar de sentarse en un aula, Kelsier saca a Vin a la calle y se ponen a experimentar los poderes mágicos.

Solo con eso ya se avanzan varios pasos en la dirección adecuada. Lo peor que se puede hacer es incluir una parrafada enciclopédica sobre cómo funciona la magia. La segunda opción es que los personajes se sienten y hablen de la magia para explicársela al lector. Sigue siendo bastante mala elección, pero al menos se pasa al diálogo. La tercera opción es que la alumna salga, experimente, tenga problemas para utilizar la magia y el maestro le dé instrucciones. En *El Imperio Final* funciona bastante bien así.

Pero en el guion no había tiempo para eso, y de todos modos no quedaría tan bien en pantalla. Así que lo que hice fue combinar esa escena con otra, también de la primera parte del libro, en la que Kelsier se cuela en la fortaleza Venture para robar una pizca de atium. En la versión audiovisual, serán una sola escena: Vin sigue a Kelsier y le dice que había prometido entrenarla, así que él decide que será un bautismo de fuego para Vin y van probando las distintas magias mientras se infiltran en la fortaleza para robar el atium.

Al solapar las dos escenas, de pronto se incrementa mucho la tensión. A Vin no le queda más remedio que aprender a hacerlo bien porque, si no, ese guardia de ahí dará la alarma y tendrán problemas. Si falla, Kelsier le ayudará, pero de todos modos la escena pasa a ser tensa, además de mucho más activa e interesante, porque en el fondo siguen practicando, sigue siendo una lección sobre la magia, pero con posibles consecuencias negativas. Es una buena forma de comunicar la información al espectador.

Por supuesto, hay que guardar un equilibrio, porque al incluir información sobre la magia en una escena tensa corréis el riesgo de que el lector se pierda y se confunda con tanta acción, lo cual suele ser mala idea. Por suerte, al ser un guion para pantalla, gran parte de esto se visualizará y no tengo que explicarlo como haría en un libro, y por eso la escena funciona.

Uno de los mayores retos al escribir ciencia ficción y fantasía es transmitir al lector los elementos del mundo que habéis creado de una forma que no resulte aburrida. Para lograrlo, deberéis construir las escenas de manera intencionada, para mostrar no solo el funcionamiento de la magia, sino también rasgos de los personajes y la ambientación. De hecho, aunque el objetivo de una escena concreta sea explicar la magia, el énfasis debería estar en que los personajes sean interesantes, en mostrar tanto o más sobre ellos que sobre la magia, o al menos en proporcionar al lector una emoción equivalente. Intentad hacer varias cosas a la vez, sin perder el foco en los personajes.

ESTUDIANTE: *¿Cómo sabes cuándo añadir una nueva magia a la ambientación, y cómo la añades sin convertirla en un* deus ex machina?

BRANDON SANDERSON: Ya he contado que, precisamente, la Primera Ley de Sanderson se me ocurrió después de cometer un error al añadir un poder mágico salido de la nada en *El Imperio Final*. Pero, antes de que nadie se tome estas leyes como normas de cumplimiento obligado, debo señalar que en la escritura nada es absoluto. Si algo quiero transmitir con este curso es que nada es obligatorio y que de vez en cuando me equivoco. A mí estas leyes me ayudan mucho a la hora de crear el sistema de magia que me gusta incluir en mis libros, y además creo que tienen otras aplicaciones narrativas que merecen ser tratadas con más detalle. Pero seguro que hay unos sistemas de magia maravillosos que hacen caso omiso a estas leyes, y hacen bien porque se trata de reflejar la visión de cada creador, no la mía.

Dicho esto, mi primer consejo para añadir un elemento nuevo a un sistema sin que parezca salido de la nada es haber sugerido antes en la historia que existen lagunas en la magia. Es un recurso muy práctico, sobre todo si estáis escribiendo una serie de novelas y aún no tenéis muy claro hacia dónde vais a llevarla.

Un ejemplo, también de Nacidos de la Bruma, sería cuando hago que Sazed utilice su magia, la feruquimia. En el primer libro apenas se ve que la practique, pero hay un momento en el que de algún modo incumplo con él la Primera Ley de Sanderson. Vin es incapaz de escapar de una situación problemática y, en lugar de dejar que sufra las consecuencias, Sazed aparece y la salva. Cuando escribí la escena, aún no tenía clara mi Primera Ley, pero ahora lo habría hecho igual de todos modos. Y en esta ocasión sí que funciona, por dos motivos principales. El primero es que sucede en la parte central de la novela. El propósito de la escena no es ofrecer al lector una resolución satisfactoria al arco de Vin utilizando la magia. Vin todavía es una novata, y además es culpa de Kelsier que se vea en esa situación, por lo que ella no merece pagar el precio de su imprudencia. Por tanto, no me dio la sensación de estar siendo blando con Vin al hacer que llegue otra persona (su otra figura paterna suplente en la serie) para salvarla cuando fracasan las capacidades de Kelsier.

El segundo motivo es que la escena servía como revelación al lector de que Sazed posee unos poderes que no comprendemos, pero que tendrán su importancia en el libro y serán muy relevantes en los dos siguientes de la saga. Por tanto, me interesaba más aprovechar el momento para introducir esa idea que hacer que Vin saliera ella sola de esa situación concreta, que de todos modos estaba muy por encima de sus capacidades. Utilicé esa escena para revelar que existe otro misterioso sistema mágico que se explorará más adelante.

La Segunda Ley de Sanderson

Formulé la Segunda Ley de la magia al pensar en los poderes que incluía en mis libros. Dedicaba mucho tiempo a plantearme qué otras magias, qué mecánicas novedosas podía añadir a mis novelas. Una vez estaba firmando libros cuando vino alguien y me dijo: «Me encantó *El Imperio Final*. Es como una novela entera llena de Magnetos». Y yo pensé: «Un momento. Sí que viene a ser Magneto». Si mezclas a Magneto con la manipulación de emociones (no del todo, pero al estilo de: «Estos no son los droides que estáis buscando»), en esencia tienes a un nacido de la bruma. Así que pensé: «Vaya, ¿soy solo un juntaletras?». Como escritores, preparaos para que esa pregunta os venga a la cabeza muchas veces. La respuesta es que, si vuestro objetivo es escribir las historias que os gustaría leer y disfrutar, estáis en el buen camino y no deberíais menospreciaros.

Pero siempre queda la duda de si uno es suficientemente original. Ese día, mientras firmaba libros, me planteé si era menos novedoso de lo que había creído. Pero, al fin y al cabo, lo más original que podéis aportar a una historia es vuestra perspectiva, y eso es algo que os pertenece en exclusiva. Cuanto más escribáis, más aprenderéis a aplicar vuestro propio sello a vuestras obras, pero lo normal es que hasta los escritores expertos sigan preocupándose por la originalidad durante mucho más tiempo del que deberían. Si es algo que os inquieta, preguntad a vuestros primeros lectores qué opinan. Aprended a jugar un poco para hacer vuestros escritos un poco más propios. Estas leyes podrían ayudaros, pero tampoco os agobiéis demasiado.

Un día me puse a pensar cómo se me había ocurrido la alomancia, que es el primer sistema mágico de Nacidos de la Bruma. ¿Por qué funcionaba y por qué me gustaba tanto? Una cosa que puede hacerse con la alomancia es empujar mentalmente pedazos de metal para impulsarte por los aires. Si algo pesa más que tú, o si está pegado al suelo, empujarlo te propulsa en sentido opuesto. Al empujar una moneda, sale disparada, pero si da contra algo más pesado que tú, te lanza hacia atrás. Es física vectorial, el principio de acción y reacción utilizado como un sistema de magia divertido. En parte me gustó escribirlo por la Primera Ley de Sanderson, porque los personajes debían aplicar las herramientas que tenían en vez de resolverles yo los problemas mediante alguna fuerza externa, y porque me entusiasmaba pensar cómo utilizar esa magia para sorprender al lector e intentando que él mismo lo hubiera anticipado.

Sin embargo, me di cuenta de que en realidad ese poder de la alomancia era solo una versión más sencilla del verdadero vuelo. Si un personaje pudiera volar, sería objetivamente mejor que tener que lanzarse al aire impulsándose con pedazos de metal. Si tuviera auténtica telequinesis y pudiera mover objetos a voluntad, sería una versión más poderosa de la alomancia. Pero había leído libros donde aparecían esos poderes y sus sistemas de magia no me habían divertido tanto. ¿Por qué?

La respuesta se acercaba mucho a la Segunda Ley de Sanderson:

> Los defectos, las limitaciones y los costes son más interesantes que los poderes.

No significa que los poderes no sean interesantes. La pregunta de qué ocurriría si se pudiera hacer tal cosa es una gran semilla para una historia. ¿Y si fuera posible volar? ¿Dónde llevaríamos la trama a partir de ahí? Pero si estamos desarrollando un sistema de magia, incorporarle los defectos, las limitaciones y los costes tiende a ser más sustancioso y a crear más potencial narrativo que el de los propios poderes.

Por ejemplo, si os propongo que los personajes pueden volar, con eso ya llevaríais la narrativa en algunas direcciones interesantes. Si os propongo que pueden volar pero solo mientras sus padres estén durmiendo, de pronto es una historia muy distinta, ¿verdad? La dirección acaba de cambiar mucho. ¿Tienen que estar los dos vivos? ¿O ambos dormidos? ¿El protagonista puede mudarse a las antípodas para pasarse el día volando mientras ellos duermen al otro lado del planeta? Se os pueden ocurrir muchas limitaciones como esa.

Orson Scott Card le pone un coste: cada vez que alguien emplea la magia, muere un pariente suyo. La Rueda del Tiempo de Robert Jordan tiene otro ejemplo estupendo. En la saga hay un montón de poderes místicos y maravillosos, pero cuanto más se usan, más probable es enloquecer y matar a todos tus seres queridos. De hecho, ya hemos comentado que el prólogo del primer volumen muestra a alguien a quien le ha ocurrido precisamente eso, para que el lector comprenda lo que hay en juego y las consecuencias desde el principio, lo cual es una jugada brillante (igual que lo fue que Tolkien metiera a Gollum en la historia para ver en qué podía convertirse el protagonista).

Los defectos, las limitaciones y los costes son en general donde está la historia. Superman siempre ha sido un personaje muy difícil de llevar a la gran pantalla. Tenemos una película y media de Superman geniales, y luego varias con partes muy buenas, pero a cuyos creadores les ha costado hacerlas encajar con el público. Y el motivo se reduce en parte a que la gente opina que Superman es demasiado poderoso, así que es difícil escribir una buena historia sobre él.

No obstante, de joven vi una serie televisiva sobre Superman que me encantó, y todavía creo que es divertidísima, aunque se rodó en los años noventa y se pasa de hortera. Se llamaba *Lois y Clark*. Si os fijáis, Superman funciona de maravilla en la pequeña pantalla. Han hecho una adaptación tras otra de Superman y de Supergirl que ofrecen muy buenas historias, y suele ser porque quienes las escriben tienen tan poco presupuesto para efectos especiales que no pueden dar el espectáculo de mostrar a Superman luchando contra alguien que pegue más fuerte que él, así que ¿qué hacen?

Las aventuras de Superman tienden a clasificarse en tres

grandes categorías. La primera es la que he mencionado: aparece alguien capaz de pegar más fuerte que Superman, ¡oh, no! Es lo que suelen hacer las películas. Otra historia típica se basa en que alguien usa la kryptonita y, ¡oh, no!, Superman ha perdido los poderes. La tercera historia es en la que, ¡oh, no!, se ve incapaz de usar esos poderes con eficacia para resolver algún problema: o bien al hacerlo pondría en peligro a una persona más débil o bien quiere que alguien se enamore de él. Sus poderes no le conceden esa capacidad, excepto al final de la segunda película (y por eso digo que hay una película y media buenas de Superman). Bueno, en realidad aquello era el beso del olvido, pero ya me entendéis. *Superman II* tiene un montón de bobadas de la edad de plata del cómic de superhéroes. Aun así, me gusta.

Creo que las historias que elige contar la gente sobre Superman lo ilustran muy bien, en el sentido de que muchas tratan temas sobre los cuales no influyen mucho los poderes del protagonista. En mi episodio favorito de *Lois y Clark* había un cíborg al que han incorporado kryptonita, de forma que anula los poderes de Superman con solo darle un puñetazo. Pero durante el resto del episodio, Clark se dedica a resolver algo con Lois, algo interesante y atractivo sobre relaciones entre personajes. Termina esa trama y al final Clark dice: «Ah, sí, tenía que luchar contra ese cíborg, pero resulta que puedo volar y lanzo rayos por los ojos», así que se eleva por los aires, fríe al cíborg y se marcha volando, todo en unos diez segundos. Los guionistas de la serie comprendían que el hecho de que Superman suelte mamporros más fuertes que nadie no es tan interesante como tener a un personaje con poderes casi divinos, a escala galáctica, pero que no sabe relacionarse con el mundo humano. Sigue siendo un empollón con dificultades para relacionarse, y por eso *Lois y Clark* funcionaba.

Así que, si queréis dar a la magia un papel importante en

vuestras historias, tened en cuenta que muchas de ellas derivarán hacia el conflicto, de modo que terminarán pareciéndose a las tres clases de trama protagonizada por Superman: o bien el personaje no tiene la suficiente habilidad con la magia y tiene que volverse más poderoso (o tal vez encontrar algo que falla en la magia y arreglarlo para utilizarla como se pretendía); o bien la magia no funciona en ese momento, o no puede resolver el problema. Quizá sirva de ayuda en otras cosas secundarias, pero el personaje tendrá que solucionar el conflicto empleando otros atributos, no solo la magia.

Existen otros paradigmas para narrar historias sobre la magia, pero esos tres engloban más o menos al resto. Y todos ellos sustentan la teoría de que los defectos, las limitaciones y los costes son una parte fundamental de por qué ese tipo de historia funciona.

En mi caso, concibo los conceptos —defecto, limitación y coste— como tres ideas distintas, al menos según las definiciones que veremos a continuación. Pero también los concibo como normas narrativas más envolventes, igual que la Primera Ley de Sanderson era más una indicación sobre la necesidad de dar indicios al lector que sobre la magia. Del mismo modo, la Segunda Ley de Sanderson también puede afectar a los personajes. Las historias que narréis sobre vuestros personajes se centrarán en sus defectos y limitaciones, en lo que están o no dispuestos a hacer, en el coste de ciertos actos.

Los defectos son, en esencia, cosas que un personaje podría cambiar, o magia que aún no comprende, y que podrá resolver con más empeño o evolución del personaje. Por ejemplo, en *Elantris,* la historia se centra en un defecto de la magia. La magia dejó de funcionar diez años antes del principio de la novela. No sabemos por qué, pero antes la gente obtenía poderes divinos y ahora quedan malditos por toda la eternidad y se transforman en zombis. La trama entera gira alrededor de que hay una tara en la magia y nadie sabe el motivo. Algo se ha roto, y el argumento principal está construido en torno a ese defecto. Pero en muchas otras historias, el defecto radica en que los personajes no comprenden una parte de la magia, o en que aún no se les da lo bastante bien para hacer lo que necesitan. Tienen que practicar. Si el personaje se dedica a ello, encontrará una solución al problema en algún punto del libro.

Con la caracterización de personajes sucede lo mismo. El defecto de un personaje puede ser desconfiar de la gente. Tiene buenos motivos para no confiar en los demás, pero necesita aprender a hacerlo en ese equipo de ladrones porque son buenas personas. A lo largo de la historia aprenderá a confiar de nuevo para poder tener una relación con la persona de la que se está enamorando. Ese es uno de los temas de Nacidos de la Bruma. Hay un defecto en la protagonista. Insisto en que el defecto no tiene por qué ser culpa suya. A veces la vida hunde a la gente. Pero es algo en lo que puede trabajar para resolverlo.

Para mí el concepto de «limitación» es distinto al de «defecto», tanto en personajes como en sistemas de magia. La limitación de la alomancia es que se puede empujar y tirar solo en dirección a uno mismo, hacia o desde su centro de masas. La narrativa podría llevar a pensar que los personajes deben encontrar una forma de resolver ese problema, pero en realidad es una limitación que tiene la magia, sin más. Se tiene en cuenta a la hora de usarla, pero no se intenta arreglar.

A la hora de caracterizar un personaje, una limitación podría ser que nació con un solo brazo. Podría imaginarse una narrativa en la que el personaje emprende una misión para obtener un brazo robótico o lo que sea, pero la mayoría consistirá en que, si el personaje quiere jugar en la liga nacional de fútbol americano, tiene que aprender a hacerlo con esa limitación. No hay nada que arreglar. No es que vaya a crecerle otro brazo si es mejor persona. El tema de la narrativa no es ese. Es que alguien con una desventaja debe evolucionar con esa desventaja para lograr lo que se propone.

Y nos queda el coste. El coste no se traslada tan bien a la caracterización de personajes, pero siempre podéis pensar qué coste tendrán los actos del personaje en términos emocionales, físicos y mentales. Podéis establecer de antemano que, si vuestro personaje toma tal decisión, le resultará muy difícil y le costará algo, y eso crea una tensión muy satisfactoria.

Del mismo modo, al crear sistemas de magia siempre es buena idea que os preguntéis cuál será el coste de esa magia. Por ejemplo, un coste muy elevado sería que un pariente muriera cada vez que se usa la magia. Podéis modularlo según lo poco o mucho que queráis que se emplee la magia y según el papel que queráis darle a ese coste en vuestra historia. En muchos sistemas de magia, uno de los costes equivale a las balas para un pistolero, y no pasa nada por hacerlo así. La magia exige emplear un recurso concreto, y el personaje se quedará sin él en el momento que lo pida el dramatismo de la historia. Es un tipo de coste muy común para la magia, y yo mismo lo uso en El Archivo de las Tormentas.

Ese tipo de coste es muy versátil, porque proporciona tensión narrativa, pero también permite establecer una relación muy interesante con la economía, a la que podéis añadir una dimensión social si la escasez del recurso hace que los ricos puedan permitirse utilizar más la magia. Además, ofrece un motivo legítimo si queréis contar la segunda historia, la de que el personaje se queda sin poderes. Ya no tenéis que inventaros una razón por la que no los tiene: les negáis el recurso, y entonces el hecho de obtener ese recurso puede formar parte de la trama si establecemos una promesa: «Si conseguimos el combustible para la magia, podremos resolver el problema». Por supuesto, lo normal en estos casos es que estéis contando una historia distinta sobre el personaje, y la obtención del recurso sea solo un artificio para hacer avanzar esa trama. Podéis hacer de todo con ese coste tan simple.

Pero también se os pueden ocurrir unos costes muy estrictos, que se conviertan en historias fascinantes por sí mismas. El personaje puede pedir tres deseos y se le concederán todos, pero se torcerán de alguna manera espantosa: ahí tenéis una magia con un coste muy alto que os llevará a una historia de horror. Podéis modificar el coste según la dirección que pretendáis dar a vuestra historia.

Resumiendo, muchas veces vuestra trama se apoyará mucho en los defectos, las limitaciones y los costes, ya sea con vuestros personajes o en el sistema de magia.

Preguntas y respuestas

ESTUDIANTE: *¿Cómo se construye una historia a partir de una limitación, de algo en lo que no se es lo bastante bueno o de lo que no se tiene lo suficiente?*
BRANDON SANDERSON: Depende de la clase de historia que quieras contar y del arco en el que esté el protagonista. Si su arco de personaje consiste en que tiene que mejorar en algo, o comprender algo, yo lo considero un defecto, no una limitación. En un libro lo estructuro así: si el personaje logra hacer A, B y C, entonces superará esa ignorancia o ese defecto y logrará triunfar. Es lo que hace la trilogía original de Star Wars. Luke se presenta a luchar contra Darth Vader, y ¿qué le ocurre? Que pierde la mano y su mundo entero se

va al traste. Así que, tras la gran revelación, entrena un poco más para volver a enfrentarse a Vader, pero no solo con la espada, sino de una manera que aproveche esa revelación. La tercera película funciona tan bien porque Luke ha superado un defecto al comprender que no ganará esa batalla atizando a Darth Vader con el sable láser.

Pero no tener suficiente de algo podría ser una limitación de la historia. Yo la utilicé en *El Rithmatista*. En esa ambientación hay personas que tienen magia y otras que no, y el protagonista es alguien que adora la magia pero no puede usarla. El marco de la historia es el siguiente: «No obtendrás la magia, porque, por desgracia, la vida es injusta y la gente a la que algo se le daría de maravilla a veces no nace con las circunstancias privilegiadas que le permiten usarlo, como te pasó a ti. Así que busquemos una manera satisfactoria de que vivas con esa limitación». No es el relato de un personaje sobreponiéndose a un defecto, sino conviviendo con una limitación.

Esas dos historias tienen unos puntos culminantes muy distintos, aunque a grandes rasgos traten de lo mismo. La cuestión es cuál queréis que sea el recorrido de vuestro personaje, qué aspecto queréis que tenga ese punto culminante, qué sensación queréis que genere: vuestro momento de levantarse y aplaudir o vuestro momento de sentarse y llorar.

ESTUDIANTE: *¿Qué te parece el hecho de utilizar costes bajos para darle alguna rareza a un personaje? Por ejemplo, sabemos que Luke puede usar la Fuerza, pero supongamos que le añadimos que no pierde nunca cuando juega a ese ajedrez espacial.*
BRANDON SANDERSON: En efecto, uno puede dar a alguien un poder que no tenga muchos costes ni limitaciones, sino que esté solo por diversión. Depende sobre todo de lo que pretendas con ello; el ejemplo se decantaría hacia el sentido

de la maravilla. Estarías utilizando ese poder para caracterizar, con el objetivo de provocar humor y emoción, no orientándolo a la resolución de problemas. En ese caso, estupendo.

Podría ser un quebradero de cabeza si luego tu trama incluye un gran torneo de ajedrez espacial y Luke no es la persona a quien eligen para participar en él. A veces la gente da poderes estrambóticos a los personajes y después, a medida que progresa la historia, el lector se pregunta cada vez más: «¿Por qué no los llevaron las águilas gigantes hasta...?». En *El señor de los anillos* se explica, pero el hecho de que tanta gente lo pregunte significa que los argumentos no están presentados de manera satisfactoria. Sabemos que conocer a las águilas es una rareza de Gandalf, establecida para provocar sentido de la maravilla, pero entonces se cruza con la trama de los libros y es cuando la gente levanta la ceja. Podrías topar con ese problema.

ESTUDIANTE: *¿Qué defectos tenías tú que te hicieran mejor escritor?*
BRANDON SANDERSON: Es una muy buena pregunta, porque buscar defectos y limitaciones en uno mismo ayuda mucho a comprenderlos. Como escritor, creo que uno de mis mayores puntos fuertes era también uno de mis peores defectos, como suele ocurrir. De hecho, suele ser buena idea retratar de ese modo a vuestros personajes, haciendo que su principal ventaja sea también un inconveniente. En mi caso, era la capacidad de escribir muy rápido combinada con mi entusiasmo por trabajar en proyectos nuevos.

Durante mis primeros tiempos como escritor, esa capacidad y ese entusiasmo me sirvieron para producir muchos libros y superar deprisa la fase de mala escritura que suelen tener los autores inexpertos. Me permitió experimentar mucho con las historias, porque escribí trece novelas en diez años. Para mí, fue un punto fuerte. Me ayudó a confiar en mí mismo y a tomar impulso.

Pero también fue una desventaja porque no aprendí a revisar. Creo que si no llegué antes a publicar libros fue sobre todo porque me faltaba la habilidad para convertir una historia pasable o buena en una historia estupenda. Es importante adquirirla, sobre todo para quienes destacamos en palabras escritas por minuto, porque, si se adquieren malas costumbres y se mantienen en el tiempo, luego cuesta mucho más abandonarlas. Si escribís una prosa floja, si utilizáis una y otra vez las mismas tres metáforas, si empleáis términos que se han convertido en clichés y redactáis así dos millones de palabras, requerirá mucho esfuerzo dejar de hacerlo.

Cuando me llegaban opiniones de mis lectores sobre un libro que les había enviado, pensaba: «Pues sí que estaba mal la novela. Será mejor que escriba otra nueva que no tenga todos estos problemas». No era la forma correcta de afrontarlo, por supuesto, pero eso no lo aprendí hasta que tuve más experiencia como escritor.

La Tercera Ley de Sanderson

La Tercera Ley de la magia se me ocurrió cuando estaba intentando crear El Archivo de las Tormentas. En 2002, empecé a escribir el primer libro de la saga, *El camino de los reyes*, antes de vender los derechos de *Elantris*, y fracasé. El Archivo de las Tormentas es una historia épica enorme, con un reparto muy numeroso y ambientada en un mundo muy distinto al nuestro. Exige un esfuerzo al lector con la ambientación, en una curva de aprendizaje bastante escarpada. Hay mucha información que transmitir y, para colmo, mi intención era hacer algo gigantesco con montones de personajes.

El primer borrador de *El camino de los reyes* era demasiado explicativo, lleno de volcados de información, y además iniciaba los arcos de muchos personajes y no los terminaba: quizá tuviera unos diez arcos de personaje y solo terminaba el diez por ciento de cada uno, en lugar de escoger a unos pocos personajes y hacer sus arcos completos. En conjunto, era un libro muy poco satisfactorio.

Pero en 2007, un tren de mercancías gigantesco llamado La Rueda del Tiempo se me llevó de pronto a un largo viaje que no tenía planeado. Cambió por completo mi carrera. Así que, después de terminar y entregar *El aliento de los dioses*, la editorial Tor Books me preguntó qué iba a escribir a continuación. Pensé que era el momento de publicar *El camino de los reyes*, si conseguía arreglarlo. Me senté a escribir y empecé a reconstruir toda la ambientación desde cero, intentando que funcionara sin topar con el mismo problema.

La trilogía Nacidos de la Bruma ya estaba publicada, y la gente sabía que tenía tres sistemas de magia. El primer libro se centra en la alomancia, el segundo, en otro sistema que se insinúa en la primera novela, y el último, en una tercera magia que se deja entrever en los dos primeros libros. En cada volumen el lector empieza a conocer la mecánica de cada sistema. A la estructura de la trilogía le vino muy bien profundizar en una magia distinta con cada novela, para que siempre hubiera algo nuevo que explorar. Como os decía, no lo expliqué todo en el primer libro y me reservé algo de sentido de la maravilla para los siguientes.

La gente sabía eso, y conocía la existencia de *El camino de los reyes*. Sabían que iba a ser mi gran historia épica, y que estaba planeada como mi saga más extensa y ambiciosa. Sabían que el borrador original tenía trescientas mil palabras, muchas más que cualquier otro libro mío hasta la fecha, aunque la versión que se publicó casi roza las cuatrocientas mil. Así que en las firmas de libros la gente empezó a preguntarme cuántos sistemas de magia tendría El Archivo de las Tormentas, y yo empecé a responder que iban a ser treinta. Pensaba: «En realidad, sí que voy a desarrollar treinta sistemas mágicos distintos. Tendré diez basados en las diez potencias, y otros diez sistemas para la magia del vacío, y luego un puñado de mecanismos para la ciencia fabrial, que cuentan como otros diez sistemas mágicos». Empecé a dejarme llevar por el entusiasmo de «cuanto más, mejor». Y entonces, cuando volví a trabajar en la ambientación, me di cuenta de que era justamente eso lo que había estropeado la primera versión de *El camino de los reyes*: creer que cuanto más, mejor, lo cual no es cierto.

Hay algunos casos en los que sí, en los que cuanto más, mejor. No es una afirmación que siempre sea cierta, pero tampoco es siempre falsa. Si al lector le gusta un libro, si ya está metido en él, a menudo pensará: «Qué bien que haya mucho más de esto, que me encanta». Si el argumento que intentáis narrar mejora al tener un arco extenso, como en *El camino de los reyes*, entonces sí, cuanto más mejor para ese libro concreto. Pero en general no tiene por qué ser cierto y, de hecho, a la hora de construir mundos, lo normal será que cuanto más, peor.

En consecuencia, la Tercera Ley de Sanderson, que se aplicaría también a la ambientación además de a la magia, dice así:

> Antes de añadir algo nuevo, procura ampliar lo que ya tienes.

Hay una serie de videojuegos llamada The Elder Scrolls que me encanta. Sus entregas tienen unos escenarios inmensos que los jugadores pueden recorrer a su antojo, por lo que es muy frecuente que dejen comentarios en foros y reseñas exhaustivas. El primero de la saga al que jugué se llamaba

Daggerfall, y la gente me decía: «Tienes que jugar a esto, porque hay como unas diez mil mazmorras distintas que explorar». Al programar *Daggerfall* utilizaron un algoritmo que generaba esas diez mil localizaciones distintas que podías explorar. Y al jugar, me di cuenta de que estaban hechas a partir de una cantidad bastante limitada de recursos, pero combinados de muchas formas distintas para crear esas diez mil mazmorras. Una de las principales críticas que hacía la gente al juego era que parecía un «océano con una profundidad de un centímetro».

En el juego más reciente, *Skyrim*, intentaron arreglarlo apartándose un poco de la generación algorítmica y poniendo mucha atención al detalle en algunas mazmorras, sobre todo en las que era más probable que entraran los jugadores, con la intención de hacerlas interesantes y atractivas. Y en efecto, el hecho de que un juego tenga diez localizaciones muy bien hechas resultó mejor, para la mayoría de los jugadores, que tener diez mil que, a grandes rasgos, eran siempre más de lo mismo.

Eso es lo que os pasará con vuestros sistemas de magia y vuestras ambientaciones si empezáis a pensar: «Sanderson está escribiendo una decalogía de fantasía épica que tiene todo este montón de cosas. Por tanto, si quiero escribir fantasía épica, tendría que crear de antemano todos los idiomas que existen en mi ambientación. Debería tener clara la historia remontándome a diez milenios, construir todos los sistemas religiosos, gubernamentales y mágicos, y además... Necesito tener diez doctorados para escribir esta novela». No es necesariamente mejor hacerlo así. Por supuesto, tener conocimientos en un área y aplicarlos a un libro es bueno, y añadir variedad a la novela puede ser conveniente. Pero la mayoría de los lectores se acoplará mejor a una sola idea muy bien desarrollada que a cien ideas que apenas se mencionan.

Para la versión publicada de *El camino de los reyes*, en

lugar de intentar llevar diez arcos de personaje distintos hasta el diez por ciento, lo que hice fue elegir tres (los de Dalinar, Kaladin y Shallan) y contar un buen fragmento de sus historias. Solo con eso, el libro ya quedó mucho mejor. Me centré en esos tres personajes y dejé ganchos interesantes para los demás, que tendrán sus propios libros en algún momento, pero procuré que esa primera novela fuese sobre Kaladin en más del cincuenta por ciento; intenté contar su historia tan bien como pude, y que Dalinar y Shallan estuvieran lo bastante presentes para interesar al lector, porque tendrían sus propios arcos más extensos en el segundo y el tercer libro. Y así funcionó bien.

En muchos casos, deberíais aplicar esa misma lógica al crear vuestra ambientación. En vez de agobiaros por todo lo que tenéis que hacer, pensad: «Me interesa mucho la religión. Podría crear tres religiones fascinantes que procedan de un mismo origen, igual que el cristianismo, el judaísmo y el islam se ramificaron a partir de una misma teología nuclear hace mucho tiempo. Hacerlo así me permite explorar bien la relación entre esos tres credos, ver las distintas perspectivas que tienen más a fondo y quizá relacionarlos con la magia del mundo». Ese libro será mejor que una novela con cincuenta religiones distintas, para demostrar lo diversa e interesante que es y lo mucho que gustará. La novela con las tres religiones bien hechas será casi siempre mejor.

La idea es aprender a profundizar en un concepto y explorar sus distintas ramificaciones, en lugar de limitarnos a meter todo lo que se os ocurra en un libro. Esto es muy importante en la fantasía y la ciencia ficción, porque el público acude al género atraído por la construcción de mundos, para dejarse transportar a un lugar distinto. Así que es muy habitual que el escritor piense: «Os llevaré a un lugar distinto con todas estas cosas raras», pero que luego no ofrezca al lector nada a lo que agarrarse que sea realmente interesante, que represente un problema o un gancho atractivo. Lo más crucial es que la ambientación incluya ese problema o ese gancho atractivo.

Si estáis escribiendo una saga extensa de fantasía épica, lo más probable es que tengáis que hacer eso varias veces, y sin duda os tocará aprender una habilidad que se conoce como la teoría del iceberg en la construcción de mundos. Cuando empezaba a escribir, escuché a muchos autores dando charlas sobre la idea de que crear una ambientación era como un iceberg. Tenéis la superficie del agua, tenéis la punta del iceberg que asoma y luego está la enorme parte sumergida de la ambientación que habéis creado, la que el lector debería intuir que existe pero que no le mostraréis sobre el papel.

En general, como escritores, no haréis eso. Permitidme retirar el velo y enseñaros dónde está el truco. En la mayoría de los casos, lo que hay bajo el agua es un iceberg hueco. El autor ha hecho el trabajo suficiente para que, si alguien se asoma desde la superficie, diga: «Pues sí, hay mucho más hielo ahí abajo». En la vida real volcaría, así que tendríamos que ponerle un fondo de acero o algo por el estilo. Pero eso es lo que se hace en realidad, porque, a menos que seáis el abuelo Tolkien y podáis dedicar veinte años y una licenciatura en Filología a crear una ambientación —lo cual no tiene nada de malo, y me parecería estupendo si es lo que queréis—, el sector editorial actual os exigirá que publiquéis un libro cada pocos años. No tenéis tiempo para dedicaros a crear icebergs. Así que lo que se hace en vez de eso es aprender a fingir que existen.

Escribir novelas se parece un poco a ser un prestidigitador. Si queréis sorprender a la gente con giros argumentales, tenéis que lograr que presten atención a una mano mientras les vais suministrando poco a poco la información que necesitan para, al final, poder darles un puñetazo en la cara con la otra. Al crear una ambientación, solo estableceréis lo que sea absolutamente necesario para la trama, la parte del iceberg que se ve sobre el agua. Insinuaréis que lo demás está ahí, para que el lector piense: «Sí, está desarrollado al completo. El autor lo tiene todo en la cabeza. Puedo fiarme y disfrutar de este mundo». Muchas veces, basta con dejar caer que hay cosas que otra gente sabe, pero los protagonistas no. O con tener unos pocos detalles bien claros para que el lector dé por supuesto que también tienes claro todo lo demás. O con hacer algo muy bien y que se note lo bien hecho que está, para que el lector crea que todo el resto también está bien hecho cuando le digas que tienes la historia del mundo detallada a lo largo de diez milenios, pero no es necesario que la sepa toda porque se aburriría. Así el lector piensa: «Pues sí, gracias; me alegro de que hicieras todo ese trabajo». Pero, en realidad, no tienes nada hecho. En el próximo capítulo, hablaremos de los métodos para lograrlo.

La Ley Cero de Sanderson

No es necesario que nos extendamos mucho sobre esta Ley Cero de Sanderson, pero sí os contaré que se me ocurrió al preguntarme con qué frecuencia nacen mis novelas a partir de estas leyes de la magia. Y la respuesta es que muy pocas veces. En general, para mí las tres Leyes de Sanderson tienen más que ver con la creación del esquema para una trama, con mi manera de hacer las revisiones y de escribir la novela. En cambio, la Ley Cero de Sanderson sí que es donde empiezan las historias. Dice así:

Decantaos siempre por lo impresionante.

La establecí porque quería ser sincero conmigo mismo a la hora de definir de dónde procede la mayoría de mis ideas. Por ejemplo, ¿de dónde salió *El camino de los reyes*? No empezó a partir de nada de lo que hemos visto, sino porque quería contar una historia con exoesqueletos blindados mágicos. Hubo muchos otros hilos que se enhebraron para escribir el libro, pero el principal fue: «Quiero exoesqueletos blindados en un libro de fantasía. ¿Cómo puedo hacerlo? En realidad, las espadas mágicas gigantescas son fascinantes, pero no tienen mucho sentido narrativo en casi ninguna ambientación». Ahí es donde suelo empezar, en la idea espectacular, y luego desarrollo hacia atrás.

Recordad que el objetivo es crear una gran historia, y eso es cosa vuestra. Si estas normas os ayudan a hacerlo, estupendo, y me alegraré de haberlas compartido con vosotros. Si no, tiradlas a la basura.

6

Cómo crear un mundo

Si estáis leyendo este manual de escritura creativa de entre todos los que existen, probablemente sea por la parte de la ambientación en la ciencia ficción y fantasía. En mi opinión, la literatura especulativa tiene una contradicción muy extraña, por lo menos en cuanto a su escritura: la ambientación nos define como autores de ciencia ficción y fantasía —y a nuestras obras como libros de esos dos géneros—, y al mismo tiempo es el aspecto menos relevante de las historias que contamos. Suena extraño, pero creo que es así en la mayoría de los casos.

En general, si tenéis una novela con un mundo perfectamente construido pero unos personajes y una trama que fallan, o incluso si falla solo uno de los dos elementos, la historia será peor que otra con unos buenos personajes y una gran trama pero una ambientación floja. Por eso —de entre los tres grandes aspectos que componen nuestras historias: la ambientación, la trama y los personajes—, la mejor inversión de tiempo consiste en aprender a crear personajes interesantes y cautivadores; la segunda prioridad es aprender a construir una trama que atrape al lector, y la tercera es mejorar vuestra capacidad de crear una buena ambientación.

Lo ideal sería aprender a hacer las tres cosas. Sin embargo, creo que los autores de ciencia ficción y fantasía tienden a caer en lo que podríamos llamar la «dolencia del constructor de mundos». Sucede cuando alguien se queda tan absorto creando la ambientación de una historia, que nunca deja de desarrollarla para empezar a escribir dicha historia. Y en caso de que la empiece, ha dedicado tanto tiempo a crear un mundo maravilloso que quiere llenar hasta el último rincón de la historia con elementos de ese mundo y, al hacerlo, empeora la historia que en realidad está narrando.

No me malinterpretéis: la ambientación sigue siendo importante y tener un buen escenario beneficiará a vuestra historia, pero aun así me gusta hacer esta advertencia cuando hablo sobre la construcción de mundos.

La ambientación al servicio de la historia

Veamos algunas formas de utilizar el mundo —es decir, la ambientación que hemos construido— de un modo temático que mejore la historia concreta que queremos contar, haciendo que esa ambientación se convierta en parte integral de la narración y no sea una sucesión de carteles que uno mira de camino hacia la verdadera historia. Hay que evitar que eso suceda.

Empezaremos por los volcados de información, por las formas de transmitir datos al lector sobre un mundo de ciencia ficción o fantasía. Suelo afirmar que, a diferencia de otros géneros, lo más importante que uno debe aprender a la hora de escribir ficción especulativa es la habilidad para hacer llegar la información sobre el mundo en que transcurre la novela de un modo interesante, que no aburra. Son trucos que hay que conocer en la literatura de género. Cuando un escritor domina esa transmisión de información, no es que compense unos personajes o una historia deficientes, pero sí facilita mucho que su obra sea aceptada por un agente literario y llegue a manos de un editor. (O, si opta por la autopublicación, hace que el lector quiera seguir con otro capítulo después de leer el primero). Así que debéis aseguraros de que estáis explicando bien vuestro mundo sin aburrir.

Es difícil hacerlo, así que voy a recomendaros un par de trucos. El primero es pensar siempre que la construcción de vuestro mundo está al servicio de la historia que contáis y de la creación de unos buenos personajes. Os interesa encontrar la forma de transmitir los datos sobre la ambientación a través de los ojos de vuestros personajes, de un modo que ejemplifique quiénes son. La intención de toda frase o todo párrafo que empleéis para hacerlo debe ser en realidad facilitar al lector más información sobre el personaje, y, casi como efecto secundario, hablar de la ambientación.

Dicho con una metáfora: mi esposa solía tener problemas para que nuestros hijos comieran verdura. ¡Sé que es algo rarísimo, que son solo mis hijos quienes hacen ascos a la verdura! Pero entonces Emily se dio cuenta de que a nuestros tres hijos les gustaba tomar batido de fruta con el desayuno y de que, como a tantos niños pequeños, les encantaban las cosas con pinta asquerosa. Así que enloquecieron cuando su madre decidió poner un poco de espinacas en la licuadora para que el batido saliera verde. Decían: «¡Pero qué asco, si parece moco! ¡Ñam!». Nuestros hijos son así. «¡Anda, es pringue radiactivo! ¡Ñam!». Y la manera de conseguirlo fue añadir un puñado de espinacas.

Así es como os interesa hacer llegar la ambientación a vuestros lectores. Queréis que vayan comprendiendo vuestro mundo mientras piensan: «Qué fascinantes son esta historia y estos personajes. Ah, y por cierto, ahora sé un montón de cosas sobre Hogwarts». Queréis transmitir así vuestra ambientación, evitando sobre todo las entradas de enciclopedia.

En el pasado, muchas obras de literatura fantástica —también de ciencia ficción, pero sobre todo de fantasía— empezaban con una entrada de enciclopedia, y no precisamente bien disimulada. Abrías el libro y lo primero que encontrabas era la mitología del mundo de turno. Eso viene a ser un montón de espinacas o de brócoli arrojado a la cara del lector, a quien le estáis diciendo que tendrá que saber quiénes son todos esos dioses, así que allá va una especie de ensayo aburrido sobre la historia y las tradiciones de ese mundo antes de que empiece el libro. A veces las entradas de enciclopedia eran literales, al principio o al final del libro. Tolkien, por ejemplo, escribía muchísimas entradas de enciclopedia. A mí me encanta su obra, y podemos perdonárselo porque inventó todo un nuevo subgénero y lo hacía mejor que nadie, pero escribía muchas entradas de enciclopedia. Como si no pudiera meter todo lo que sabía sobre la Tierra Media dentro de la narrativa, y tuviera que presentarlo en forma de enciclopedia. Y eso es justo lo que queréis evitar.

Existen varias soluciones. Una es pasar una parte de esas explicaciones al diálogo. Sin embargo, al hacerlo podéis topar con un problema llamado «conversación de doncella y mayordomo». El nombre procede de las obras teatrales antiguas que empezaban con la doncella y el mayordomo saliendo al escenario y hablando en este estilo: «Como bien sabes, el señor pasará fuera el fin de semana». Y la otra persona respondía: «Sí, y como bien sabes tú, la señora está intimando mucho con el cochero». En otras palabras, se cuentan cosas que ambos ya saben. Os recomiendo que evitéis siempre la conversación de doncella y mayordomo, porque queda muy forzada y da la sensación de que los personajes no actúan según sus propias motivaciones, sino en favor del interés del autor por transmitir cierta información y hacer que avance la trama.

Por otro lado, al trasladar la información al diálogo entre personajes, es preferible ofrecer menos de lo que creéis que necesita el lector. Una de las lecciones más valiosas que aprendí como estudiante de posgrado no me la enseñó ningún profesor, sino otro alumno. Me habló de la llamada «pirámide de abstracción». Consiste en imaginar las descripciones que escribís como una pirámide, y el objetivo es construir una buena base para esa pirámide, de modo que afiance al lector en la historia. Así, cuando empecéis a hablar de conceptos más abstractos, es más fácil entrar un momento en la cabeza de un personaje y que empiece a hacer lo que llamamos «mirarse el ombligo»; es decir, ponerse a meditar del estilo: «Vaya, hombre, tengo un montón de problemas, así que voy a enunciarlos uno por uno para que tú, lector, seas consciente de que soy consciente de que los tengo».

Siempre que hagáis algo así, sacaréis al lector de la historia porque se dará cada vez más cuenta de que el escritor pretende algo con ello. Aunque parezca contraintuitivo, cuanto más hagáis que un personaje filosofe sobre la naturaleza del arte, por ejemplo, más conseguiréis que el lector piense: «Esto es el autor soltándome un discurso, no el personaje preocupado por sus cosas». Pero querréis incluir meditaciones de este estilo en vuestras historias, así que lo compensaréis si os preocupáis de que lo abstracto sea solo la cima de una pirámide. Os habréis ganado el derecho a añadirlo a la construcción estableciendo sus cimientos con lenguaje concreto, de modo que el lector esté bien enraizado en vuestro mundo, en un lugar y un momento muy sólidos. Así, cuando el personaje esté paseando y se ponga a hablar sobre la naturaleza del arte con otra persona, el lector lo imaginará caminando por una calle de ese lugar que ya le habéis pintado con todo detalle y no se os perderá en el éter.

Esto vale también para explicar la ambientación. Cuando hacéis que un personaje diga: «Bueno, la magia funciona así», estáis entrando en lo abstracto. Eso es el brócoli, las espinacas, así que antes os interesa tener bien asentadas las partes más concretas de la ambientación.

¿Cómo saber cuán abstracto o concreto es algo? ¿A qué altura de la pirámide se situaría? Mi amigo me lo explicó muy bien con el ejemplo del amor y el perro. Si hablamos del amor, este ocuparía un lugar bastante alto de la pirámide, en la parte de lo más abstracto. Podemos bajarlo un poco hablando de lo que significa el amor para una persona concreta, describiendo sus emociones. Pero, aun así, estaría bastante cerca de la punta. ¿Y a qué altura nos situaríamos si el personaje viese un perro? Contra lo que pueda pensarse de entrada, el perro estaría más o menos a la misma altura. Mi amigo argumentaba que el perro está por encima del amor como abstracción, porque ¿cuántos de nosotros imaginaríamos al mismo perro cuando leemos que un personaje ha visto a uno? Casi nadie. En cambio, al imaginar el amor, casi todo el mundo piensa más o menos igual, porque ha experimentado algo parecido. Si en lugar de dejarlo en «perro» explicáis que es un cachorrito blanco y desaliñado, al que le falta una pata y yace gimoteando a un lado de la calle en un charco, salpicado de fango por un carruaje que pasa cerca, entonces todo el mundo se imagina un perro muy similar. Y eso nos lleva hacia abajo, hacia lo concreto.

Aquí hay una lección importante: abajo no siempre es mejor. Al hablar de escritura, os habréis encontrado con el concepto de «mostrar, no decir». Se ha convertido en un mantra, hasta el punto de que siempre que falla algo en una historia, la gente opina que es porque el autor ha dicho demasiado en vez de mostrar lo suficiente. Muchas veces es verdad. Pero el «mostrar, no decir» tampoco es una regla de oro a la que ceñirse a toda costa, porque muy a menudo mostrar más y bajar en la pirámide de abstracción requiere más palabras. En general, cuantas más palabras empleéis, más concretas podréis hacer las descripciones.

Si comprendemos bien el modelo de la pirámide de abstracción, lo interesante es aprender cómo usar esas palabras adicionales para descender hacia la base concreta, en lugar de emplear palabras sin significado. Si analizáis vuestros escritos, veréis que estáis utilizando muchísimas palabras sin significado. A mí suele pasarme en los primeros borradores. Descubriréis que estáis haciendo lo que se llama «decir y luego mostrar». Por ejemplo, un párrafo puede empezar afirmando: «Era una persona muy nerviosa», y a continuación describir al personaje sentado a una mesa dándole golpecitos con el boli y moviendo el talón contra el suelo. Eso es «decir y luego mostrar», y lo normal es que baste con mostrar: no es necesario afirmar lo que se mostrará de inmediato. Hay ejemplos similares incluso en libros publicados, cuando al autor se le ha escapado alguna de esas frases y no se ha eliminado.

Existen trucos para pulir esos primeros borradores y a la vez descender en la pirámide de abstracción. Muchos escritores recomiendan eliminar todas las apariciones de «de repente» o «de pronto»: afirman que no es necesario resaltar que algo ocurre súbitamente, porque ya está ocurriendo y ya es súbito. Aun así, a mí me gusta dejar algún «de pronto», porque son marcadores bien conocidos para el lector. Por ese mismo motivo nos animan a reducir la voz pasiva y los adverbios: es decir, los descriptores que en realidad no nos hacen descender en la pirámide de abstracción. Descubriréis que, con mucha frecuencia, usáis demasiados «muy» y decís «estaba muy enfadado» en vez de «estaba iracundo». «Iracundo» está más abajo que «muy enfadado», y además son menos palabras. Casi siempre que podáis descender empleando menos palabras, os interesará hacer el cambio.

También querréis eliminar esas frases que en realidad no dicen nada o que rebosan modificadores que no aportan significado, como «un poco». Yo no dejo de cargarme apariciones de «un poco» cuando hago revisiones a mis textos. No necesito decir que alguien tropieza un poco. Un tropiezo es una pequeña caída, así que el «un poco» ya va implícito en la palabra. Es un modificador que no necesito, pero que uso a todas horas. Al revisar encontraréis muchos detalles como este, que podéis eliminar sin ningún coste en términos de ascender o descender por la pirámide de abstracción, y también posibles cambios que os lleven hacia abajo. Si aprendéis a hacerlo, empezaréis a afianzar de verdad al lector en un mundo que da una sensación muy real.

Dan Wells, un buen amigo mío, siempre aconseja que para que el lector se crea las cosas importantes (como que hay un gran problema en el sistema político), es conveniente describir algo pequeño pero muy concreto, que impacte a los personajes de forma que el lector lo comprenda perfectamente. Decir que la Cantina de Mos Eisley, en Star Wars, es un antro de escoria y villanía no es ni por asomo tan útil como hacer que dos clientes aleatorios decidan acosar a Luke y haya que salvarlo de la muerte amputándole una mano. Implicar al lector con escenas como esa, mostrarle las ideas que uno quiere y descender en la pirámide de abstracción es un buen comienzo para cimentar la construcción del mundo en que transcurre la novela.

Si empezáis a hacerlo, veréis que os queda más espacio en la historia para incluir, aquí y allá, más detalles de la ambientación. Por eso casi siempre es mejor arrancar el relato con el personaje protagonista en una situación en la que quiere algo, aunque no esté relacionada con la trama principal. Le falta algo y el lector lo ve trabajando de manera activa para obtenerlo. Y en esa escena solo explicaremos los detalles del mundo que sean necesarios para esos actos del personaje, de modo que la narrativa atrape al lector y lo sitúe en una situación concreta del mundo antes de empezar a proporcionarle más datos sobre la ambientación.

Estas cosas funcionan de forma distinta según la historia que estéis contando. En *El Imperio Final*, por ejemplo, lo hice justo así: la novela empieza con la intención de asentar al lector en el mundo. La primera vez que un protagonista usa la magia en serio, corto antes y no llega a verse la escena. No está en el libro porque necesitaría volcar al lector una tonelada de información sobre el mundo, y funciona mucho mejor si la reservo para cuando el lector ya esté más metido en la ambientación y conozca a los personajes.

En cambio, en *El camino de los reyes* lo solté todo en uno de los prólogos. ¿Por qué lo hice así? Bueno, porque entendía que ya tenía un público establecido y motivado para leer sobre un sistema de magia interesante. También sabía que solo debería explicar uno de los muchos tipos de magia que iba a incluir en la saga, y que me convenía empezar esa historia con una escena dinámica que prometiera hacia dónde discurriría el arco de un personaje. Así que, en ese caso, tomé la decisión de que un personaje usara la magia desde el principio.

Pero eso aumenta la pendiente de la curva de aprendizaje, y corres el riesgo de que alguien se aburra al empezar la novela y la abandone. De hecho, si leéis reseñas de *El camino de los reyes*, muchas de las críticas negativas recalcan que había demasiada curva de aprendizaje y que, por tanto, no logré enganchar al lector enseguida con los personajes porque me entretuve con detalles de la ambientación. Fue un riesgo que estuve dispuesto a asumir para esa historia en concreto, pero siempre tiene un coste.

Así que aprended a hacer la narración más concreta; a transmitir vuestro mundo a través de los ojos de los personajes. En esto Robert Jordan era un genio. Cuando un personaje entra en una sala y ve un vaso de agua en una mesa, su forma de describir ese vaso puede decir mucho sobre su cultura, su historia y sobre su propia identidad. Si lográis hablar de un vaso de agua de un modo que transmita más ambientación sobre una cultura que los tres párrafos de entrada de enciclopedia que escribiría casi cualquier otro autor, estaréis empezando a dominar el gran arte de escribir ciencia ficción y fantasía.

Preguntas y respuestas

ESTUDIANTE: *¿Dirías que una forma de saber si es conveniente empezar una historia explicando la ambientación es que la escena sea al menos tan emocionante como expositiva?*

BRANDON SANDERSON: Sí, es mucho más fácil hacerlo si se cumple esa condición. Diría que en una novela de fantasía no suele ser mala idea empezar con la magia, siempre que pueda hacerse a través de los ojos de un personaje que pretenda cumplir un objetivo y que esté ocupado en algo intrínseco de la magia. Muchos grandes libros de fantasía empiezan así. Puede haber un problema en la magia, o bien algún obstáculo que el personaje necesite superar, y así el lector lo ve usando sus poderes de una forma sencilla y fácilmente comprensible, que evidencia que hay un mundo entero más allá. La descripción que se haga en esa escena de una parte limitada de la magia sugerirá al lector que tiene un mundo más grande que explorar, pero que es mejor que, antes que nada, domine esa parte. En efecto, puede ser una manera estupenda de iniciar la historia.

Pero insisto en que intentéis mantener el texto centrado en las motivaciones del personaje, que es lo que casi siempre funciona mejor. Línea de ambientación, motivación del personaje, descripción concreta y adelante. Esa es la razón por la que en las novelas de fantasía se ve tan a menudo a personajes del tipo Watson, aprendices: gente que no está familiarizada con la ambientación y necesita que se la expliquen mientras intentan resolver algún tipo de problema en el mundo. Eso permite al autor ir dosificando la información poco a poco y también recurrir al recurso de «iluminar el hueco», una expresión teatral que significa hacer que los personajes resalten alguna inconsistencia para que el espectador sea consciente de que es voluntaria por parte del guionista. En nuestro caso, consistiría en que el personaje diga que no entiende algo y le respondan: «No hay tiempo para explicaciones, pero esto es lo que necesitas saber ahora mismo». Funciona muy bien.

Ese es el motivo de que las tramas de aprendizaje se hicieran tan ubicuas en las novelas de fantasía durante la década de 1980. En las más importantes siempre había un personaje joven que descubría un mundo fantástico e iba conociéndolo paso a paso gracias a algún maestro anciano, para que el lector pudiera seguir su mismo camino. Es un tipo de trama que puede volverse repetitiva si se lee demasiadas veces, así que al cambiar la década llegó una explosión de obras que no la usaban, como *Juego de tronos*, y optaban por meter al lector en la historia sin miramientos: ingéniatelas como puedas, porque allá vamos.

En realidad, la saga de Harry Potter no podría ejemplificar un regreso a las tramas de aprendizaje, porque las fantasías de portal siempre serán muy populares en la literatura infantil. Empezaron con *Alicia en el país de las maravillas* y llegaron hasta Las Crónicas de Narnia, y de ahí a Harry Potter, y triunfan porque en ellas se da por sentada la existencia del personaje del tipo Watson, el protagonista que acompaña al lector en su exploración de un mundo de fantasía.

En general, cuanta más edad tenga el público objetivo de una novela, más podréis permitiros que la curva de aprendizaje sea algo escarpada. En una novela infantil tendrá que ser muy suave, en narrativa juvenil es posible inclinarla un poco y, si escribís para adultos, podéis llegar al extremo de que sea un muro al estilo de Steven Erikson, prometiendo al lector que, si logra escalarla dejándose las uñas, luego le encantará. Pero incluso escribiendo novela para adultos, en muchas ocasiones y por diversos motivos preferiréis que la curva de aprendizaje apenas tenga pendiente.

ESTUDIANTE: *¿Cómo recomendarías presentar la magia o el mundo mediante anotaciones de un diario sin que quede forzado?*

BRANDON SANDERSON: Yo mismo lo hago bastante a menudo. Utilizo esas anotaciones como epígrafes al principio de los capítulos porque así me obligo a mí mismo a dosificar la información poco a poco, permitiéndome de vez en cuando alguna floritura. Suele gustarme, y creo que es bastante efectivo. No obstante, debéis tener en cuenta que habrá un porcentaje de vuestro público que no leerá esas anotaciones. Y, en consecuencia, cualquier mensaje que transmitáis con ellas debería servir solo para reforzar la historia, o en todo caso no debería ser crucial para la trama principal de la novela. No siempre es posible, pero yo os recomiendo que deis por sentado que la gente o bien no leerá esas anotaciones o bien no las recordará. La mayoría sí lo hará, pero no podéis contar con que esa información haya llegado del mismo modo que si estuviera en el texto principal.

Así volvemos a la idea de que la ambientación debe estar al servicio de la historia. Ya sea si os proponéis utilizar epígrafes o canciones como hacía Tolkien, o si queréis que la curva de aprendizaje sea suave o escarpada, al final la cuestión se reduce a definir lo que pretendéis hacer con vuestra historia y a cómo la ambientación puede mejorarla.

Ambientación física y ambientación cultural

Pasemos a la parte práctica, a cómo sentarse y crear una ambientación que funcione y cuya construcción y exposición estén al servicio de la historia. ¿Por dónde empezar? Yo suelo dividir la construcción del mundo en dos categorías generales —la ambientación física y la ambientación cultural—, porque me ayuda tener un punto mental de separación entre los distintos aspectos del mundo que estoy creando.

Para mí, la ambientación física engloba todo lo que existiría incluso si no hubiera seres pensantes en el planeta. Son cosas como los patrones climáticos, la actividad tectónica, el propio mapa físico del mundo, la flora, la fauna; aspectos visuales como el color del cielo, la cosmología y otros mil detalles. Por su parte, la ambientación cultural se refiere a todo lo que aportan esos seres pensantes: religión, gobierno, economía, roles de género, fronteras, moda, alimentación, historia, jerarquías sociales, graduaciones militares, idiomas, acentos, tabúes, saludos, palabrotas... Podríamos seguir hasta cansarnos, porque existe una infinidad de conceptos humanos tan fascinantes y atractivos que podríais pasaros el resto de la vida construyendo un mundo a partir de ellos. Si dedicarais una hora a hacer un listado de todo lo que se os ocurra, luego podríais estar ochenta años construyendo un mundo que detallara todos esos conceptos.

En otras palabras, podríais dedicar décadas y más décadas a ir rellenando ese iceberg de la ambientación que estáis creando para vuestra novela. Pero, siendo realistas, si queréis dedicaros profesionalmente a la ciencia ficción o la fantasía, en mi opinión tendréis que escribir como mínimo un libro cada dos años. Dependerá del subgénero que escribáis y de lo popular que sea vuestra primera novela publicada —lo cual podría permitiros estirar el plazo hasta los diez años o más (y no miro a nadie)—, pero, en general, si queréis labraros una carrera y dedicaros a la literatura a tiempo completo, asumid que más o menos deberíais ser capaces de terminar un libro al año.

Para lograrlo, necesitaréis ser «efectivos» a la hora de construir la ambientación, adjetivo que suele ser sinónimo de «rápidos», aunque no necesariamente. Y eso implica que no podréis detallar para cada libro todos los elementos que habéis incluido en vuestro listado sobre la ambientación. No os quedará más remedio que resaltar unos pocos detalles en cada historia. Yo suelo empezar escogiendo uno de la lista de ambientación física. Por ejemplo, supongamos que decido que mi mundo tendrá un patrón climático muy extraño. Eso afectará a otros elementos de la lista, pero a grandes rasgos lo deduciré todo a partir de ese patrón climático tan inusual e interesante.

A continuación, elijo unos cuantos elementos de la ambientación cultural para centrarme en ellos. En *Elantris* concedí gran importancia a la lingüística, porque estaba muy entrelazada con la magia, así que dediqué el tiempo a plantearme los distintos idiomas que se hablarían en el mundo. En cambio, en Nacidos de la Bruma apenas se menciona la lingüística. Todos los personajes hablan el mismo idioma porque hay un emperador al mando desde hace mil años. Tampoco dediqué mucho tiempo a la historia, ya que pretendía centrarme en el presente, así que desarrollé la situación política actual y di más complejidad a los sistemas de magia.

Si os sirve, podéis imaginar que tenéis una cierta cantidad de puntos para la ambientación, como si estuvierais jugando a un juego de estrategia del tipo *Warhammer* y solo dispusierais de cien puntos para construir vuestro ejército. Cuando superáis la cantidad de puntos asignados, empezáis a perder público porque habéis embutido demasiada ambientación en la novela. La cantidad de puntos disponibles dependerá del subgénero que estéis escribiendo: la fantasía épica deja mucho más margen que la fantasía urbana, por ejemplo. Pero, en todo caso, os interesa utilizar esos puntos en las ideas que vayan a mejorar vuestra historia, es decir, que la hagan más atractiva para el lector. No me refiero a que renunciéis por completo a todos los demás aspectos de la ambientación, sino a que os centréis sobre todo en desarrollar y expandir los más relevantes para la historia. Estaríamos aplicando la Tercera Ley de Sanderson a la ambientación.

De hecho, podría tomarse un solo elemento de cualquiera de las dos listas e improvisar a partir de él hasta el punto de que, haciéndole las suficientes modificaciones interesantes, generaría por sí mismo toda una historia de fantasía. No tenéis por qué hacerlo así, por supuesto, pero esa posibilidad ilustra muy bien el hecho de que no necesitáis desarrollar hasta el último detalle de vuestras listas de elementos de ambientación. Es bueno que seáis conscientes de las distintas opciones que tenéis disponibles, pero creo que es muy importante que escojáis una cantidad limitada de aspectos en los que centrar vuestras historias. El subgénero determinará hasta cierto punto esa cantidad de elementos a desarrollar, pero no olvidéis la Tercera Ley de Sanderson. Casi siempre os funcionará mejor si os centráis en unos pocos que si intentáis explicarlos todos al cinco por ciento.

Volvamos al ejemplo del patrón climático inusual, que es el elemento que elegí desarrollar en El Archivo de las Tormentas, con la alta tormenta de Roshar. Al estar escribiendo fantasía épica, tenía que dedicar muchos puntos a la ambientación, pero me concentré en ese aspecto de la parte física: en Roshar hay un huracán mágico que recorre el mundo cada pocos días. Una vez establecido eso, el truco está en interconectarlo. Muchas veces, elegir una idea y entrelazarla con todo el resto de la ambientación es la mejor forma de crear un buen mundo para una novela de ciencia ficción o fantasía épica. Es evidente que ese patrón climático influirá en la flora y la fauna, pero estamos invirtiendo nuestros puntos de ambientación en la tormenta y en cómo reacciona la sociedad ante ella, así que podemos limitarnos a mencionar algún detalle, como la existencia de una especie animal cuyo ciclo vital está adaptado a esa tormenta. Y entonces el lector piensa: «¡Qué ambientación tan amplia y bien desarrollada!», porque es su imaginación la que expande ese detalle en las direcciones que nos interesan. Si se hace bien, con solo mostrar un leve efecto, un pequeño ejemplo de cómo funciona la ambientación, el lector añadirá mucho más por su cuenta.

El siguiente paso fue enlazar ese patrón climático con la magia, haciendo que mi huracán mágico fuera el origen de la luz tormentosa. La tormenta deposita una energía que puede utilizarse para alimentar la magia. Sin tormenta no hay magia, así que la capacidad de recurrir a la magia tanto como uno quiera dependerá de la frecuencia con que pase la tormenta y de la efectividad con que los personajes puedan aprovechar su energía. Y de pronto, podemos relacionar ese hecho con otros aspectos de la ambientación. ¿Cómo afecta esta idea al sistema de gobierno? ¿Y a la religión o la economía?

Obviamente, tampoco tenéis por qué relacionarlo todo con un solo aspecto de la ambientación. De vez en cuando escojo algún elemento suelto y decido darle una vuelta de tuerca. En El Archivo de las Tormentas fueron los roles de género y los tabúes. Por ejemplo: las mujeres pueden leer, pero los hombres lo tienen prohibido —y eso también se ramifica en cierta medida hacia otras partes de la ambientación, como la tradición militar o la moda—, así que terminé haciendo que el decoro obligue a las mujeres a llevar una mano tapada. Lo hice porque los tabúes me interesan desde que vi que en Corea la gente no enseña la planta del pie, y quise crear un tabú en literatura fantástica. La explicación dentro de mi mundo es que una filósofa afirmó que todas las verdaderas artes femeninas (como la pintura, la escritura o la música) se realizaban usando una sola mano, y con el tiempo se impuso una norma social que reforzaba ese rol de género y que, en la práctica, sirvió para que los hombres eliminaran el cincuenta por ciento de la competencia a la hora de hacerse con una armadura o una hoja esquirlada.

Pero no es tan importante desarrollar hasta el último detalle como crear algo que parezca funcionar en la ambientación que estáis creando. Las explicaciones no son tan relevantes como el objetivo, que es lograr que el mundo de vuestra novela parezca real.

Consistencia interna y consistencia externa

La lógica interna, la consistencia dentro de una historia, suele ser muy importante en casi todos los géneros narrativos. Quizá no en todos —algunas narraciones humorísticas pueden basarse en una lógica interna disparatada—, pero en la mayoría de los casos, os interesará que vuestra historia encaje y sea coherente con sus propias normas. Dicho de otro modo: si en ella un personaje se pone un anillo mágico y se vuelve invisible, el lector debe poder predecir que sucederá lo mismo la próxima vez que se lo ponga.

Es fácil confundir esa consistencia interna con la externa, en la que el autor intenta explicar la ambientación de su obra de un modo que tenga sentido para un lector que comprenda el funcionamiento de la física y las leyes que rigen nuestro universo. Un ejemplo de consistencia externa sería *La Patrulla-X*, los cómics de mutantes de Marvel, cuyos protagonistas tienen poderes gracias a que poseen el gen X. Ese origen de sus poderes (como el factor de curación de Lobezno) es un intento por parte de los guionistas de dar una cierta lógica externa a su obra. Le dice al lector: «Sabes cómo funciona la mutación. A veces se produce y entonces los organismos evolucionan mucho más deprisa». Algunos géneros dependen mucho de que esa consistencia externa funcione, como la ciencia ficción dura. En ella no es necesario que la parte científica de la ambientación sea realista al cien por cien, pero sí requiere que el lector sea capaz de dar un salto lógico entre la ciencia real y la que presenta la novela.

De hecho, una cierta coherencia externa puede ayudar a suspender la incredulidad del lector incluso en los libros de fantasía. Por eso, al crear mis sistemas de magia, que tienden a clasificarse como magia dura, suelo añadir un poco de lógica externa. Por ejemplo: hago que los personajes hablen de algo que el lector sea capaz de identificar como las leyes de la termodinámica si sabe algo de física, e insinúo el agujero en dichas leyes por el que la magia funciona en mi mundo.

El equilibrio entre la consistencia interna y la externa puede ayudarnos a crear un sistema de magia que no parezca serlo (sobre todo teniendo en cuenta las normas de los distintos géneros), y eso solo se logra convenciendo al lector de que así es como funciona el universo. Por ejemplo, el público no suele cuestionar que en los *thrillers* de espías la gente pueda llevar máscaras que les den el aspecto exacto de otra persona. No encaja en la definición estricta de un sistema de magia, pero desde luego es algo muy habitual en ese género. Si en una película de espías nadie ha usado una máscara hasta la mitad del metraje, y entonces alguien se quita una y revela que es otra persona, el público lo acepta aunque la historia no lo haya establecido antes como debería (según la Primera Ley de Sanderson). Y eso es porque el propio género lleva implícitas sus leyes. Del mismo modo, si al final de una novela un vampiro bebe sangre y recupera la energía, la mayoría de los lectores no le pondrán ninguna pega aunque sea la primera vez que se menciona, porque así es como funcionan los vampiros. Viene a ser un sistema de magia que no lo es del todo, sino que juega con las convenciones de un género de forma que los lectores experimentados puedan anticipar lo que ocurrirá sin que eso los saque de la historia.

Sin embargo, la consistencia interna de una ambientación puede entrar en conflicto con la externa. En la mayoría de los casos sucede porque las normas internas contradicen la percepción general entre los lectores sobre cómo funciona el universo. En *Historia de la guerra* de John Keegan, encontré la teoría de que en la antigüedad clásica los caballos aún no estaban entrecruzados para que su lomo resistiera el peso de un jinete, y en parte por eso se utilizaban tanto las cuadrigas. Me encantó la idea de hacer que los caballos tiraran de carros en lugar de cargar con gente a lomos, porque pensé que eso permitiría que hubiera caballos más pequeños. Así que escribí una historia en la que nadie montaba a caballo. En mi grupo de escritura todos dijeron: «Qué tontos... ¿Por qué no se les ocurre probar a subir encima? ¿Cómo puede haber una cultura entera tan estúpida?». Me costó mucho trabajo convencerlos de que era realista que la gente no montara a caballo porque al hacerlo dañarían a los animales. Los lectores tenían metida en la cabeza la idea de que los caballos son animales que se montan y, por tanto, la consistencia interna de mi ambientación, por muy lógica que fuera, incumplía la normativa externa.

Esto me enseñó que, si uno quiere ir en contra de las expectativas de los lectores, hay que dedicar un esfuerzo adicional a la ambientación. En general conviene hacerlo, porque así el autor alcanza un control completo sobre su historia. En mi opinión, la consistencia interna es más importante que la externa, pero hay que tener en cuenta que a veces requerirá exponer pronto una parte de la ambientación, lo cual incrementará la curva de aprendizaje de la narrativa. Un modo práctico de hacerlo es mostrar ejemplos de la consistencia interna en el mundo ficticio que se queden grabados en el cerebro del lector. En el ejemplo de los caballos, sería mejor que alguien subiera a lomos del animal y le hiciera daño que repetir muchas veces, en boca de los personajes, lo que sucede si se monta.

El problema también suele aparecer cuando la ambientación se basa libremente en alguna mitología del mundo real, que en ese caso actúa a modo de consistencia externa. La gente sabe qué son los vampiros: sabe que chupan sangre, que los repelen el ajo y las cruces, etcétera. Pero si los vampiros de vuestra historia no funcionan así, os costará más esfuerzo que el lector renuncie a las expectativas que tiene sobre ellos, e incluso al hacerlo olvidará los conceptos que hayáis introducido a menos que vayáis con mucho cuidado. Y es importante que lo tengáis porque, si estáis haciendo un cambio de este tipo, lo más probable es que sea relevante en vuestra trama. Ese es el motivo de que, en la literatura fantástica, se vean tantos elfos que no lo son del todo ni se llaman elfos. En realidad, son elfos de Tolkien en un noventa y cinco por ciento, pero, como tienen alguna característica muy distinta, el autor opta por cambiarles el nombre para tratar de resaltar esa diferencia.

Preguntas y respuestas

ESTUDIANTE: *¿Como podemos exponer la ambientación lo suficiente para que el lector comprenda el mundo, pero dejando espacio para el misterio y los giros argumentales?*

BRANDON SANDERSON: Una opción para hacerlo es la que yo utilicé en *El Imperio Final*. En él explicaba ciertos aspectos del mundo y de la sociedad a través de los ojos de los personajes de forma que el lector los creyera, para luego revelarle que esos personajes vivían engañados. Dar gato por liebre al lector es peligroso pero también puede ser muy efectivo. Eso se puede conseguir mediante el método teatral de «iluminar el hueco» que hemos visto antes. Es decir, hacer que un personaje diga: «Parece que estas dos cosas no deberían encajar, pero salta a la vista que sí». Es una manera de proporcionar al lector la pista evidente de que ahí está fallando algo.

Muchas veces puede lograrse eso mismo con más sutileza, mostrando dos aspectos de la magia o del mundo que no resuenan bien juntos, hasta el punto de que empieza a notarse una disonancia entre ellas. Así el subconsciente del lector empieza a buscar una explicación a ese hecho y, cuando se le presenta, resulta muy satisfactoria.

Pero en general, una buena forma de dejar un poco de misterio es decir algo así: «Harry, aquí tienes una pequeña parte del mundo que vas a comprender, pero la gente está haciendo muchas otras cosas. Tú estás en el primer año de colegio y vas a aprender estos tres hechizos, así que no te preocupes de nada más». J. K. Rowling equilibra muy bien el sentido de la maravilla con la consistencia interna en las novelas de Harry Potter. No mantiene la consistencia entre los distintos libros —la gente se vuelve loca preguntando: «¿Por qué no utilizan un giratiempo o una poción multijugos para resolver este problema?»—, pero la lógica interna de cada libro suele ser muy sólida. Transmite al lector la impresión de que le están explicando lo suficiente para que los personajes puedan resolver adversidades con la magia, pero sin quitarle todo el misterio.

Para lograrlo conviene centrarse en lo que saben los personajes, enfocar la ambientación desde su perspectiva, que es una gran ventaja cuando se usa el narrador omnisciente limitado. Así el lector ve el mundo a través de los ojos de los personajes y es posible mantener una sensación de grandeza y misterio sin negarles todo el control sobre su situación inmediata.

ESTUDIANTE: *¿Existen formas de disfrazar la magia dura de magia blanda?*

BRANDON SANDERSON: Existen, y además es un procedimiento muy habitual en la literatura fantástica. Es muy importante tener en cuenta que la forma en que el lector se relaciona con cierto elemento de vuestra historia es mucho más relevante que lo que vosotros opinéis sobre ella. Por ejemplo, Anne McCaffrey insistió durante toda su vida en que Los Jinetes de Dragones de Pern es una saga de ciencia ficción, y no de fantasía. Sus libros tenían toda una lógica externa que explicaba al lector cómo funcionaban los dragones. Se esforzó mucho en presentar sus libros como obras de ciencia ficción, pero la inmensa mayoría de sus lectores los consideró literatura fantástica. Lo que experimenta el lector es mucho más importante que todo lo que podáis decir sobre vuestra historia.

Así que, si usáis una magia dura disfrazada de magia blanda, tendréis que tratar el libro como si su ambientación fuera de magia blanda, no dura. Por supuesto, luego podéis hacer una transición interesante proporcionando pistas al lector que lo lleven a explicarse conceptos de magia blanda que al principio le parecían ilógicos, e ir convirtiéndola poco a poco en magia dura.

La serie *Books of Swords* de Fred Saberhagen (divertidísima, por cierto) hace algo así. En ella unos cuantos humanos con tecnología muy avanzada, de ciencia ficción, se hacen pasar por dioses en una sociedad de corte medieval. El lector solo conoce a esos dioses y sus mitologías indirectamente, por relatos que escuchan los protagonistas, y a medida que la serie avanza se va dando cuenta de que hay un motivo por el que esas mitologías le suenan tanto, y es que las supuestas deidades no son más que personajes de ciencia ficción jugando a ser dioses. Aquí tenemos la Tercera Ley de Clarke: «Cualquier tecnología suficientemente avanzada es indistinguible de la magia».

De modo que es posible disfrazar un sistema de magia dura como magia blanda, siempre que uno tenga en cuenta que, en la mayoría de los casos, habrá que tratar el libro como una ambientación de magia blanda porque así es como lo experimentará el lector.

ESTUDIANTE: *¿Cómo se puede hacer que las limitaciones o las debilidades parezcan naturales y no forzadas?*
BRANDON SANDERSON: En un libro, todo es forzado. En la vida real, el funcionamiento de todo se basa en las coincidencias, y cada historia es también una sucesión de casualidades forzadas por el autor. Por una parte no supone un problema, porque hacer que a un personaje le toque la lotería no es ni más ni menos probable que el hecho de que eso suceda en la vida real. A veces ocurre.

Sin embargo, al escribir, sí que da la sensación de que hacer las cosas demasiado fáciles o convenientes provoca que el lector vea la mano del autor. Os interesa que parezca que los sucesos no son casuales, aunque siempre sean arbitrarios y forzados. Para que una debilidad o una limitación no se vea forzada, tendremos que recurrir a cierta medida de consistencia interna o externa. Por ejemplo, supongamos que nos limitamos a decir al lector que Superman pierde los poderes por culpa de una piedra mágica. Si lo dejamos en eso, suena muy forzado. Pero si añadimos que la piedra procede de su mundo natal, en el que Superman no tenía poderes, y que por tanto al acercarse a ella los pierde, ya parece menos forzado. En realidad es exactamente igual de forzado, pero da cierta sensación de no serlo.

Se os pueden ocurrir explicaciones mucho mejores. Por ejemplo, una limitación del Anillo Único es que Sauron puede ver a quien lo usa. ¿Por qué? Porque el propio Sauron lo forjó de modo que hiciera eso. Todos los lectores lo aceptan sin problemas, porque es un motivo válido en el mundo de Tolkien y tiene consistencia interna. Insinúa, además, una consistencia externa, porque sería razonable que cualquiera crease su propio anillo de poder con esa característica. Por tanto, esa limitación en su magia tiene sentido. Si vais a crear vuestro sistema de magia de este modo, intentad jugar con la consistencia y la lógica para darle verosimilitud al libro.

De hecho, es un recurso que también funciona muy bien para incluir varios sistemas de magia dispares en una sola novela. Sin ir más lejos, yo desarrollé la alomancia y la feruquimia por separado, como sistemas mágicos para dos libros distintos. La feruquimia se me ocurrió al recordar mi insomnio cuando iba al instituto. Estaba cansado todo el día y luego intentaba dormir y me quedaba mirando el techo, así que pensé: «Ojalá pudiera acumular la somnolencia en algún tipo de amuleto y luego recuperarla cuando quiero irme a la cama. Además, cuando no quisiera dormir, podría descargar somnolencia en el amuleto y mantenerme despierto. ¡Sería maravilloso!».

Esa idea se convirtió en el sistema de magia al que llamé feruquimia en los libros de Nacidos de la Bruma. Pero cuando iba a añadirlo, pensé que resultaría muy extraño tener esa otra magia en un mundo donde la gente se impulsaba en trozos de metal, que también se comían. ¿Cómo podía hacerlo consistente? La solución fue utilizar el metal como centro temático de las dos magias. Las características como la somnolencia no pueden acumularse en cualquier sustancia:

tiene que ser en metales. Solo debía establecer que los distintos metales tuvieran efectos diferentes en una magia y hacerlos corresponder con efectos análogos en la otra. Y de pronto, daba la impresión de que en los libros había un solo sistema coherente de magia, aunque desarrollé los dos por separado y no parecía que tuvieran nada que ver entre ellos.

En realidad, es una táctica bastante fácil de emplear para construir sistemas de magia. Solo hay que pensar un tema, hacerse preguntas sobre ese tema y jugar con él un poco. Comprobar qué aspectos funcionan con los lectores y hacer que se los crean. No es tan complicado como parece, aunque sí requiere un poco de práctica.

ESTUDIANTE: *¿Cómo se evita que construir una ambientación sea una tarea pesada?*
BRANDON SANDERSON: Los escritores de descubrimiento suelen hacer esa pregunta. Mi consejo es que escribáis el libro sin preocuparos demasiado por la ambientación. Cuando hayáis terminado la historia, podréis decidir qué elementos de la ambientación necesitáis realmente para narrar mejor esa historia. Por lo menos en vuestra primera novela, dejad la construcción del mundo para después: si crear una ambientación os supone un esfuerzo desagradable, no lo hagáis aún. Centraos en lo que os emociona a la hora de escribir vuestra historia.

Después llegará el momento en que penséis: «Necesito entender un poco mejor estas religiones», pero la mayoría de los escritores de descubrimiento ya habréis rellenado muchos huecos sobre la marcha, porque suele emocionaros averiguar las cosas a través de los ojos de los personajes. Y ya en el proceso de revisión, podréis completar los huecos que queden.

El problema quizá llegue cuando escribáis una secuela de ese primer libro y tengáis que ceñiros a él. Así que, si sois escritores de descubrimiento y esa perspectiva os desmoraliza, mi consejo es que dejéis en el primer libro unos cuantos misterios que ni los personajes ni vosotros comprendáis todavía, para así poder divertiros explorando y extrapolando en la secuela, escribiendo con entusiasmo. Sin embargo, cuando terminéis el primer libro deberíais buscar unos lectores de prueba para saber si algo les confunde y trabajar la ambientación para arreglarlo.

En general, si un escritor hace bien su trabajo, el lector no sabrá qué proceso ha seguido antes de que su libro vaya a imprenta. Tuve una conversación muy interesante sobre este tema con Cory Doctorow, quien me dijo: «Me fascina que los lectores no sepan qué capítulos me costaron seis meses de sangre, sudor y lágrimas y qué capítulos escribí en una tarde y quedaron geniales a la primera». Eso es porque el proceso editorial de revisiones está organizado en torno a la idea de que el objetivo final es mantener una calidad consistente, así que las partes más difíciles, las que peor están en los primeros borradores, se pulen una y otra vez hasta obtener una obra equilibrada.

Si sois escritores de descubrimiento, o si sois algún tipo de híbrido como lo somos la mayoría, insisto en que no os preocupéis demasiado. Haced lo que más os emocione a la hora de escribir el libro. Terminadlo y luego podréis preguntaros: «¿Qué es lo que necesito revisar para mejorarlo?».

ESTUDIANTE: *¿Cómo lo hace un escritor de esquema que tiene la trama y los personajes bien desarrollados, pero la ambientación no tanto?*
BRANDON SANDERSON: El truco está en que la ambientación, la trama y los personajes pueden combinarse con bastante facilidad en cualquier párrafo. Procurad fingir que no estáis haciendo solo una cosa o la otra. Seguro que hay muchos autores a quienes se les ocurre una trama sólida y unos

personajes convincentes, pero no se preocupan de la ambientación hasta haber escrito la historia. En ese punto tendrán que tomar algunas decisiones basadas en la sensación que quieren que transmita el libro, sobre cuánto quieren detallar la ambientación, sobre en qué medida esa ambientación será un argumento de venta para la novela.

Hay muchos libros muy buenos que apenas dedican tiempo a explicar el mundo en que transcurren. Muchos son de fantasía cruda al estilo de David Gemmell, o se acercan a la ola *grimdark* más moderna de Joe Abercrombie, en la que no importan los mil años de historia que puedan haber pasado antes de la acción de la novela. El autor quiere contar el relato de tal personaje haciendo tal cosa interesante, y nada más. En ese caso, el argumento de venta de vuestro libro no es la ambientación, así que no le dedicaréis tiempo. No os devanaréis los sesos construyendo un mundo para vuestra historia. Y no pasa nada. De hecho, os aconsejo que os dediquéis a lo que os entusiasme.

Luego podéis mostrar vuestro libro a unos cuantos lectores de prueba. Averiguad si creen que falta algo y, aunque no tengáis por qué dárselo siempre, podéis fijaros en lo que los confunde para añadir un poco más en ese punto, y para usar vuestras herramientas a la hora de escribir la historia.

Pero, al igual que en las artes visuales, no toda obra debe ser un óleo increíblemente realista y detallado. Hay quienes crean cosas impresionantes con tres pinceladas, sin apenas detalle. Puede que un estilo guste más que otro, y no por ello es mejor. Así que cread el arte que os salga de dentro, y si construir la ambientación os supone una tortura, escribid libros que no la necesiten tanto y añadid solo lo necesario.

Para quienes seáis más como yo, mi consejo es que no permitáis que la ambientación se imponga a la historia, ni os permitáis a vosotros mismos dedicarle tanto tiempo que no lleguéis a escribir esa historia.

7

Cómo crear un personaje

Empezaremos hablando del propósito de los personajes. Puede sonar un poco absurdo, porque todos sabemos que los personajes son la gente que hace las cosas en una historia. Pero hay que tener en cuenta que cumplen distintos papeles, y según cómo se utilicen, sobre todo los protagonistas, se da cierta forma a la historia y a la trama. Así pues, partiendo de los personajes como elementos de una historia, veremos cómo hacer que al lector le importen.

Cuando estudiaba escritura creativa en la universidad, esta era una de las preguntas que más solía hacer a mis profesores, y casi nunca obtenía respuesta. En muchas clases me decían que intentara transmitir con mi escritura lo que tenía en el alma. Estupendo, por supuesto que quería hacer eso, pero ¿cómo iba a conseguir que a la gente le gustaran mis personajes? ¿Cómo haría que alguien quisiera leer mi historia? Porque la mayoría de lo que yo mismo leía en esa época, ya fuera escrito por mí o por otros alumnos, no me interesaba especialmente. Así que ¿con qué método lograría que a la gente le importara lo que yo escribía?

Con el tiempo, he desarrollado algunas ideas sobre cómo hacer que a la gente le importen nuestros personajes. En el fondo, todo se reduce al mismo motivo por el que se emplea un personaje protagonista en las historias. Teóricamente, podría contarse una historia sin personajes. Hay escritores, a los que no nombraré, que tal vez preferirían hacerlo así. Pero, en mi opinión, lo primero que hace un personaje en favor de una historia, y uno de los principales motivos por los que a la gente le importa dicha historia, es despertar la empatía. Para enganchar al lector con vuestra historia, le tienen que importar vuestros personajes.

Es crucial que tengáis esto en cuenta, porque muchos autores de ciencia ficción y fantasía lo son porque disfrutan creando mundos y dedican mucho tiempo a construir sus ambientaciones. Se ponen a pensar en lo mucho que les gustaría que ocurriera tal o cual cosa. Se les ocurre un sistema de magia creativo e innovador. Pero un sistema de magia nunca será más interesante que las personas que lo utilicen. En general, una secuencia de acción carecerá de todo sentido si al lector le da igual quién vive y quién muere. No siempre es así. Hay casos en los que la escena de acción es tan espectacular que basta por sí misma para atrapar la atención. Pero lo normal en una historia es que, si no importa quién sobrevive o quién muere, la escena de acción pierde gran parte de su impacto.

A grandes rasgos, la ambientación solo será interesante en la medida en que provoque problemas a los personajes o les proporcione lugares interesantes a los que viajar. Por tanto, es muy importante crear personajes que importen al lector si queréis que todas las demás partes de vuestra historia tengan algún significado para él. La habilidad para escribir unos personajes atractivos es una de las más importantes que debéis aprender.

Cuando empecé a dar clases, tenía bastantes problemas para hablar de los personajes. Incluso hoy en día, los engranajes que hacen que un personaje funcione siguen siendo un poco herméticos para mí. Yo suelo planificar la ambientación y la trama por adelantado, pero con los personajes tiendo a hacer audiciones; es decir, pruebo a escribir a un personaje en el mundo que tengo creado. A medida que escribo, miro hacia dónde va: descubro cuáles son sus pasiones, sus sueños y esperanzas. Si funciona, maravilloso; sigo hacia delante y ese personaje se queda en la novela. Si no funciona, retiro ese personaje y pruebo algo distinto. Con el paso de los años, me ocurre cada vez menos. Pero aun así, en mis dos sagas más importantes, Nacidos de la Bruma y El Archivo de las Tormentas, empecé probando con distintos personajes y luego descartándolos y probando otros nuevos hasta que encontré los que funcionaban.

Así que, vengan de donde vengan vuestros personajes, como escritores noveles lo primero que os interesa ofrecer al lector son unos personajes que le despierten empatía, y a los que quiera apoyar y ver progresar.

Empatía, apoyo y progreso

La empatía hacia un personaje puede establecerse con varios métodos. Por ejemplo, mostrando que se parece a nosotros en algunos aspectos: si el lector se siente cercano a ese personaje, sentirá una empatía inmediata hacia él. Otro método consiste en hacer que el personaje sea amable.

La definición de la palabra «amable» puede variar según de quién hablemos, pero con ella me refiero a la idea que expone el conocido manual para guionistas *¡Salva al gato!*, de Blake Snyder. El título del manual procede de un antiguo dicho de Hollywood según el cual si quieres que a la gente le caiga bien un héroe, tienes que hacer que salve a un gato (y si quieres que la gente odie a un villano, haces que dé una patada a un perro). La idea es que cuando un personaje resulta agradable, cuando muestra compasión humana y otros rasgos considerados positivos, es más fácil despertar la empatía del público hacia él.

Por eso muchas veces cuando un escritor crea a un villano muy pérfido pero quiere humanizarlo un poco, lo muestra haciendo algo que conecte con el público. Quizá sea un tirano monstruoso que pretende asesinar a medio universo, pero aun así quiere a su familia, a su propia y retorcida manera. En eso es como nosotros: tiene un rasgo normal, cercano, humano.

Otro recurso para despertar la empatía hacia un personaje es mostrar que cae bien a otra gente. Es eficaz porque a los seres humanos tiende a gustarnos al instante quien gusta a los demás. Es así. Podéis presentar al personaje con su familia, o mostrar que tiene amigos, y el lector pensará: «Bueno, si cae bien a alguien, quizá a mí también».

Quisiera resaltar que, tanto hasta ahora como en adelante, no tenéis por qué hacer todo esto para cada personaje. Son solo métodos para lograr que el lector se implique emocionalmente en vuestra historia mediante los personajes, y despertar la empatía es solo uno de ellos.

El segundo sería establecer un apoyo, poner al lector del lado del personaje. Con esto me refiero a mostrar que lo que el personaje quiere nos interesa: es decir, le damos una buena motivación. Los personajes que quieren algo son, por naturaleza, más interesantes para el lector que los personajes que no. Por eso *La guía del autoestopista galáctico* de Douglas Adams funciona tan bien, porque en realidad lo único que quiere su protagonista es tomarse una buena taza de té.

Así que estableced ese motivo para que el lector apoye al personaje. Haced que vuestro protagonista quiera algo, aunque sea solo una taza de té, que de momento le esté vedado. ¿Qué quiere y por qué no puede tenerlo? Podéis relacionar ese anhelo con sus defectos, sus limitaciones y desventajas, y también usarlo para trazar la conexión emocional del personaje con la trama de vuestra historia. Luke en realidad no quiere convertirse en jedi, ni odia tantísimo al Imperio Galáctico, al menos hasta que matan a sus figuras paternas, y entonces de pronto se vuelve algo personal. Hay un motivo para que la expresión «ahora es personal» se haya convertido en un cliché narrativo, y es que muchas veces ese anhelo del personaje que provoca el apoyo del lector será también su conexión con la trama de la historia.

El tercer método consiste en establecer desde el principio la sensación de progreso que daréis al personaje o, dicho de otro modo, insinuar en qué cambiará. Podéis hacerlo mostrando uno de sus defectos, o sentando las bases del tipo de viaje que emprenderá. En muchas ocasiones, el motor de ese progreso será una sensación de misterio, una pregunta. ¿Terminará el personaje convirtiéndose en lo que todos sabemos que puede convertirse? ¿Spiderman acabará siendo un superhéroe? ¿Cuál es su periplo? ¿Cuál es su arco narrativo? ¿Cómo vamos a marcar los hitos en el cambio de ese personaje? ¿Qué es lo que debe cambiar?

Estas tres son quizá las principales herramientas para crear un personaje sobre el que interese leer. Haréis que caiga bien al lector, o que tenga una motivación que suene muy atractiva, o bien lo mostraréis en un viaje que lo haga cambiar y cuyo resultado provoque curiosidad. Podéis hacer las tres cosas o solo una, pero muy bien.

Años atrás se me ocurrió que, en realidad, muchos personajes podían describirse según sus puntuaciones en tres escalas móviles distintas: la simpatía, la resolución y la capacidad. No son rasgos aislados porque pueden entremezclarse. Por ejemplo, la resolución y la capacidad irán de la mano en la mayoría de los casos. Pero los personajes suelen poder definirse con bastante exactitud según dónde caigan en estas tres escalas, que además guardan bastante correlación con los tres métodos para interesar al lector en un personaje. La simpatía depende de en qué medida hayáis provocado en el lector una empatía hacia el personaje. La resolución tiene que ver con sus motivaciones y con cómo las gestiona. La capacidad variará según el progreso del personaje, según cuánto haya mejorado en lo que tiene intención de hacer.

Veamos un par de matices sobre estos conceptos. Cuando hablo de capacidad no me refiero necesariamente a lo bueno que es alguien con la espada. Si estáis escribiendo la historia de una persona que era muy tímida y su arco de personaje consiste en volverse extrovertida y presentarse a las elecciones, entonces la principal capacidad de ese personaje se puntúa en la escala de la introversión hacia la extroversión, y a medida que aprende a hablar en público irá graduando su posición en dicha escala. No está aprendiendo a blandir una espada ni a utilizar un poder mágico, pero de todos modos gana capacidad en un campo relacionado de forma intrínseca con la trama.

El segundo matiz es que cuando hablo de motivaciones no me refiero a los objetivos. Para mí son ideas distintas: cuando se logra un objetivo, la historia termina, pero las motivaciones siguen presentes. Y como autor, con estas últimas es mucho más fácil transmitir al lector quién es de verdad el personaje. Por ejemplo, un objetivo podría ser ganar un campeonato. La motivación sería lo que impulsa al personaje a ganar ese campeonato. Es bueno darle un objetivo, pero la motivación hace comprender al lector por qué quiere participar en ese campeonato y, en realidad, ahí es donde reside la mayor parte de la historia, porque puede relacionarse con el progreso del personaje. Los objetivos quizá cambien, pero las motivaciones forman parte de la esencia del personaje.

Hace años, al pensar en las tres escalas —simpatía, resolución y capacidad—, me di cuenta de que podía hacer que los personajes avanzaran o retrocedieran en cualquiera de ellas para dar a la historia una sensación de movimiento y progreso. Por ejemplo, un personaje que es cada vez menos simpático puede protagonizar una historia muy interesante, y muy distinta al caso contrario, que es más habitual. Del mismo modo, muchos personajes empiezan inactivos y se vuelven activos, y así ascienden en la escala de resolución; muchos empiezan con escasa capacidad y la van adquiriendo en el transcurso de la historia. Es muy poco frecuente ver a personajes descender en la escala de capacidad, pero hay unas cuantas películas muy interesantes en las que eso ocurre. En todo caso, el movimiento de los personajes a lo largo de estas escalas es un indicador del tipo de narrativa que compone una historia.

Star Wars lo ejemplifica muy bien porque presenta mucho movimiento en las tres escalas. Al principio de la historia, Han Solo se situaría cerca del centro en la escala de simpatía, porque nos cae bien pero no termina de encajarnos. En resolución andaría más bien bajo, porque es cierto que dispara primero pero luego hay que pagarle para que levante el trasero de la silla. En capacidad, cree estar en la cima, pero lo cierto es que se situaría en torno al cuarenta por ciento. Por eso es un personaje divertido, porque se cree más capaz de lo que es y sale corriendo él solo en persecución de todo un grupo de soldados imperiales. A lo largo de la historia, su simpatía mejora, su resolución asciende mucho cuando vuelve para salvar a todo el mundo sin que nadie le pague y su capacidad se queda más o menos igual... pero así es Han.

¿Qué ocurre con Luke? En mi opinión, empieza bastante alto en simpatía porque esa es la función del personaje al principio de la historia: que el espectador lo vea contemplando el anochecer de dos soles, arreglando maquinaria para sus tíos y deseando cambiar su vida. El objetivo de Luke como personaje es despertar la empatía, así que, caiga mejor o peor al espectador actual, se supone que está en lo alto de la primera escala. Su resolución estaría al nivel de la de Han, bastante baja. Cree que quiere marcharse de Tatooine y ser piloto de caza, pero ¿lo ha hecho? No. Hay que obligarlo a moverse, igual que ocurre con Han. En cuanto a su capacidad, Luke es un buen piloto desde el principio, y eso no tiene que aprenderlo. Pero su importancia en la historia radica en el uso de la Fuerza, y su arco de crecimiento lo llevará desde la parte inferior de esa escala hasta lo más alto, aunque sea a trompicones.

Por su parte, Leia empieza muy alta en simpatía: viaja en una nave pequeña perseguida por otra enorme y cae bien a la primera. También está altísima en resolución, porque R2-D2 y ella son los únicos que hacen algo en la película. A todos los demás hay que llevarlos a empujones, incluso a Obi-Wan Kenobi, y es Leia quien lo hace. Su capacidad también es alta desde el principio, de modo que podríamos afirmar que Leia es un personaje bastante emblemático. A partir de los movimientos en las tres escalas, o de su ausencia, hemos deducido que la historia no se basa en que Leia cambie, sino en que lo hagan los demás.

Permitidme otro inciso para recordar lo que un amigo mío, Howard Taylor, llama el «héroe emblemático». Creo que el término lo acuñó Jim Zub. Un héroe emblemático no cambia en ninguna de las tres escalas, o lo hace muy poco a lo largo de una historia concreta. James Bond es el ejemplo clásico de héroe emblemático, aunque haya reinicios del personaje que lo bajen en capacidad para devolvérsela poco a poco. Otro ejemplo son la mayoría de los superhéroes, que siempre están muy altos en las tres escalas, y eso es lo que experimenta el lector al leer sus aventuras. Un héroe emblemático suele estar en la cima de una o de las tres características y no se moverá de ahí, porque ya es tan simpático, decidido o capaz como puede ser. También es divertido leer sobre ese tipo de personajes: no es necesario moverse en las escalas para que haya una historia.

Pero la mayoría de las narraciones que a mí me gustan incluyen muchos cambios en esas tres características para varios personajes. Me divierte mucho encontrar a un personaje que al principio es tremendamente antipático pero muy resolutivo, y suele interesarme leer sobre él. Sucede mucho con los villanos, como el Joker. En general es alguien con una resolución altísima, capacidad media y no mucha simpatía, pero compensa las carencias con ese empeño que le pone a todo y que atrapa al lector. Cuando alguien está muy alto en la escala de resolución y no va a cambiar en ella, lo normal es darle una motivación espectacular.

¿Cuál es la motivación de Leia en Star Wars? Salvar la galaxia, y esa motivación destacará cada vez más a lo largo de la saga, con la muerte de los demás protagonistas originales. Luke, en cambio, quiere irse del planeta y pilotar cazas, pero es una motivación algo difusa. No tiene una motivación poderosa al principio de la historia porque el punto fuerte del personaje es la empatía. Lo mismo ocurre con Han: cuando lo conocemos solo quiere dinero, de modo que la historia se apoya más en su capacidad. Aunque él mismo se sobrevalore en esa escala, es el personaje que puede llevar a Luke y Obi-Wan donde tienen que ir por mucho que el Imperio intente impedirlo.

Lo importante es que en la película cada protagonista transmite algo distinto al espectador, y la historia empieza mostrándolos en puntos muy distintos como personajes. Es un gran recurso narrativo. Por eso vemos tan a menudo a un héroe joven que necesita que lo empujen, pero posee una capacidad oculta y cae muy bien, contrapuesto al mentor sabio y anciano que es muy competente pero no necesariamente tan simpático y cercano. El público no se ve tan reflejado en Gandalf como en los hobbits, a pesar de que Tolkien hace un buen trabajo para que nos caiga bien (y Jackson, incluso más). Las historias tienden a hacer que el espectador piense: «Me parezco más a esa gente de la Comarca que al mago poderoso».

Siempre digo que hay una razón por la que Spiderman es el superhéroe favorito de mucha gente. Se debe a que su historia empieza haciéndolo muy simpático, basándolo todo en la empatía. En lugar de darle un montón de poderes, al principio es empatía, empatía y más empatía. Peter Parker lee cómics y juega a videojuegos: público objetivo. Lo pasa mal en el instituto: público objetivo. Es un chico simpático que se enamora de la vecina de al lado, pero no se atreve a hablar con ella: público objetivo. Y su viaje propulsará su capacidad hasta la estratosfera. Ya era simpático de entrada, y la historia lo mostrará volviéndose increíble. Empieza como Frodo y termina como Aragorn. El progreso de ver a Frodo transformarse en Aragorn es una historia muy poderosa.

Las historias funcionan gracias a la sensación de progreso. Las tramas avanzan porque vemos que las cosas cambian. Así que tendréis que decidir si los cambios en vuestros personajes formarán parte de los motivos para que el lector siga pasando páginas, o si sobrecargaréis la capacidad de vuestros personajes y ofreceréis el espectáculo de gente muy hábil haciendo cosas impresionantes. Son dos tipos distintos de historia.

En *Ocean's Eleven* tenéis a gente muy hábil haciendo cosas impresionantes. ¿Los personajes experimentan algún cambio? No en capacidad, al menos. Los personajes son ingeniosos e intentarán algo espectacular. En los cómics de Spiderman, por su parte, hay un cambio en las motivaciones del personaje que se refleja en un incremento de su resolución. Al principio, permite que un villano escape. ¿En qué afecta eso a su motivación? El villano mata a su tío Ben y «ahora es personal». De pronto, tiene que estar más motivado. Y lo normal es entretejer ese cambio en la escala de la resolución con un incremento en la capacidad, para reflejar que ahora sus motivaciones son otras. Los guionistas hablan mucho de «querer contra necesitar», y al principio de la historia acostumbran a distinguir entre lo uno y lo otro. Spiderman cree que necesita fama y dinero, pero en realidad le hace falta comprender que un gran poder conlleva una gran responsabilidad. Necesita darse cuenta de que sus poderes deben usarse para el bien y no para el mal: es decir, debe cambiar su motivación. Ese contraste puede crear un conflicto interesante en un personaje.

Preguntas y respuestas

ESTUDIANTE: *¿Cómo se puede perfilar y hacer interesante un personaje en cuya mente no entramos, si los personajes con punto de vista no conocen sus motivaciones o las malinterpretan?*
BRANDON SANDERSON: La respuesta de un autor de fantasía épica sería: «Añade su punto de vista», pero reconozco que suele ser un mal consejo para casi todos los demás géneros. En este caso no me imitéis, porque, si yo estoy escribiendo un libro de cuatrocientas mil palabras, me limito a añadir unos cuantos puntos de vista más, y asunto resuelto. Lo hago incluso en mis novelas de cien mil palabras.

Pero también hay trucos para lograrlo sin añadir más puntos de vista a la novela. Uno es el método de «iluminar el hueco» que hemos visto antes; con él, en teatro, se indica al público que lo que parece un fallo no lo es porque tendrá su importancia en la trama. En nuestro caso, podemos hacer que un tercer personaje tenga una conversación con el protagonista sobre el personaje cuyas motivaciones no comprende. Podría decirle: «Está claro que no lo conoces en absoluto». Y el protagonista responde: «Pues claro que lo conozco, es así y así». Entonces el tercer personaje suelta: «Madre mía, algún día te avergonzarás de haber dicho eso». Puede funcionar muy bien.

Lo que os interesa evitar a toda cosa es «el gorila en la cabina telefónica». Es un concepto que aprendí en la universidad de un compañero de clase que estaba leyendo una historia mía. Me dijo: «Esta parte me ha dado la sensación de ser un gorila en una cabina telefónica». Le pregunté a qué se refería y me respondió: «Imagínate que en una película el protagonista está paseando y hablando con su novia, pongamos que de economía. Entonces miran, y resulta que hay un gorila en una cabina telefónica, pero ellos siguen hablando de economía como si nada». El gorila atrapa la atención del espectador hasta el punto de que no deja de darle vueltas y le impide concentrarse en lo que de verdad está ocurriendo. Ve al gorila en la cabina telefónica, y es tan incoherente con la historia que está leyendo que su mente vuelve a él una y otra vez y lo saca de la trama.

A veces sucede si mencionáis algo muy interesante pero solo de pasada, sin dar la suficiente información, y entonces el lector no se lo quita de la cabeza. Pero lo habitual es que ocurra cuando el lector cree que, como escritores, no os habéis fijado en algo o habéis cometido un error. Aunque sea solo un pequeño detalle, lo saca de la historia cada vez más, hace que se pregunte cómo es posible que no os hayáis dado cuenta de ese fallo. Una vez leí la historia de un alumno en la que apuñalaban a alguien en la mano, y entonces el personaje se ponía a hablar con otro de algo que no tenía nada que ver. Y yo pensaba: «Está llenando el suelo de sangre. No puedo prestar atención a ese diálogo, por muy importante que sea, ¡porque el personaje está muriendo desangrado!».

Os interesa evitar que los personajes secundarios sean gorilas en cabinas telefónicas. Iluminar el hueco es una buena manera de decir al lector: «Esto no es un fallo. Sé lo que está ocurriendo y me ocuparé de ello en algún momento». Y así el lector lo archiva en el fondo de su mente y piensa: «Menos mal..., forma parte de la trama. Me he fijado porque soy una persona muy perceptiva. Terminará siendo relevante, estupendo. Ahora voy a centrarme en la historia».

ESTUDIANTE: *¿Qué implica para una historia añadir un nuevo personaje con punto de vista?*
BRANDON SANDERSON: En general, la cantidad de personajes con punto de vista que tengáis en una novela influirá mucho en su longitud. Recordemos que un personaje con punto de vista es aquel a través de cuyos ojos ve el lector. En una historia narrada en primera persona, sería el «yo», y puede haber múltiples «yos». En narrador omnisciente limitado, que es el modelo que yo más utilizo, es la cabeza en la que entras para contar la historia.

A veces a los escritores nos gusta meternos en el punto de vista de un personaje durante un tiempo limitado, un solo capítulo, por ejemplo. No pretendemos contar una parte significativa de la historia desde sus ojos, sino añadir un poco de sabor al mundo, mostrar una parte de la trama que no ven los protagonistas, o mostrarlos a ellos desde una perspectiva novedosa en una escena concreta. Sin embargo, cada vez que entráis en los ojos de alguien, no os quedará más remedio que establecer un interés de apoyo (o una simpatía o antipatía). Tenéis que presentar el personaje al lector y mostrarle su forma de ver el mundo, y eso requiere más palabras que si utilizarais a un personaje con punto de vista ya existente.

Si queréis que el personaje sea importante (con su propio punto de vista a lo largo de la historia), tendréis que crearle uno o varios arcos, y escribir una secuencia de escenas desde su punto de vista que lo muestre esforzándose por cumplir sus objetivos o cambiando de algún modo. Eso añadirá otra dimensión paralela a vuestra historia.

Imaginad que estáis viendo una película de adolescentes en el instituto, sobre una joven que quiere entrar en un equipo deportivo. Su arco argumental consistirá en entrar en ese equipo. Podríais añadirle, por ejemplo, el punto de vista de la entrenadora: mostrar su vida doméstica y sus dificultades cotidianas. De pronto, tenéis una segunda línea argumental que deberéis encajar con la primera de algún modo hacia el final, para dar cohesión a la historia. Es evidente que usaréis muchas más palabras para lograrlo, pero también añadirá un nivel de profundidad a la historia y la cambiará radicalmente. Otra opción sería incluir como personaje con punto de vista a la capitana del equipo, en lugar de a la entrenadora. Al contar la historia de la capitana, llevaríais vuestro libro en una dirección distinta.

En resumen: podréis esculpir vuestra historia y darle la forma que queráis añadiendo puntos de vista.

ESTUDIANTE: *¿Cómo se crea una buena motivación para un villano?*
BRANDON SANDERSON: Depende del tipo de villano que queramos crear. Cada historia requiere un tipo de villano diferente, que en el fondo dependerá de lo alto o bajo que esté en la escala de simpatía. Un villano muy bajo en simpatía pero muy alto en los otros dos medidores será muy distinto de otro al que caractericéis más hacia el centro. Un villano emblemático como Sauron no tiene nada que ver con un personaje que se esfuerza y evoluciona, como Gollum. El segundo irá cambiando en simpatía y resolución a lo largo de la historia, mientras que Sauron es un ojo gigante, rojo y en llamas que pretende destruir el mundo. Sí, ya sé que *El*

Silmarillion dice esto y lo otro, pero en la historia que Tolkien publicó en vida, Sauron es un ojo gigante que quiere arrasarlo todo.

Los dos tipos de personaje cumplen papeles distintos y ambos son perfectamente válidos. Pero si queréis un villano cuyas motivaciones tengan sentido, tendréis que esforzaros más que con alguien como Sauron. Y Gollum es un buen ejemplo, porque tiene una motivación muy bien establecida: quiere poseer el Anillo Único, aunque no sepa muy bien por qué. Está corrompido por él, pero aun así lo anhela con todas sus fuerzas y el lector lo percibe. Su personaje funciona precisamente porque lo vemos cambiar en las tres escalas y balancearse entre antagonista y aliado.

Por otro lado, es importante distinguir entre villano y antagonista. En mi opinión, un antagonista es alguien que se opone a los objetivos del personaje protagonista, y un villano, alguien que hace cosas malvadas. Por ejemplo, en *Todo en un día* el director del instituto empieza sobre todo como antagonista con matices de villano y va convirtiéndose en villano conforme avanza la trama. En cambio, en *El fugitivo*, el personaje de Tommy Lee Jones es el antagonista pero no el villano.

Si queréis que un villano funcione, aseguraos de darle unas motivaciones realistas, igual que haríais con el héroe, pero que opongan sus propósitos a los del protagonista.

ESTUDIANTE: *¿Cómo puede crearse un villano emblemático que sea aterrador, pero sin caer en el cliché?*
BRANDON SANDERSON: Un cliché, o lugar común, sucede cuando una historia hace algo que se ha repetido tantas veces que su propósito original desaparece, al ser reemplazado por algún tipo de comprensión popular colectiva sobre ello. Por ejemplo, el propósito original de un villano dando un monólogo al final de una historia era explicar al lector los detalles, los hue-

cos que parecía haber en la trama. Sin embargo, cuando ahora un villano lo hace, una parte significativa del público piensa: «Ya está con el monólogo. Me recuerda a aquella historia en la que bromeaban con el tema, qué gracioso». Y en lugar de estar atento a la información que explica el villano, el lector empieza a recordar esa otra película y adopta un estado de ánimo que no es el adecuado para el final de dicha historia. Por eso en la actualidad suele ser mala idea que el villano haga un monólogo. Quizá siempre lo fue, pero ahora mismo lo es más porque se ha convertido en un cliché.

En todo caso, para evitar los lugares comunes en vuestros villanos, deberíais preguntaros cuál era la intención original de ese cliché. Un villano es un cliché cuando es un personaje unidimensional, que solo quiere una cosa. En el cine, por ejemplo, no hay mucho tiempo para mostrar la personalidad del villano, así que los guionistas se concentran en uno solo, que suele ser el concepto nebuloso del poder. Es bastante fácil evitarlo si dedicáis un poco de tiempo a que el villano tenga motivaciones interesantes y aplicáis vuestras herramientas para construirlo como personaje.

Es cierto que requerirá tiempo y palabras, y que puede ser difícil concedérselos si vuestro villano no es un personaje con punto de vista. Os costará más transmitir sus motivaciones al lector, pero no es imposible, sobre todo si algún personaje principal pasa tiempo con ese villano y podéis presentar una motivación e ir añadiéndole complejidad en otras futuras escenas. A mí, como lector, me encanta que me presenten a un villano que dice: «Necesito obtener el poder», o lo que sea, y en la siguiente escena explique que lo necesita porque han secuestrado a su familia y tiene que rescatarla. Ese villano ya tiene más motivación. Y cuanto más tiempo esté dedicado al villano, más se puede fundamentar su motivación con distintas perspectivas.

Así que el mejor método para evitar que un villano sea

un cliché es el mismo que para evitar que cualquier otro personaje lo sea.

ESTUDIANTE: *¿Cómo se escribe un personaje que no comprende sus propias motivaciones o que se miente a sí mismo?*
BRANDON SANDERSON: Una buena forma de establecer que un personaje no comprende sus motivaciones es darle un pequeño éxito al principio de la historia. Podéis hacer que el personaje actúe por sí mismo en algo que no tenga mucha relación con la trama principal, pero que muestre al lector su resolución y sus objetivos, y entonces que el personaje verbalice: «Esto no es lo que necesito». Las primeras impresiones son muy importantes. Si reveláis que el personaje tiene mucha resolución en su campo, pero no se considera lo bastante competente para salir al mundo, el lector creerá lo que le mostréis, no lo que diga el personaje. Si os aseguráis de que lo mostrado contradice lo que piensa el personaje, habréis transmitido que no se conoce bien a sí mismo.

También puedes hacer que otro personaje en quien el lector confía, un narrador fiable, diga la verdad al personaje. Si el lector lo ve y empatiza con ello, sabrá que el personaje va a aprender y cambiar.

ESTUDIANTE: *¿Cómo se sabe si un personaje es demasiado capaz?*
BRANDON SANDERSON: La capacidad de un personaje empieza a ser un problema cuando se enfrenta a algo que debería resultarle difícil y no lo es. El hecho de que un personaje sea tan competente que no encuentra escollos no tiene por qué ser un problema en sí mismo. En realidad, depende del tono de cada historia y de las expectativas del público. Puede ser muy satisfactorio si estáis escribiendo una novela de misterio con un detective extremadamente capaz, y lo divertido

de esa historia es ver cómo el detective sigue el proceso de descubrimiento. Eso era lo que hacían los relatos clásicos de Sherlock Holmes.

Pero si la historia se centra más en el personaje de Sherlock Holmes que en los sucesivos misterios, como tienden a hacer las adaptaciones modernas, la historia resaltará las áreas en las que el personaje es incompetente, para compensar sus capacidades. Si además de ser inteligente, Sherlock tuviera mucha estabilidad emocional, se le dieran bien las relaciones y llevara una vida plena y ordenada, las adaptaciones modernas no serían tan interesantes, porque no se limitan a que sigamos al personaje resolviendo misterios. En las historias más recientes vemos a Holmes enfrentándose a un misterio mientras mantiene su relación con Watson y su vida se desmorona porque es un poco sociópata. En este caso, su capacidad en un área concreta está equilibrada por su incompetencia en otras.

Aunque vuestro personaje fuese competente en todo, podríais crear con él una historia atractiva, pero muy distinta. En ella el público disfrutaría viendo al personaje dedicándose a lo suyo, sin conectar con él ni empatizar tanto. Puede funcionar de todos modos, porque al final la cuestión se reduce a qué tipo de historia estáis contando. No obstante, la mayoría de los escritores (yo incluido) os recomendaría equilibrar esas áreas de capacidad con otras de incompetencia, para conseguir las herramientas con las que narrar una historia más variada.

ESTUDIANTE: *¿Cuánto tiempo hay que dedicar a un personaje secundario para que a la gente le importe?*
BRANDON SANDERSON: No existen unos límites establecidos. Hay escritores y cineastas que pueden lograr que al público le importe un personaje con solo una breve escena. En algunas películas, yo mismo me he preocupado por per-

sonajes que no tenían ni una sola línea de diálogo, ni estaban muy bien presentados.

Recuerdo que, en la década de 1990, leí los cómics sobre la muerte de Superman. Había muchos personajes que pretendían ser el nuevo Superman, pero a mí se me quedó grabado el que menos aparecía en las viñetas de todos ellos. Se trataba de un hombre que tenía un puesto de perritos calientes y decidía regalarlos mientras lucía una camiseta de Superman. Había decidido que esa sería su forma de ser un héroe. Este personaje, que aparecía en unas tres viñetas, ilustra lo poderoso que puede ser hacer algo breve con un personaje secundario para conseguir el apoyo del lector.

Defectos, limitaciones y desventajas

Creo que las Leyes de Sanderson tienen muchas aplicaciones a la hora de caracterizar a un personaje. Si consideramos la Primera Ley de Sanderson como la regla del indicio, entonces diría que, aplicada a los personajes, nos habla de la motivación. Muchas veces un personaje no funciona porque su motivación no está bien establecida al principio de la historia. Y entonces, cuando más adelante toma una decisión o logra algo, no acaba de encajar con su evolución o con sus motivaciones.

Cuando un diálogo suena forzado, muchas veces se debe a que el autor ha establecido un cierto tipo de personaje y unas motivaciones concretas, y llega un momento en que piensa: «Aquí necesito una discusión para que el diálogo quede más interesante». Pero al lector esa discusión le resulta forzada, de cartón piedra, porque el personaje está actuando en contra de sus motivaciones para que la trama avance de algún modo. A veces se soluciona corrigiendo la escena para que el personaje sea fiel a sus motivaciones, pero otras veces hay que volver atrás y revisar esas motivaciones.

Uno de los aspectos más interesantes de los personajes, y de los seres humanos en general, es que solemos ser muy polifacéticos, y a menudo tenemos motivaciones conflictivas que tiran de nosotros en distintas direcciones. A todos nos pasa. Tal vez tenéis un deber con vuestra familia y lo que espera de vosotros, y otra especie de deber con vuestro deseo interior; queréis ser novelistas en lugar de médicos, como me ocurría a mí. En muchas ocasiones esa intersección con la vida familiar (también la social o la religiosa) crea conflictos. Y si lográis mostrar ese conflicto en vuestro personaje, al lector no le parecerá que actúa en contra de sus motivaciones, sino que lo aceptará.

De hecho, en ocasiones resulta peligroso dar a un personaje una sola y única motivación. El ejemplo que suelo utilizar funcionaba mejor hace unos años, cuando la serie *Perdidos* estaba muy de moda. En ella aparece un personaje llamado Michael para quien se establece desde el principio una empatía muy fuerte: antes era un mal padre, ausente y vago, pero ahora ha decidido mejorar. Quiere a su hijo, y tiene mucha empatía y una motivación establecida. Cabría pensar que era la receta perfecta para un personaje fuerte, pero ese personaje se convirtió en el menos preferido de todo el mundo. La gente odiaba a Michael, lo cual es muy raro y merece un análisis un poco más detallado.

En la serie, al hijo de Michael lo secuestraba un grupo malvado y misterioso, y el espectador debería pensar: «Muy bien, ahí lo tenemos subiendo en simpatía. Tiene una motivación establecida y quiere a su hijo, a quien acaban de secuestrar». Era una historia potente, pero todo el mundo la rechazó porque Michael se convirtió en un personaje unidimensional.

El grupo de protagonistas se reunía para planear lo que

iban a hacer a continuación. Un personaje proponía algo, había un segundo que proponía otra cosa y Michael exclamaba: «¡Mi hijo!». Se ponían a cazar o a hacer lo que fuera, y Michael gritaba: «¿Qué pasa con mi hijo?». Le preguntaban qué le apetecía comer y... «¡Mi hijo! ¿Dónde está mi hijo?». Eso planteaba, a mi juicio, dos problemas. El primero era esa falta de dimensión. Cuando el estado emocional de un personaje no cambia, el público tarda poco en cansarse a menos que tengamos otro recurso para mostrar progreso. Y ahí radicaba el problema más importante: el espectador nunca lo veía hacer ningún progreso encaminado a salvar a su hijo, ni a él ni a nadie, porque era imposible. En consecuencia, cada vez que Michael gritaba: «¡Mi hijo, mi hijo!», recordaba al público que no había ningún progreso, que no estaba sucediendo nada en ese frente. Ver a Michael gritando era una distracción y una molestia, porque entretanto estaban ocurriendo otras cosas muy emocionantes, y a mi juicio fue un fallo a la hora de escribir esa historia, aunque por lo demás *Perdidos* fue una serie fantástica, en particular su primera temporada.

Michael contrastaba con otro personaje que en principio no debería caer muy simpático al espectador, Charlie, un drogadicto que hacía todo lo posible para conseguir drogas. Tenía un nivel de simpatía muy bajo, pero aun así estaba entre los personajes favoritos del público, yo incluido (aunque reconozco que en mi caso ayudaba que lo interpretara Dominic Monaghan, Merry en *El señor de los anillos*). Charlie era un personaje con mucha resolución, se esforzaba y veíamos su progreso a lo largo de la temporada hasta que al final dejaba las drogas. En su arco de la primera temporada había progreso, movimiento y resolución. En principio, debería gustarnos menos un drogadicto que oculta su adicción que un hombre que quiere a su hijo y lo ha perdido, pero en la práctica Charlie era mucho mejor personaje y se ganó al público.

Os recomiendo estudiar ese tipo de situaciones. Cuando veáis una película y sepáis que debería caeros bien un personaje pero no os gusta, preguntaos por qué. Cuando leáis un libro y os interese la línea argumental del antagonista pero os aburra la del protagonista, preguntaos por qué y mirad cómo encaja con las ideas de empatía, apoyo y progreso del personaje.

Ahora bien, si la Primera Ley de Sanderson se aplica estableciendo motivaciones para los personajes, la Segunda trata los defectos, las limitaciones y las desventajas, y la Tercera procura que las particularidades de un personaje encajen con sus características básicas.

Cuando un escritor construye sus personajes, es bueno que se esfuerce por hacerlos un poco más interesantes y distintos. Pero en ocasiones resulta demasiado fácil confundir una particularidad o una rareza con la personalidad del personaje. Yo intento evitarlo encajando sus defectos, limitaciones y desventajas con algún elemento del personaje que he establecido antes, y que me permite provocar empatía o apoyo en el lector, o bien mostrarle un progreso.

En ocasiones, puede ser muy fácil lograrlo. Por ejemplo, supongamos que estamos escribiendo una aventura de acción y queremos que un personaje tenga la rareza de coleccionar sellos. La filatelia no guardará mucha relación con la trama principal, pero podrá servir para que el personaje actúe en un campo limitado, si no puede hacerlo a gran escala. Podríais empezar la historia mostrando los extremos a los que es capaz de llegar para conseguir un sello que le interesa mucho, y luego revelar que colecciona sellos porque no puede viajar por cierto motivo (ya sea por falta de dinero, por enfermedad o lo que sea). Sueña con viajar, pero solo puede abrir su álbum y colocar los sellos en los lugares a los que iría si pudiera. De pronto, tenéis a un personaje con la rareza interesante que queríais, y además habéis establecido una gran empatía y habéis empezado a mostrar una motivación.

Y así, cuando llegue Nicolas Cage e invite al personaje a una aventura y este tenga que aceptar a pesar de sus desventajas o sus limitaciones, el lector, aunque hasta entonces lo haya visto muy bajo en la escala de resolución, sin apenas salir de casa, pensará: «Pues mira, me he fijado en que al personaje le faltaba el sello de Marruecos en el álbum, así que me creo que vaya a coger un vuelo a África para lanzarse a una misión alocada con Nicolas». No os acerquéis mucho a Nicolas Cage, porque igual se os lleva a Marruecos que a los mitos de Cthulhu.

En cualquier caso, si lográis que la rareza del personaje se relacione con todo lo demás, tendréis un personaje mucho más compacto y potente que si introducís algo aleatorio (como que es taxidermista) sin que encaje con nada. Puede ser interesante que le guste disecar animales porque sí, pero habréis creado un personaje más interesante si relacionáis la taxidermia con sus otros aspectos.

A mí me pasa lo mismo cuando pienso en los defectos, las desventajas y las limitaciones. Resumo mi postura. Me parece un defecto cuando el narrador indica que algo falla en el personaje, cuando quizá ya debería haberlo resuelto. No lo ha logrado hasta ahora y, en el transcurso de la historia, el autor señala que aprenderá a superarlo o será su perdición. Puede ser su gran hibris, si estáis escribiendo una tragedia griega, pero el personaje tiene cierto control sobre ello. En cambio, para mí, una desventaja es algo que también debe superarse en cierto modo, pero que ni es culpa del personaje ni está en su mano eliminarlo en un principio. Es posible que la historia acabe con esa desventaja, pero no es algo que el lector pueda reprochar al personaje, como por ejemplo que sea ciego. Por último, una limitación es algo que no hay que cambiar ni superar. Es una restricción que existe sin más en la historia y a la que el lector no necesita que el personaje se imponga. Por ejemplo, el hecho de que Peter Parker quiera a su tía May y no desee verla en peligro es una limitación en la historia de Spiderman, que en general no debería cambiar, aunque el personaje tenga cierta capacidad para hacerlo.

Así que, cuando construyáis vuestros personajes, os recomiendo que penséis en las limitaciones, los defectos y las desventajas, y os preguntéis cómo utilizarlas para crear una motivación en el personaje. Al igual que ocurre con los sistemas de magia, casi siempre vuestra historia golpeará al personaje en los puntos donde tiene un defecto, una desventaja o una limitación, y gran parte del conflicto en la trama se derivará de estos aspectos de vuestro protagonista.

Preguntas y respuestas

ESTUDIANTE: *Si se tiene a varios personajes con punto de vista, ¿en qué medida hay que establecer todos estos rasgos para cada uno de ellos?*

BRANDON SANDERSON: Entre las primeras decisiones que tomo al escribir una historia está cuánto tiempo de punto de vista voy a conceder a cada personaje, porque cuanto más tiempo pase el lector en su cabeza, más matices podré darle. En general, una de las mejores formas de lograr que un personaje parezca real es evitando escribirlo para que cumpla un papel.

Al principio de mi carrera, antes de empezar a publicar, tenía muchos problemas con los personajes femeninos de mis libros. Me llegaban opiniones de los lectores que decían que la aventura era muy emocionante, pero que todas las mujeres parecían recortadas en cartón piedra y apenas interactuaban con los demás personajes. Era casi como si formaran parte del escenario. Me preocupaba muchísimo que ocurriera eso con el diez por ciento de mi elenco de personajes (aún era joven y no me había dado cuenta de que las mujeres deberían ser la mitad de mis personajes).

Le di muchísimas vueltas y trabajé en ello, pero no mejoré gracias a una gran revelación. Fue más bien que, poco a poco, empecé a comprender que estaba escribiendo los personajes para que desempeñaran un papel concreto en la historia: el héroe, el interés romántico, el compinche graciosillo. Cada uno tenía su función específica, y eso limitaba mucho mi capacidad para conferirles verosimilitud. A medida que lo comprendí, fui interiorizando la idea de que cada personaje se considera el protagonista de su propia historia, con sus pasiones, sus deseos, sus sueños, sus esperanzas... tiene todo un paquete completo de cosas que seguirían existiendo aunque la trama principal no los hubiera arrollado como un tren de mercancías. Empecé a establecer quiénes eran todos esos personajes y en qué se habrían convertido si la trama no se hubiera apoderado de sus vidas.

Con esto pretendo ilustrar que cuanto menos tiempo paséis con un personaje, más difícil os resultará no escribirlo como un papel preestablecido en vuestra historia. Será siempre un tira y afloja, porque ¿qué podéis hacer si un personaje solo aparece durante un capítulo y no es bajo su propio punto de vista? En ese caso, la mejor opción suele ser identificar una característica que no parezca encajar con su papel, y obligaros a escribirlo con una personalidad (y no pensando: «Esta es la persona que sale a escena, entrega una espada al héroe y hace mutis por el foro»).

Si hay muchos personajes, a mí suele ayudarme pensar en puntos de fricción. Cuando construyo una historia, siempre estoy buscando los puntos de fricción entre la ambientación y el argumento, entre algún lugar del mundo y algún hito de la trama principal que estoy creando. Y me pregunto qué ocurriría si coloco a un personaje en ese punto de fricción, sin dejar de asegurarme de que todos los personajes tengan distintas motivaciones con sentido, que estén intentando cosas y moviéndose a lo largo de mis escalas de simpatía, resolución y capacidad. Procuro saber qué intentaban lograr antes de empezar la trama, cómo encajan conforme esta avanza, y cómo puedo lograr que tengan una conexión personal con ella. Es más fácil hacerlo con varios personajes que tengan punto de vista, pero también es posible con uno solo. Simplemente requiere más práctica.

ESTUDIANTE: *¿Cómo se consigue que la historia obligue a un personaje a convertirse en quien debe ser? Si el personaje se descontrola, ¿cómo devolverlo al camino que quiere el autor?*

BRANDON SANDERSON: Abordemos antes la segunda cuestión. La gente me pregunta muchas veces cómo soluciono que un personaje no haga lo que yo quiero. Es una pregunta curiosa para un autor de esquema que planifica por adelantado sus historias, aunque es cierto que tiendo a escribir los personajes un poco por descubrimiento. No pienso que no hagan lo que yo quiero, pero a veces estoy escribiendo y se me ocurre que el desarrollo de un personaje lo está llevando a ser alguien que nunca haría lo que tengo planeado que haga. O en otras ocasiones pienso: «Tal personaje lleva una dirección interesante que me gusta mucho, y me apetece seguir escribiéndolo así, pero se alejará demasiado de lo que están haciendo todos los demás». Comprendo la sensación.

Cuando eso me ocurre, lo que hago es parar y estudiar la historia a fondo. ¿Debería reconstruirla para que encaje con la evolución del personaje? ¿Tendré una mejor versión de la historia si el personaje sigue por ese camino? O, por el contrario, ¿el personaje se apoderará por completo de la trama y la convertirá en algo muy distinto? Entonces o bien retiro el personaje y lo rehago desde cero, o bien reconstruyo el esquema para hacerlo encajar con la dirección que lleva el personaje.

Suelo hacer más lo segundo que lo primero cuando de verdad me interesa un personaje, porque sé que la trama y la ambientación se me dan muy bien. Soy consciente de que puedo reconstruirlas. Si he plasmado en un personaje algo que de verdad funciona, lo normal es que quiera ver hacia dónde va ese personaje, y entonces rehago la trama para él.

¿Y cómo establezco las situaciones para que enseñen a los personajes lo que quiero que aprendan? Diría que el truco está en golpear a esos personajes donde duele. Si necesitáis que un personaje deje de ser egoísta, tenéis que mostrar ese egoísmo haciéndole mucho daño a él o a quienes lo rodean. Si queréis que más adelante un personaje tome una decisión difícil, mostradlo incapaz de tomarla al principio y enseñad las consecuencias. Golpead a vuestros personajes en sus defectos si queréis que la historia los cambie.

ESTUDIANTE: *¿Hay alguna forma de saber si un personaje es el adecuado para una trama desde el principio, cuando se empieza a planificar la historia?*
BRANDON SANDERSON: Esto es algo que yo suelo hacer por instinto. Mi proceso es que, al principio de una historia, escribo algunas partes con cierta libertad desde el punto de vista de los personajes. Esos fragmentos a veces terminan en el texto definitivo y a veces no. Por ejemplo, en *Escuadrón* escribí tres presentaciones distintas para la protagonista, con las que buscaba asegurarme de que tenía el personaje adecuado para la trama de mi historia.

Lo normal, cuando ganéis habilidad como escritores,

será que podáis hacer interesante cualquier trama con cualquier personaje. Es muy raro que, después de llevar un tiempo escribiendo, piense que me he equivocado de personaje para mi historia, porque en muchas ocasiones la trama consistirá en tomar a un personaje que no parece muy adecuado para ella y obligarlo a emprender la aventura de todos modos. Muchas historias se basan en eso, en el pez fuera del agua, en ser la persona que debe salvar el mundo pero sin encajar en esa narrativa. A medida que escribáis la historia, la evolución del personaje influirá en cómo decide afrontar la historia. Si habéis hecho bien la caracterización, el lector pensará que, en efecto, así es como el personaje intentaría salvar el mundo. Ese tira y afloja es lo que hace que escribir sea tan divertido y cautivador, así que en principio yo no me preocuparía demasiado por si no he escogido al personaje correcto.

Sin embargo, en ocasiones es cierto que un personaje no encaja porque no es el adecuado. Ocurre cuando un personaje distrae al lector de otra trama. Tal vez tenga un arco argumental muy interesante pero que no encaja del todo con la trama principal, y eso hace que el lector quiera leer sobre el personaje y no se centre en la historia que estáis contando. Entonces deberéis tomar ciertas decisiones: quizá este personaje debería ser el protagonista desde el principio. Tal vez necesite su propia historia y deba ser reemplazado por otro que encaje mejor en la dinámica de grupo de este reparto. Sin ir más lejos, en *El camino de los reyes*, tuve que dividir un personaje en dos y creé a Dalinar y a Adolin, para que las motivaciones y los objetivos de ambos personajes entraran en conflicto externo en lugar del interno que tenía el personaje original.

ESTUDIANTE: *¿Cómo se puede escribir un personaje con una enfermedad mental sin saber mucho sobre ella?*

BRANDON SANDERSON: Aprendiendo sobre la enfermedad. Existen algunos temas que, si no se tratan como corresponde en un libro, pueden hacer daño a un colectivo. Por ejemplo, si no representáis con verosimilitud un problema de salud mental, podéis ayudar con vuestro libro a aislar a quienes lo sufren. Podéis hacerlos sentir peor. O podéis introducir un sesgo dañino en la opinión pública. No creo que sean temas que debáis evitar al escribir, pero sí os recomiendo encarecidamente que vayáis con pies de plomo.

En este tema difiero de otros escritores que sugieren, también de manera legítima, que deberíais evitar escribir sobre asuntos en los que no tengáis una experiencia personal. Para mí escribir consiste en explorar el mundo y la condición humana, y no puedo quedarme satisfecho sin mostrar personajes muy distintos a mí y sucesos muy distintos a los que he vivido. Es uno de mis fundamentos como escritor. Y eso me llevará a veces a equivocarme. Vosotros también os equivocaréis, y de vez en cuando haréis daño a alguien sin querer. Es importante que seáis conscientes de ello y que intentéis impedirlo investigando, recurriendo a fuentes primarias, haciéndoles preguntas, leyendo sus blogs, sus biografías, lo que escriben sobre su vida. Y al terminar, aseguraos de incluir a personas de ese colectivo entre los lectores de prueba de vuestra historia, pagándoles si son expertas. Si vais a tratar estos temas en vuestra obra, como escritores tenéis la responsabilidad de plasmarlos de forma adecuada.

ESTUDIANTE: *¿Qué te motiva a la hora de plantearte cómo encajar la progresión de la trama y la de los personajes?*
BRANDON SANDERSON: No sé si «motivar» sería el verbo adecuado para esto. Mi motivación viene a ser la misma todos los días, y es que quiero contar mis historias. Me encanta sacármelas de la cabeza y plasmarlas en la página para que

la gente pueda experimentarlas. Es lo que me impulsa a seguir escribiendo, mi motivación a gran escala.

Lo que me anima a sentarme cada día a trabajar, mi motivación cotidiana y a pequeña escala, es ver cómo sube la cuenta de palabras escritas hacia mi objetivo a medida que completo más y más capítulos. Y también me encanta que la trama y los personajes combinen bien. Muchas veces necesito un pequeño proceso de revisión para asegurarme de que esa alineación de la trama y los personajes funciona. En *El Ritmo de la Guerra* tenía a un personaje que encajaba a la perfección con la trama, pero no me parecía que estuviera evolucionando como debía, y no fue hasta la tercera revisión cuando por fin hallé un progreso adecuado para ese personaje. En ese caso, en contra de lo que suelo hacer, modifiqué un poco el recorrido del personaje para que se ajustara mejor a la trama. Sientes una gran satisfacción cuando consigues hacerlo.

8

Caracterización

Independientemente de su extensión, cualquier historia se compone de cuatro tipos de escritura: el diálogo, las descripciones, la acción y las escenas introspectivas (también conocidas como «el personaje mirándose el ombligo»). Cuando la gente habla de la voz de un autor, en el fondo se refiere a cómo usa y mezcla los distintos tipos de escritura.

Así pues, veamos esas cuatro vertientes de la escritura para detectar las estrategias que pueden resultaros valiosas, sin perder de vista cómo aplicarlas a la caracterización de personajes.

Diálogo

La pregunta crucial, a la hora de hablar de diálogo, es la siguiente: ¿Cómo escribir las conversaciones entre personajes de forma que tengan el máximo impacto en la novela? No existe un método único para lograrlo, sino distintas posibles estrategias.

El diálogo suele ser uno de los métodos más activos para transmitir al lector información y caracterizar a vuestros personajes, en particular si hay más de uno hablando.

Porque lo primero que os interesará evitar es que vuestros diálogos suenen a monólogos, a menos que pretendáis que alguien se levante a dar un discurso o que, como es mi caso, tengáis un personaje para los epílogos de vuestras novelas de fantasía épica en los que se dirige a una sala vacía. Podéis tener motivos válidos para escribir monólogos aquí y allá, pero vuestras conversaciones no deberían sonar a monólogos.

Interesa evitar que un personaje tenga una línea larga de diálogo y el otro diga: «Ah», y luego otro buen fragmento de discurso del primero antes de que el segundo diga: «Hum». Descubriréis que, sin daros cuenta, lo hacéis más de lo debido, y el resultado es una lectura bastante mala. Sigue siendo mejor que hacer muchos volcados de información en las descripciones o en la introspección de un personaje (y a veces no tendréis más remedio que escribir un monólogo disfrazado de diálogo), pero es una forma poco efectiva de plasmar conversaciones.

El objetivo es que parezca una conversación de verdad. Un personaje empieza a hablar y, cuando parece que se lanza a un discurso, puntos suspensivos y otro personaje lo interrumpe diciendo: «Espera, bla bla bla bla». Y el primero responde: «No, porque bla bla bla». Y el segundo: «¡Es verdad! ¿Bla bla bla bla?». Y un «Sí» del primero antes de volcar un poco de información para que el segundo pregunte: «¿Y qué pasa con esto otro?». Y el primer personaje responde: «Ya lo habíamos pensado, y bla bla bla bla». Así podéis dividir el volcado de información y transformarlo en un verdadero diálogo, que se leerá mucho mejor y os dará más oportunidades de transmitir al lector la caracterización de vuestros personajes.

Al emplear el diálogo, las descripciones, la acción o la introspección, pretendemos despertar la simpatía del lector hacia un personaje —transmitir su resolución y plantear su arco argumental— o plasmar sus defectos, capacidad y motivación. Si lográis introducir esos elementos en las conversaciones de vuestros personajes, veréis cómo el diálogo salta de la página, se vuelve interesante y atractivo, y empieza a expresar carácter.

¿Cómo conseguirlo? Veamos algunos ejemplos. Si queréis incrementar el nivel de un personaje en la escala de simpatía, podéis recurrir al humor: el personaje es gracioso y suelta réplicas ingeniosas. Para restar simpatía a alguien, lo hacéis quejica: discute sin motivo y no presta atención a los demás o se burla de ellos. Para expresar la resolución de un personaje mediante el diálogo, puede hablar por los codos cuando se emociona con una idea, o hacer contribuciones valiosas, ofreciéndose a ayudar. A todos nos gusta que alguien se ofrezca voluntario.

También podéis usar el diálogo para expresar las motivaciones de un personaje. Corréis el riesgo de exagerar (como en el «¡Mi hijo! ¿Dónde está mi hijo?» de Michael en *Perdidos*), pero un personaje puede intervenir en una conversación sobre otro tema diciendo: «¿Y qué pasa con el ataque droide al planeta de los *wookies*?». Al hacerlo, ese personaje estará mostrando una motivación. O, volviendo al filatélico, podría decir: «Ya que pasamos cerca, podríamos ir a ese sitio del que siempre he querido conseguir un sello». Son tácticas que sirven para perfilar un personaje mediante el diálogo.

También podéis transmitir sus defectos: es decir, el periplo del personaje, su arco narrativo. Por ejemplo, podéis reforzar su tozudez haciendo que repita lo mismo sin parar, o su inexperiencia diciendo tonterías, o su indecisión haciendo que calle cuando de verdad debería hablar. Si queréis que su arco de personaje funcione, os interesará mostrar cómo cambia con el tiempo mediante las elecciones que hace al hablar. Si su arco narrativo es una trama de aprendizaje, puede formular preguntas pertinentes: puede pedir información y ofrecerla en otro momento de la historia.

Un buen método para mostrar la capacidad de un personaje mediante el diálogo es que otro personaje se la reconozca, porque así reforzáis el mensaje de cara al lector. Si un personaje habla de algo sobre lo que sabe y otro le responde: «Caray, no esperaba que estuvieras tan al día en este tema», el lector se lo creerá. O el personaje competente puede ir directo al meollo de un asunto sin dejarse entretener por los detalles y mostrar así su capacidad. Por otra parte, también podéis lograr que un personaje descienda en la escala de capacidad haciendo que hable como si creyera saber mucho sobre algo que es evidente que desconoce. O que haga preguntas muy tontas, o que intente salir del paso mediante el humor cuando no sea apropiado.

A medida que construyáis vuestra historia, veréis que os conviene transmitir todos estos rasgos mediante el diálogo en lugar de cargar tanto las tintas en las descripciones, la acción y la introspección. De hecho, hay un motivo por el que dejo para el final la introspección, el ombliguismo. Y es que recurriréis a ella sin daros cuenta a menos que aprendáis a obligaros a evitarlo. Sin duda, la introspección tiene su espacio en una historia, pero la utilizaréis por instinto mucho más de lo deseable. Pensaréis: «Esto no es un volcado de información, sino ideas relevantes sobre el personaje» y, tras cuatro páginas en que alguien reflexiona sobre cómo superar lo que sea para volverse mejor persona, vuestros lectores se habrán dormido. En cambio, si sois capaces de escribir una conversación entre varios personajes con distintas motivaciones, defectos y habilidades, de forma que al terminar el lector piense que los conoce mejor a todos y haya recibido información relevante sobre el robo que pretenden realizar, habréis dominado la caracterización sin tumbar a nadie.

Esto no significa que todo diálogo deba incluir un volcado de información sobre la trama, pero toda conversación sí debería servir para algo. Con un poco de suerte, para varias cosas a la vez. Aunque no proporcionéis información al lector ni hagáis avanzar la trama, las conversaciones pueden conseguir otras muchas cosas. Por ejemplo, el objetivo de algunos diálogos es transmitir que dos personajes tienen un pasado en común. Si en una película de Marvel se encuentran Ojo de Halcón y la Viuda Negra, y comparten una broma privada sobre lo que ocurrió en Budapest, el espectador deduce al instante que los personajes se conocen, que tienen tema de conversación y que son amigos. Del mismo modo, podríais indicar al lector que dos personajes no se llevan bien y están en conflicto. Un diálogo puede escribirse para hacer reír o llorar al lector; es decir: para que los personajes le inspiren alguna emoción.

Sin embargo, aunque en algunas películas parezca, por ejemplo, que gran parte del diálogo es solo humorístico, a menudo logra muchas más cosas. Además de provocar la risa del espectador, puede hacer avanzar la relación entre los personajes. En ocasiones sirve como respiro tras el ritmo frenético de una escena de acción tensa, y para dar la oportunidad al espectador de cambiar de emoción durante un rato.

En vuestras historias, os interesa evitar que una emoción esté siempre al diez sobre diez. Puede ser un problema muy grave. Imaginad que trazáis la gráfica de una emoción concreta de un personaje. El eje horizontal es el tiempo y el vertical lo intensa que es la emoción. Si la gráfica es una línea recta en lo alto, si el personaje está siempre al diez de enfado, vuestra historia se resentirá porque tendréis a un personaje unidimensional. El lector se cansará de ese personaje, de lo furioso que está todo el rato, y como escritores veréis que la historia se estanca porque no hay variedad emocional. En cambio, si la gráfica tiene picos y valles —si el personaje se enfada un poco, lo supera, sucede algo peor a lo que también intenta sobreponerse pero al final la situación se desmadra y llegamos al «Hulk aplasta»—, la historia tendrá altibajos emocionales y funcionará mejor.

Con la acción sucede más o menos lo mismo. Si vuestra historia está al diez de acción de principio a fin, cansaréis al lector. Y en general esto también se aplica a la tensión y al ritmo, aunque el ritmo depende un poco más de la longitud de la historia. He leído libros breves que mantenían el ritmo al nueve o al diez todo el tiempo y me gustaron, porque los leí de una sentada y luego pensé: «¡Menudo *page turner*!». Pero si el libro es lo bastante extenso para tener que leerlo en varias sesiones, termina dejándome insatisfecho. Suele ocurrirme con los *thrillers*. Dejo de leer, retomo el libro, veo que el ritmo sigue al diez y empieza a aburrirme.

Lo que procuro hacer, sobre todo en las novelas largas como *El camino de los reyes*, es que la curva emocional tenga picos y valles. Intento que la tensión y el ritmo vayan creciendo a lo largo de la historia, pero también escribo remansos en los que los personajes charlan sentados en torno al fuego, lo pasan bien y recuerdan lo mucho que les gusta estar juntos. Así proporciono al lector un alivio tras algunos momentos muy tensos. Y eso también se consigue con el diálogo.

Preguntas y respuestas

ESTUDIANTE: *¿Hasta qué punto deberíamos utilizar los dialectos de la ambientación en las conversaciones, para no saturar al lector?*

BRANDON SANDERSON: Esta es una decisión personal, estilística. En mi opinión, cuanta menos jerga artificial introduzcáis, mejor, incluso si son pequeños ripios que utilizáis para distinguir a un personaje. Yo incluí uno en *Elantris*, similar al «¿eh?» o al «¿verdad?» al final de una frase para pedir confirmación. En la novela hay un personaje que dice mucho: «¿Kolo?». Mi editor eliminó unas tres cuartas partes de sus apariciones en el manuscrito original, argumentando lo siguiente: «Sé que en un diálogo realista la gente usa estos ripios a todas horas, y hasta hay idiomas en los que cada oración termina así para pedir al interlocutor que confirme que lo ha entendido y sepa que puede hablar. Pero no necesitas tantos como crees». Si queréis añadir a vuestros diálogos palabras en jerga o en otros idiomas, inventados o no, os conviene espolvorearlos con suavidad, no inundar la conversación.

Eso no significa que no debáis utilizar ese recurso y, de hecho, algunos autores han escrito unos pasajes maravillosos inundados de dialecto. En un capítulo de *El nombre del viento* hay una conversación muy divertida escrita íntegramente en jerga de campesinos. Terry Pratchett también usa bastante este recurso en *Los pequeños hombres libres*. Hasta podría argumentarse que, en Star Wars, Chewbacca y R2-D2 hablan en dialectos que no entendemos. Pero, en cualquier caso, debo advertiros que, si os excedéis con el dialecto en los diálogos, muchos lectores se aburrirán aunque lo comprendan. Recomiendo ir con cuidado y proporcionar pistas contextuales de por dónde va la conversación, aunque sea una decisión personal de cada escritor.

ESTUDIANTE: *¿Cómo se puede hacer que las particularidades de un personaje destaquen en una conversación sin cansar al lector?*

BRANDON SANDERSON: Como en el caso de la jerga, se consigue más con poco. Si todas las frases del personaje incluyen la particularidad que sea, el lector tardará poco en cansarse y encontrarlo forzado.

Por otra parte, vuestro principal recurso como escritores es la variedad. Para casi todo lo que escribáis, y en concreto para el diálogo, nunca perdáis de vista esa variedad. Podéis escribir conversaciones que se acerquen más al monólogo y combinarlas con discusiones que casi parezcan escenas de lucha con palabras, o incluir un poco de charla insustancial en la que aflore alguna idea relevante.

Del mismo modo, si tenéis un personaje que siempre está pidiendo información, puede hacerlo de muchas formas. La idea es no apabullar al lector con la característica del personaje que estáis resaltando. Si lo hacéis bien, el lector debería poder distinguir que está hablando ese personaje que siempre pide información, pero no debería poder explicar muy bien por qué lo sabe. Si un personaje muy empático anima a hablar a la persona que está en silencio en varias conversaciones a lo largo de la historia, el objetivo es que el lector lo capte de manera subconsciente y termine atribuyendo al personaje esas líneas de diálogo por instinto.

Un método muy efectivo para practicar esta habilidad es escribir diálogos sin acotaciones. Es muy difícil y rara vez podréis dejarlos en el texto definitivo. En un libro de mi serie Alcatraz contra los Bibliotecarios Malvados, hay una conversación de este estilo, pero es porque la broma está justo en eso: en que se cuela un personaje aleatorio (un pirata, si no recuerdo mal) que no estaba presente cuando empiezan a hablar, y el lector se da cuenta a medida que lee un diálogo a gritos sin ningún tipo de acotación. Si queréis hacerlo, la conversación deberá tener más de dos participantes. Probad a escribirla sin incisos y sin descripciones, a ver si lográis que el lector sepa distinguir a los personajes que intervienen por sus motivaciones y sus formas de hablar sin necesidad de señalárselos. Si luego a esa conversación le añadís los incisos (con un poco de descripción, algunos gestos y demás), el resultado suele ser una escena que funciona de maravilla.

Siempre recomiendo leer un par de relatos en los que eso se hace muy bien. Uno es *Están hechos de carne* de Terry Bisson, que es una conversación entre dos personas, o más bien dos seres, en la que no hay ni una sola intervención del narrador. El otro es *Wiki History* de Desmond Warzek, una historia epistolar narrada mediante entradas de varios personajes en un foro de viajeros en el tiempo. El relato especifica qué personaje escribe cada entrada y a quién responde, pero podríamos retirar las etiquetas y aun así seguir lo que está ocurriendo. Los dos relatos son muy divertidos y pueden leerse gratis en internet.

ESTUDIANTE: *Si es un diálogo rápido y solo hay dos personajes, ¿podemos retirar las atribuciones?*
BRANDON SANDERSON: Podéis retirarlos sin muchos problemas. Cuando Dave Farland impartía este curso, advertía a los alumnos que no pasaran de las tres líneas de diálogo entre dos personas sin añadir un inciso, aunque fuera solo un gesto de un participante. Si la conversación es a tres, o incluso si hay otro personaje presente aunque no hable, suele ser conveniente añadir más atribuciones de las que parecen necesarias, porque esa tercera persona crea interferencia. Pero en general, si solo hablan dos personajes y es un diálogo ágil, podéis retirar muchas acotaciones. En una conversación ocurrente a dos, al estilo de lo que hacía Joss Whedon en *Buffy* o *Firefly*, apenas deberíais necesitar ninguna.

Se suele recomendar lo mismo para los adverbios. La norma general es evitar los «dijo suavemente» o, al menos, economizarlos y emplear solo unos pocos cuando es imprescindible matizar el tono. Algunos autores abogan por eliminarlos todos sin piedad, pero, de nuevo, es una decisión personal y estilística. A J. K. Rowling le encanta utilizarlos siempre que puede, y es la escritora de género que más vende en nuestros tiempos, así que tomaos ese tipo de consejo con ciertas reservas.

Pero hay un motivo para que se recomiende evitar que os apoyéis en acotaciones y adverbios, y es que, al renunciar a esa muleta, el diálogo sale más nítido por naturaleza. Si no acotáis una línea de diálogo con un «gritó» y mostráis que el personaje está furioso mediante la elección de palabras y el énfasis, la conversación tendrá más fuerza que si añadís: «dijo con furia, ceñudo». Por eso la mayoría de los profesores aconseja retirar el máximo de adverbios y verbos de dicción, y dejar que sea el diálogo quien hable (valga la redundancia).

Estudiante: *¿Puede hacerse también introduciendo más acción en el diálogo?*
Brandon Sanderson: Sí, podemos introducir gestos, que añaden acción a los diálogos. Los gestos vienen muy bien porque, por ejemplo, si escribís: «Dio un manotazo en la mesa. "No seguiré hablando contigo"», entonces ya no necesitáis un «gritó», ni siquiera un «dijo». El lector visualiza lo que está ocurriendo, desciende en la pirámide de abstracción y se queda anclado en la escena.

La frecuencia con que utilicéis gestos en las conversaciones también es una decisión estilística. Hay escritores que los añaden a casi todas las líneas de diálogo. Otros prefieren limitar los gestos a los estrictamente necesarios para mantener al lector en la escena y que sepa quién está hablando sin recurrir tanto a los «dijo» y «preguntó». En mi opinión, si utilizáis menos gestos, igual que si utilizáis menos adverbios y menos incisos en general, os estaréis obligando a escribir mejores diálogos, y muchas veces el lector añadirá esos gestos en su mente. En el fondo, la cuestión se reduce a la medida en que, como escritores, queráis pintar una escena cinematográfica en la mente del lector narrándole todos los actos, o queráis retiraros y dejar que lo imagine por sí mismo. También variará en función del género que escribáis. Algunos piden más gestos, y otros menos.

Pero sobre todo dependerá de lo mucho o poco que pretendáis destacar el diálogo en sí. Imaginad una escena que consista únicamente en líneas cortas de diálogo, quizá con alguna broma intercalada. Ahora cambiadla en vuestra mente. Añadid un gesto al principio, del tipo: «Se rascó la cara». Y otro gesto tras la segunda línea: «Ella se reclinó, cruzada de brazos, y ladeó la cabeza». Añadidle unos cuantos gestos más. La escena nueva, en lugar de leerse como una ráfaga, ahora es más lenta e introspectiva. El lector visualiza a los personajes, se centra menos en la conversación y más en los gestos, y como autores estáis concediendo más importancia al subtexto que al texto del diálogo.

En general, suelo recomendar que no os apoyéis demasiado en los gestos, pero desde luego habrá ocasiones en las que queráis apartar al lector de la conversación y centrarlo en el subtexto. Hay autores buenísimos, como Frank Herbert, que escriben escenas en las que un personaje comenta diálogos ajenos, ya sea para sí mismo o para otra persona, y el propósito de esas escenas es priorizar la caracterización del personaje a través de los comentarios por encima del diálogo.

ESTUDIANTE: *¿Cómo señalas que se está produciendo una conversación telepática entre dos personajes?*
BRANDON SANDERSON: El diálogo mental suelo representarlo en cursivas. En realidad, hay muchas opciones. Se pueden utilizar las versalitas y establecer que, en esa novela, el uso de versalitas significa que está teniendo lugar una conversación mental. Otros emplean cursivas entrecomilladas. Yo uso las cursivas sin más, aunque para otros autores el uso de cursivas señala que la conversación se mantiene en un idioma distinto al del resto del texto. Las cursivas pueden

significar muchas cosas, así que jugad con ellas a vuestra manera.

Descripción

Buena parte de la información relevante sobre las descripciones está cubierta en la parte de la ambientación, cuando hablábamos sobre la pirámide de abstracción y los métodos para afianzar al lector en la escena y en la historia. Así que aquí nos limitaremos a ver algunos detalles sobre la caracterización de un personaje mediante las descripciones desde su punto de vista, y terminaremos con algunos consejos prácticos sobre las descripciones más habituales que escribiréis en una novela.

Un párrafo en el que un personaje describe la ambientación puede ser utilizado para hacerlo subir o bajar en la escala de simpatía. Por ejemplo, podría describir lo que ve de un modo cómico o divertido, aumentando su simpatía, o podría mostrarse desdeñoso y ofensivo para descender en la escala. En este último caso, recomiendo que dejéis muy claro al lector que quien está haciendo la descripción es el personaje y no el autor, y para eso deberéis aseguraros de que los puntos de vista de todos vuestros personajes son muy característicos.

Si escribís en primera persona o con un narrador omnisciente limitado —como en el noventa por ciento de las obras publicadas hoy en día—, cuando describáis a un personaje será siempre desde la perspectiva del personaje que lo describe. Por tanto, cada descripción dirá algo del personaje que hace la descripción y algo del personaje descrito. Por ese motivo, sobre todo si escribís en tercera persona, en ocasiones pasaréis al estilo omnisciente durante algunos pasajes breves, para que no todo esté teñido por la voz del personaje. Puede ser un modo muy práctico de transmitir al lector el aspecto de un lugar o una persona, y durante ese pasaje omnisciente estaréis caracterizando mucho más lo descrito que a quien describe. Pero recordad que describir a través de un personaje es una de vuestras cuatro principales herramientas para caracterizar a ese personaje, y que deberíais evitar la última, la introspección, en la medida en que lo permita vuestro estilo. Así que no dejéis de emplear la descripción con este objetivo.

Una descripción también puede establecer las motivaciones de un personaje. Si alguien entra en un aula, la descripción que hará del espacio y sus ocupantes será distinta en función de si pretende sacar buenas notas en todas las asignaturas o buscar pareja. La resolución de un personaje puede mostrarse haciendo que se fije primero en lo importante y clasifique lo que ve dependiendo de lo útil que pueda resultar para sus planes.

Quizá lo más fácil de establecer mediante las descripciones sean los defectos de un personaje. En *La verdad* de Terry Pratchett, hay un personaje que lo mira todo pensando en si puede esnifarlo. Tiende a opinar que sí con todo, y cuando lo hace le da un subidón aunque esté esnifando cosas que no deberían dárselo. Es el mismo personaje que dice «'ido» en vez de soltar palabrotas. No se especifica en ningún momento, pero parece que ha leído muchas novelas victorianas en las que censuraban las palabras malsonantes sustituyendo algunas letras por el apóstrofo, solo que él no lo sabe, así que cree que «'ido» es una palabrota y la utiliza a todas horas.

En esa novela, Pratchett utiliza la descripción y el diálogo para caracterizar a un personaje de manera brillante: el señor Tulipán es alguien a quien le gusta leer, pero no se le da muy bien atar cabos. Y la broma del «'ido» caracteriza también a los demás personajes, que sí conocen las palabrotas y se quedan perplejos al oír hablar al señor Tulipán. Lo hace todo con media palabra. Pratchett era un maestro transmitiendo con solo media palabra lo que a otro escritor le exigiría toda una escena de diálogo. Por eso es mi escritor favorito.

Volviendo a las descripciones, una de las más empleadas es la que se conoce como «plano general o de situación». Es el término cinematográfico que se usa para referirse a una toma que recorre la zona en la que estarán los personajes para que el espectador tenga una visión general, antes de cerrar el plano hacia las interacciones de esos personajes. En la escritura, hacer una descripción general a modo de plano de situación también es una forma muy práctica de empezar una escena.

A veces los planos de situación se escriben en estilo omnisciente verdadero, tenga el que tenga el resto del libro. En La Rueda del Tiempo, Robert Jordan empieza cada novela con un plano de situación narrado en estilo omnisciente antes de pasar al punto de vista de un personaje en tercera persona limitada. Si escribís con ese modelo narrativo en tercera persona, tened cuidado al empezar una escena con un plano de situación, porque lo normal es que el lector dé por sentado que está viendo el mundo a través de los ojos del primer nombre propio que encuentra. Por tanto, si el primer personaje mencionado es otro, corréis el riesgo de que el lector empiece a pensar que está en su mente.

Una manera sencilla de evitar el problema es iniciar el plano general con algo como: «Brandon se apoyó en la barandilla y contempló el aula, que bla bla bla». El «bla bla bla» es la descripción del aula, que podéis hacer en estilo omnisciente, y luego pasamos a la escena. Es importante que, después de haber hecho la descripción general, utilicéis lo que yo llamo «anclajes», que son descripciones muy breves que mantienen al lector centrado en el entorno y en sus ocupantes, e impiden que ascienda flotando en la pirámide de abstracción.

Esos anclajes también pueden ser gestos, cuando el personaje interactúa con el entorno, y pueden alejarnos un momento de la escena para añadir una o dos frases descriptivas si el personaje se ha fijado en algo relevante. Esa escena descriptiva mantendrá al lector en la ambientación y evitará el «síndrome de la sala blanca». Cuanto más tiempo pasen vuestros personajes hablando entre ellos o meditando en una escena introspectiva sin interactuar con la ambientación, más probable es que el lector empiece a imaginar que todo sucede en una sala blanca y aséptica. Estará en lo alto de la pirámide de abstracción y, cuando empiecen a suceder cosas, no sabrá cómo se relacionan con el entorno ni con los personajes, porque habrá olvidado el escenario.

De modo que, si escribís historias ambientadas en mundos fantásticos, procurad no excederos en las descripciones que usen palabras exclusivas de nuestro mundo. Por ejemplo, si en un salón hay una cama turca, ¿podemos llamarla cama turca, si Turquía nunca existió en la ambientación que hemos creado? En Nacidos de la Bruma, empleo muchas composiciones griegas o latinas para las palabras inventadas con las que designo mis sistemas de magia, como la «alomancia». ¿Estoy afirmando con ello que el latín existe en mi ambientación y que «mancia» también significa la capacidad de ver el futuro? Tolkien solía decir que sus libros eran traducciones del idioma original y que el traductor interpretaba los dichos y los conceptos para que el lector occidental moderno pudiera entenderlos, y es la excusa a la que yo también recurro cuando, en contadas ocasiones, utilizo palabras exclusivas de nuestro mundo en mis novelas. Decidáis utilizarlas o no, tened en cuenta que pueden sacar al lector de vuestra historia. Quizá lo mejor sea eliminarlas por completo, pero es una decisión que hay que tomar como escritor.

Por último, recordad que en las descripciones podéis emplear los cinco sentidos, porque, si no estáis atentos, descubriréis que os apoyáis demasiado en la vista. Lo hacen casi todos los escritores. El sentido del gusto es el más difícil de todos, pero lo normal es que, si no os esforzáis de forma consciente, dejéis un poco de lado el oído, el olfato y el tacto. Una ventaja que tiene la literatura sobre otras disciplinas artísticas son los planos de situación. Por ejemplo, con la escritura podéis transmitir al lector la temperatura, y cómo le afecta a un personaje. Aprovechad esa ventaja y utilizad más sentidos que en una película, que se limita a sugerirlo todo mediante la vista y el oído. Estas herramientas propias de escritor os permitirán crear una escena efectiva.

Acción

Aunque como escritores tengamos ciertas ventajas respecto a otros medios como el cine, también sufrimos una gran desventaja. El cine, al ser un medio visual con un fuerte componente auditivo, puede plasmar una escena con muy poco tiempo y, si el director hace bien su trabajo, el espectador jamás olvidará dónde está el personaje en relación con los demás y con el entorno a menos que sea eso lo que pretende.

En cambio, a vuestro lector siempre le costará un cierto esfuerzo mental situar a los personajes en el escenario. El camino para evitarlo y facilitarle la tarea será un continuo tira y afloja entre vosotros y él, porque por una parte no queréis que sufra el síndrome de la sala blanca, pero por otra no os interesa sobrecargarlo con descripciones anodinas de gente moviéndose por el espacio en el que transcurre la escena. El problema se agrava en las escenas de acción, cuando necesitáis que el lector sea capaz de situar todos los elementos relevantes para lo que queréis narrar.

Por ese motivo, las escenas de acción son un poco más

difíciles para un novelista que para un cineasta. Las películas tienen la ventaja de ser un medio visual, por lo que las escenas de acción serán, por naturaleza, un poco más emocionantes en la pantalla que sobre el papel. Sin embargo, como escritores tenéis varias estrategias que os permitirán contrarrestar esa desventaja. Además de poder valeros de más de dos sentidos, también podéis entrar en la cabeza de los personajes. Así que, tanto para las escenas de acción como para el diálogo y la introspección (aunque quizá no tanto para las descripciones), os recomiendo que las tratéis como pequeños arcos de personaje insertados en la trama general de la novela.

Por ejemplo, una gran manera de iniciar una escena de acción es empezar mostrando la motivación del personaje, que en teoría ya tenéis establecida de antemano. El personaje puede trazar un plan, cosa que tampoco es necesario evidenciar de forma activa. No hace falta que piense en los pasos que seguirá para cumplir su objetivo, pero sí podéis establecer una promesa haciendo que vea que hay diez enemigos en la sala. Eso ya indica al lector cuál será el progreso: hay diez malos y el protagonista gana cuando acabe con todos, así que vamos a contarlos. De ese modo dais una sensación de progreso a la escena de acción, contando a cuántos enemigos derrota el personaje. El progreso, obviamente, no tiene por qué consistir en enemigos vencidos. El plan podría ser que el personaje debe llegar al final de un pasillo, y entonces su progreso sería recorrerlo: alcanzar un lugar donde cubrirse ante armas arrojadizas, pasar al siguiente hito y al siguiente. En ese caso no contaréis enemigos, porque habéis prometido un progreso que consiste en avanzar por un entorno, y en su lugar estaríais escribiendo un pequeño diario de viaje con lucha.

En la película *El emperador y sus locuras* hay una escena muy buena, y muy breve: Kronk, un personaje grande y fuerte que hace de antagonista simpático y torpón, se enfrenta a Yzma, su jefa, la muy antipática villana de la historia. Kronk tiene un ángel y un demonio que aparecen en sus hombros y hablan con él, por lo que su motivación (dejar de trabajar para Yzma) está planteada de antemano. Entonces ella insulta los buñuelos de apio que prepara Kronk y el demonio le sugiere lo siguiente: «Cárgatela». El progreso está en que el ángel hace que Kronk mire hacia arriba, donde hay un candelabro, y la recompensa es que Kronk corta la cuerda que lo sostiene, aunque, al ser una comedia, el candelabro cae pero no hace daño a Yzma.

La mayoría de las secuencias de acción que mejor funcionan en las películas y los libros presentan alguna variación sobre esta estructura. El personaje tiene una motivación establecida. Se muestra que sabe lo que debe hacer en la escena, y entonces el protagonista lleva al público por los puntos de progreso hasta la recompensa, que suele ser el éxito o el fracaso. Si concebís así vuestras escenas de acción, resultarán mucho más satisfactorias que si os limitáis a hacer que los personajes peleen un rato y punto, cosa que os recomiendo evitar porque termina aburriendo al lector.

También os interesa que la situación evolucione a lo largo de la escena, que cambien las tornas para el personaje durante el progreso. Al escribir una escena de acción, preguntaos cuáles serán las sorpresas y los giros argumentales, igual que haríais al planificar cualquier trama o subtrama. Puede ocurrir que alguien saque una silla plegable de debajo de un banco, como en los combates de lucha libre. La lucha libre, por cierto, es un buen ejemplo del tipo de situación cambiante que quizá os interese analizar para crear una buena escena de combate.

Por supuesto, no toda la acción consiste en peleas entre personajes, pero el combate ilustra bien algunos problemas con los que podéis topar al escribir escenas de acción y las formas de resolverlos. Uno muy habitual es que el lector no tiene por qué conocer los tecnicismos sobre el tipo de persecución o combate que estéis escribiendo. Lo podéis evitar enseñándole esa jerga a lo largo de la historia para que le resulte familiar en el momento en que la necesitéis. Pero también podéis recurrir de algún modo a la abstracción o al resumen. En La Rueda del Tiempo, Robert Jordan ilustra el combate a espada con técnicas de esgrima que tienen nombres como «El jabalí baja corriendo la montaña», y gracias a ello no es necesario que el lector sepa exactamente qué hace Rand en el combate, porque un jabalí corriendo cuesta abajo ya transmite una sensación de velocidad y potencia.

También podéis tener el problema contrario: no sois expertos en el tipo de acción sobre el que vais a escribir una escena y teméis que algún lector pueda serlo y os saque los colores. Para estos casos, tenéis muchísima información disponible en internet. Hay gente por todas partes escribiendo o grabando tutoriales con los que se puede aprender casi cualquier cosa que necesitéis. Yo recurro mucho al canal de Matt Easton en YouTube, *Schola Gladiatoria*, que a menudo muestra asaltos de combate entre distintas armas clásicas (como la lanza contra la daga), y los repite varias veces para que el espectador capte todos los detalles. Internet nos permite informarnos sobre casi cualquier tema con un esfuerzo mínimo y alcanzar como escritores un cierto grado de conocimiento, pongamos el cincuenta por ciento, en una disciplina cuyo segundo cincuenta por ciento nos costaría otros nueve años. Mi consejo, por tanto, es que lleguéis por vosotros mismos a ese cincuenta por ciento en todos los campos de conocimiento que requiera vuestra historia, y luego busquéis a expertos que puedan corregir los pequeños errores que cometáis.

Por ejemplo, para la medicina de campo de Kaladin en *El camino de los reyes,* contraté a un excirujano militar con experiencia en batalla. Le pedí que revisara las escenas pertinentes de Kaladin y que me aconsejara sobre ellas. Lo normal es que al documentaros por vuestra cuenta y aprender la parte fácil evitéis los errores más graves, y luego los detalles puede arreglarlos otra persona con conocimientos específicos sobre el tema. Aun así, podéis llevaros sorpresas. En *Escuadrón* cometí varios fallos garrafales sin darme cuenta, aunque por suerte había tres pilotos de caza entre los lectores beta del libro que me sacaron enseguida de mi error. Al escribir la novela, no tuve en cuenta que los efectos de la aceleración en un piloto de caza dependen de la dirección de la inercia. Yo había supuesto que una aceleración demasiado intensa dejaba inconsciente al piloto, sin más, pero en realidad solo tiene ese efecto cuando hace bajar la sangre del cerebro. De hecho, es más peligroso que la sangre vaya a los ojos y provoque daños que el riesgo de quedarse inconsciente. En cuanto lo supe, tuve que reescribir buena parte de las escenas de acción de la novela e introducir la cabina giroscópica en los cazas estelares, porque estaba aplicando fuerzas a los personajes en unas direcciones que su cuerpo no podría tolerar.

Introspección y arcos de personaje

Probablemente no necesitéis muchas explicaciones sobre cómo escribir escenas introspectivas, también llamadas de ombliguismo, porque ya lo estáis haciendo en exceso. Seguramente seáis expertos en hacer que vuestros personajes se miren el ombligo y mediten sobre sus problemas durante páginas y más páginas.

No es que la introspección sea mala por naturaleza. Todos los personajes necesitan un poco de introspección, a menos que estéis escribiendo algún tipo de narrativa extraña y muy cinematográfica en la que no entréis en la mente de nadie. Todo personaje pensará en algún momento «Esto que me ha pasado es un horror», y al hacer que lo piense estaréis dando al lector la impresión de que es un ser humano auténtico. Sin embargo, en general necesitaréis mucha menos introspección de la que vuestro instinto os llevará a utilizar.

Por tanto, mi principal consejo para la introspección es que intentéis dividirla y la repartáis entre los demás recursos narrativos: el diálogo, la descripción y la acción. Procurad que los párrafos de ombliguismo que os queden tengan algún sentido, que el lector se lleve la impresión firme y sólida de que habéis conseguido algo con ellos. Aseguraos de utilizarlos para desplazar a los personajes en las escalas de simpatía, resolución y capacidad; intentad establecer o reflejar con ellos sus limitaciones o sus defectos, reforzar o cambiar sus motivaciones. Sobre todo, hay que evitar escribir pasajes introspectivos solo porque os salen por instinto. Si lo hacéis así, buena parte de la introspección que haga un personaje en vuestra historia servirá para reforzar su arco narrativo.

En cuanto a los arcos de personaje, conviene recordar varias cosas. En algún momento, la mayoría de los arcos incluye una reconsideración de objetivos. Suele centrarse en la dicotomía entre lo que quiere el personaje y lo que necesita, en que empiece a comprender sus necesidades y renunciar a sus deseos. No ocurre siempre, pero sí en muchos arcos de personaje.

Es más, una gran cantidad de arcos de personaje se ciñe a la estructura narrativa tradicional en tres actos, porque llega un momento en el que el personaje asume su defecto, cosa que en teoría mostraréis mediante el diálogo, la descripción, la acción y la introspección sin que el personaje sea explícitamente consciente de ello. En ese punto, pasará de ser inactivo sobre su defecto a trabajar de forma activa en él. Es el mismo proceso que tiene lugar entre el primer y el segundo acto de la trama general de una historia, cuando el personaje deja de ser pasivo y empieza a actuar por sí mismo.

No siempre tiene que ocurrir en este punto, pero sí es lo más frecuente. Encontraréis novelas, en general primeras entregas de series, en las que el personaje no reconoce su defecto hasta el final del primer libro, y entonces piensa: «Tengo que esforzarme en esto. Es importante». Y luego, en el siguiente libro, lo vemos intentando superar el defecto. Por supuesto, solo son unas indicaciones generales, y no todas las historias siguen necesariamente ese formato.

Muchas veces el personaje recaerá en su defecto, lo cual sucederá más o menos coincidiendo con el momento más oscuro de la trama de la historia, el momento en que parece que todo se va a pique. El personaje creía tener superado el defecto, mete la pata y da la impresión de que la situación es nefasta, pero aún le queda algo que aprender que le servirá para levantarse y seguir adelante. En los arcos de personaje, es habitual que llegue un momento en que el conflicto interno se alinee de algún modo con el conflicto externo, el de la trama principal de la historia. Tal vez se superpongan, y el personaje por fin comprenda que debe renunciar a lo que quiere y que lo que necesita es precisamente lo que llevará adelante la trama. Puede ser un contraste, si el personaje se da cuenta de que debe hundirse más en su defecto y entrar en un terreno peligroso para lograr lo que la trama requiere de él. Esto último se da más en las historias que tienden hacia la tragedia, como *No soy un serial killer* de Dan Wells, novela en la que un asesino en serie que no quiere serlo comprende que debe matar a un demonio. Llega un punto en que el personaje tiene que renunciar a su mayor deseo y debe recaer.

Esto puede hacerse de muchas maneras, pero lo más frecuente es que en algún momento la motivación interna del protagonista y la motivación externa de la trama entren en contacto, y ese momento será crucial en vuestra historia.

Preguntas y respuestas

ESTUDIANTE: *¿Cómo se sabe si un arco de personaje debería extenderse a lo largo de varios libros? O más en general, ¿cuándo debemos dividir una historia en distintos volúmenes?*

BRANDON SANDERSON: Los autores inexpertos suelen preocuparse demasiado por las secuelas. En general creo que, como escritores noveles, os conviene más centraros en completar el arco de un personaje en un solo libro y dedicaros a él en cuerpo y alma. Obviamente, los autores más expertos que escriben series saben que también es importante tener arcos de personaje que abarquen varias entregas. Pero yo opto por crear un primer libro satisfactorio y asegurarme de que los personajes completan un arco narrativo.

Si de todos modos vuestra intención es dividir el arco de personaje entre varias novelas, lo que haréis en general será partirlo en pasos coherentes. Por ejemplo, en la trilogía original de Star Wars el arco narrativo de Luke (convertirse en caballero jedi) está dividido en tres partes: el primer paso es confiar en la Fuerza; el segundo, controlar la ira y el tercero será enfrentarse a su padre y redimirlo en vez de matarlo. Ese será su periplo como jedi, que se reparte por pasos entre las tres películas. Si consideramos el arco narrativo general, en la primera película Luke aprende a confiar en la Fuerza, en la segunda sus emociones le dan problemas y no logra controlar la ira, y en la tercera logra dominarse y lo demuestra redimiendo a Darth Vader (y no acabando con él), completando así su periplo como personaje.

Pero si os fijáis, el primer paso del arco de Luke funciona como un arco narrativo de pleno derecho en la primera película. Al principio, Luke no logra confiar en la Fuerza con los ojos vendados y no para de recibir descargas eléctricas del pequeño droide volador. Eso refuerza en él la idea, sugerida por Han Solo, de que eso de la Fuerza son tonterías y no debería hacerles caso. Y al final de la historia debe decidir entre escuchar al forofo de las pistolas láser que rechaza la Fuerza o a su figura paterna fantasmal, quien le dice: «Usa la Fuerza, Luke». Se decide, aprende a confiar en la Fuerza y su recompensa es ser capaz de hacer un disparo imposible, que ya estaba establecido como tal cuando otro personaje falla incluso utilizando una computadora de objetivo. La primera parte del arco general de Luke es, en sí misma, un arco pleno y completo.

Si os veis capaces de lograr que el primer paso en el arco de un personaje sea satisfactorio para el lector usando las herramientas que tenéis como escritores, no dudéis en utilizar ese primer paso como arco narrativo, escribir el libro y reservaros el siguiente paso para la secuela. Pero si os preocupa no lograrlo, es preferible practicar intentando completar el arco de un personaje en un solo libro, porque el resultado será una historia más fuerte y compacta. Más adelante podéis plantearos en qué punto de su vida está el personaje y qué otros desafíos podéis ofrecerle tras ese primer arco. Siempre habrá más ideas que explorar con vuestro personaje.

ESTUDIANTE: *¿Cómo podemos mostrar al lector que un personaje está mintiendo, pero sin que los demás personajes se den cuenta?*
BRANDON SANDERSON: Depende de si el que miente es un narrador no fiable o un personaje secundario a quien vemos a través de los ojos de uno principal. En el caso del narrador no fiable, podemos establecer un contraste entre sus partes introspectivas y lo que mostráis mediante el diálogo, la descripción y la acción. Esa discordancia entre las dos narraciones sugerirá al lector que se enfrenta a un narrador no fiable. También podéis hacer que el personaje obtenga algu-

na información en una escena y luego cuente algo distinto a los demás, con lo que el lector sabrá que está mintiendo y empezará a sospechar de cualquier otra cosa que diga.

En el caso de un personaje secundario, podéis señalar que miente utilizando los mismos métodos que para un narrador no fiable, aunque con un poco más de dificultad. Lo normal es que resulte fácil caracterizar a un personaje secundario mediante el diálogo y la acción desde el punto de vista de un personaje principal. La descripción os servirá hasta cierto punto, pero en general la introspección os estará vetada. Por tanto, de entre las cuatro herramientas, tendréis disponibles alrededor de dos y media para caracterizar a personajes sin punto de vista en vuestra historia. Considero la descripción solo como media herramienta porque al describir estáis caracterizando al personaje que describe en la misma medida o más que al personaje descrito.

Pero, aun así, contáis con dos y media de las cuatro herramientas para caracterizar a los personajes en cuya mente no entráis para narrar la historia. Mi consejo es que practiquéis en la caracterización de los personajes secundarios mediante el diálogo, la acción y la mitad de la descripción que les corresponde, en lugar de recurrir a la introspección. Si aprendéis a utilizar bien esas tres primeras herramientas y no recurrís a la muleta introspectiva a menos que sea necesario, vuestra escritura resultará mucho más potente.

ESTUDIANTE: *Para la introspección, ¿utilizas párrafos largos en los que el personaje piensa en estilo directo?*
BRANDON SANDERSON: No me gusta mucho escribir parrafadas en estilo directo dentro de la mente de un personaje, sobre todo porque priorizo la variedad y prefiero utilizar el estilo directo para señalar puntos clave en la introspección.

Supongamos que el personaje está a solas, no está ocurriendo gran cosa y voy a escribir tres párrafos largos de introspección. En ese caso, suelo empezar el primer párrafo con un pensamiento en estilo directo, entrecomillado, que indique al lector lo que viene. Luego añado un pequeño pensamiento entre el primer y el segundo párrafo, para mantener al lector dentro del personaje, y muchas veces concluyo el bloque con otro que recapitule brevemente la introspección o transmita la decisión que ha tomado el personaje.

Visualmente, sobre la página, hacerlo así rompe ese enorme bloque de texto y resulta más atractivo. Y además, el lector empieza a darse cuenta de que esos pensamientos entrecomillados a veces pueden ser resúmenes o encabezados de los temas en los que piensa el personaje. Si les presta atención, son como migas de pan que le ayudan a recorrer esa larga sección introspectiva y le dan más sensación de diálogo interno y menos de alguien mirándose el ombligo.

El pensamiento en estilo directo que más veréis en mis libros es el intermedio, el que sitúo entre el primer y el segundo párrafo del bloque introspectivo. Lo normal es que se oponga a la dirección hacia donde estaba derivando el primer párrafo y sea algo de este estilo: «En realidad, es mejor que no haga eso. Recuerda la pista que hemos encontrado». Eso lleva a que el segundo párrafo trate sobre la pista, y parezca que el personaje casi esté discutiendo consigo mismo en el segundo y el tercer párrafo hasta que toma una decisión: «Voy a decir a tal otra persona que he encontrado esta pista». De este modo, la escena introspectiva muestra progreso y movimiento, y el pensamiento de salida en estilo directo sirve como resumen para el lector.

Quisiera recalcar que el uso del estilo directo y el indirecto es una cuestión de gustos, y que no tenéis por qué hacerlo igual que yo. Pero sí os recomiendo que os fijéis en cómo los utilizáis. Consideradlos herramientas necesarias para controlar cómo fluye vuestra historia ante el lector. Es conveniente saber cuándo queréis dar a la narrativa un ritmo más lento e íntimo y cuándo preferís que sea rápida. Queréis llevar la atención del lector en la dirección que os interese. Y mediante recursos como estos, podéis hacer que un bloque introspectivo impulse la historia hacia la siguiente escena, que podría ser una discusión con otra persona para la que ya habréis establecido la motivación del personaje.

Permitidme recordaros, una vez más, que no deberíais apoyaros demasiado en los pasajes introspectivos. Si insisto tanto es porque sé por experiencia que la mayoría de los escritores noveles recurrirán al ombliguismo en un noventa por ciento de su escritura, cuando debería rondar el veinte o el treinta por ciento, según vuestro estilo.

ESTUDIANTE: *¿Cómo podemos lograr que las voces de nuestros personajes sean distintivas?*
BRANDON SANDERSON: Siempre he pensado que la gran habilidad de un escritor es su capacidad de construir una ambientación a través de los ojos de sus personajes. Deberíais aspirar a que el trasfondo de un personaje, sus motivaciones y su personalidad, influyan en sus descripciones y en su dicción.

Por ejemplo, Robert Jordan tiene un personaje que ocupa una posición elevada. Es la Amyrlin, la líder de todas las magas del mundo, que viene a ser el cargo más importante que puede ostentarse. Pero tiene un origen humilde. Sus padres eran pescadores, así que todavía utiliza metáforas sobre el oficio (sobre peces), y es una delicia leerlas en un personaje que se supone que debería ser regio y ceremonioso. Ese contraste, el hecho de que el trasfondo de un personaje matice su forma de hablar, es un buen método para que su voz resulte distintiva.

El lugar común para lograr que el lector distinga a los personajes por su forma de hablar es hacer que los menos letrados utilicen apócopes y síncopas, que digan «pa» en vez de «para» o «agotao» en vez de «agotado». Es un recurso perfectamente válido, utilizado con medida, pero creo que se queda corto. Si un personaje tiene un trasfondo académico, no solo hablará correctamente, sino que tendrá más capacidad retórica que otro que vive en la calle. El académico recurrirá a la lógica en sus discusiones, mientras que los argumentos del callejero se parecerán más a: «No tienes ni idea, y lo sé porque he apuñalado a otros tres como tú que tampoco tenían ni idea».

Es mucho más efectivo reflejar ese trasfondo que limitar la caracterización a los apócopes o a la jerga. No por ello es menos conveniente que la dicción de un personaje refleje su nivel educativo, pero sus diálogos y sus descripciones pueden transmitir también su forma de ver el mundo, la perspectiva que tiene sobre sus sueños y aspiraciones. Tratad de hacer llegar al lector esas características de vuestros personajes.

Para lograrlo, es útil evitar que las acotaciones de los diálogos hagan el trabajo pesado en la caracterización. Es la diferencia entre un «"No estoy muy contento contigo", dijo furioso» y un «"Pero ¿cómo te atreves?"». El segundo transmite más que el primero. Si podéis recortar ese «furioso» y que la frase suene furiosa por sí misma, vuestra escritura habrá ganado fuerza. Si incluso lográis mostrar en vuestras descripciones que un personaje odia a otro por lo repeinado que va y por lo limpios que lleva los zapatos, en vez de limitaros a afirmar que le cae mal por lo estirado que es, el lector lo asimilará mucho mejor.

Para la mayoría de los escritores, pulir de este modo su narrativa es un reto que no termina nunca. Muy pocos llegan a la excelencia, y desde luego no en los primeros borradores, pero el camino es este. Si conseguís recorrerlo, si aprendéis a aplicar bien estas estrategias, venderéis libros deprisa. Porque si vuestros capítulos de inicio apenas contienen volcados de información y están repletos de diálogos que saltan de la página, que explican quiénes son los personajes por su forma de hablar, que transmiten y evocan la ambientación por contexto mediante indicaciones sutiles, ya estaréis haciéndolo mejor que el noventa y nueve por ciento de quienes envían sus novelas a las editoriales o las autopublican con la esperanza de entrar en el mercado. Si solo tenéis tiempo para practicar una habilidad, que sea esta.

9

Humor, finales y revisiones

Humor

En mi opinión, el humor es un recurso que funciona muy bien como alivio tras las partes más tensas de una historia, o para establecer una familiaridad o una división entre dos personajes. Pero tened siempre en cuenta que se trata de una emoción difícil, porque es una de las características más subjetivas e individuales de una historia.

Aquí conviene recordar que la implicación del lector en vuestra historia tendrá un gran efecto a la hora de decidir si, por ejemplo, algo le parece demasiado sentimental (en el sentido de teatrero) o le emociona. Podéis comprobarlo saltando directamente al final de una historia muy melodramática sin haber leído el resto. Al no tener una conexión emocional con los personajes, casi siempre el final os parecerá demasiado efectista. En cambio, si habéis leído toda la novela y está bien escrita, llegaréis al final después de haber hecho todo el recorrido junto a los personajes; pensaréis que se han ganado esas emociones y os permitiréis a vosotros mismos sentirlas con ellos. El humor no requiere tanta implicación como otras emociones, pero algunos tipos de comedia solo funcionarán si el lector está metido en vuestra ambientación y en vuestros personajes.

Existen varias categorías amplias de humor a las que recurrir, pero nunca perdáis de vista la variedad. Uno de esos tipos de humor es la «caída cómica». Consiste en tomar a un personaje que goza de mucho respeto, alguien competente o incluso un poco arrogante, y hacerlo caer mediante un comentario gracioso de otro personaje o mediante una situación cómica. Si un personaje está en un momento triunfal —por ejemplo, diciendo que es el mejor del mundo o alzando un trofeo—, y entonces alguien le tira un huevo a la cara, será una subversión absoluta de ese momento emotivo. El personaje caerá desde un lugar de seguridad y fuerza, hacia otro donde todo el mundo se ríe de él. La caída cómica es uno de los tipos de humor más útiles que podéis incluir en vuestras historias.

Sin embargo, si hacéis caer a alguien que ya está en un punto bajo, el efecto será más negativo para el personaje que suelta el chiste que para su objetivo. Es la misma advertencia que suele hacerse sobre la sátira: la diferencia entre atacar al fuerte y atacar al débil. No es lo mismo tirar un huevo al ganador en su podio que tirárselo al personaje vencido que se aleja encorvado porque se torció un tobillo y no pudo llegar a la meta. Ese personaje caerá un poco más al recibir el huevo en la cara, pero la justa ira del lector irá dirigida a quien lo haya arrojado. Intentad controlar en qué momentos y con qué personajes utilizáis la caída cómica o tendrá el efecto contrario.

También podéis escribir conversaciones ingeniosas. Una gran parte de esos diálogos graciosos implica una caída cómica de algún tipo. Un personaje se está riendo de otro, y este le da una réplica ingeniosa que hace caer un poco al primero, pero de un modo que provoca sonrisas. Hasta el primer personaje sonríe, y eso hace sentir al lector que está allí con los personajes pasándolo bien, que participa en la broma. En El Archivo de las Tormentas, cuando Lopen utiliza la magia, se pega su propia cara al suelo y los demás se ríen, está haciéndose una caída cómica a sí mismo. Es una de las particularidades del personaje. Si resulta tan adorable es porque está dispuesto a dejarse caer, a divertirse con ello y a reírse de sí mismo. Así que, en cierto modo, la caída cómica provoca que nos riamos de él y al mismo tiempo nos caiga mejor.

Otro tipo de humor es la yuxtaposición, que consiste en juntar dos ideas que no encajan en absoluto para provocar un efecto cómico. Ese es el que se utiliza en muchas películas. El protagonista podría ser un policía fuerte y duro, pero su compañero es un niño de seis años disfrazado de Campanilla, por ejemplo. Ninguna de las dos ideas es necesariamente graciosa por sí misma, pero juntas nos hacen reír. Debo advertiros que las yuxtaposiciones, por su propia naturaleza, harán que vuestra historia dé al lector una sensación más cómica, en lugar de limitarse a hacer que los personajes resulten más graciosos. En la película del policía y el niño disfrazado de Campanilla, el público no esperará un argumento tenso y dramático sobre un personaje que se enfrenta a alguna dificultad en su vida. Puede que haya algún elemento de ese estilo en el guion, pero en general el espectador querrá reírse con esos dos personajes que no se llevan nada bien. La yuxtaposición también puede emplearse en el diálogo, pero, de nuevo, cuanto más la utilicéis, más sensación de historia cómica estaréis dando al lector.

Por otro lado, los humoristas suelen hablar de la regla del tres. Consiste en mostrar una secuencia que tiene una relación temática, pero en la que el tercer elemento, que puede ser una yuxtaposición o una caída cómica, sorprende al lector con un efecto gracioso. No es necesario aplicar la regla al pie de la letra limitándonos a tres elementos, pero nos sirve para ilustrar que la repetición con ligeras variaciones tiene un efecto humorístico innato en el ser humano.

Un ejemplo sería *El gran halcón*, una película un tanto extraña que protagonizó Bruce Willis a principios de la década de 1990. En su momento, pareció una comedia de acción clásica a la que se le iba un poco la mano con la yuxtaposición y las caídas cómicas del protagonista, y nadie supo muy bien cómo interpretarla. En ella hay un chiste recurrente que consiste en que Bruce Willis quiere tomarse un café, pero cada vez que lo intenta sucede algo que se lo impide. La primera vez es algo muy prosaico (un frenazo repentino del coche en el que va de copiloto), pero a partir de ahí las situaciones se vuelven cada vez más estrambóticas: alguien dispara a su taza de café, o resulta que está envenenada. Ese chiste recurrente juega con la idea de que la repetición, en este caso cada vez más exagerada, tiene un efecto humorístico.

Os aconsejo que, si queréis usar este tipo de humor recurrente que va creciendo, empecéis por algo cotidiano como en *El gran halcón*. Como sucede con cualquier otra emoción, si el humor está desatado a lo largo de toda la historia, si las situaciones son muy absurdas desde el principio, corréis el riesgo de que al lector le cueste suspender la incredulidad y se canse. Pero si la trama arranca con normalidad y luego se vuelve ridícula gradualmente, el lector llegará a aceptar situaciones de lo más demenciales. Gran parte de la comedia de enredos, como la serie de películas protagonizadas por Chevy Chase en las que su familia se va de vacaciones, funciona porque empieza por algún detalle cotidiano que se tuerce, y entonces la incapacidad del protagonista para lidiar con ello vuelve la situación un poco menos normal, luego mucho menos normal y al final llega a ser completamente estrafalaria. Pero como los pasos que vamos dando son pequeños, nos reímos de que Chevy Chase pueda superarse a sí mismo haciendo el ridículo.

Vayamos ahora a la práctica, porque existen varios métodos para escribir humor. El primero se conoce como «humor de personaje», y consiste en que un personaje sea un poco raro de por sí. Mi ejemplo en El Archivo de las Tormentas sería el personaje de Lopen. Además de pegarse la cara al suelo de vez en cuando con la magia, Lopen está muy interesado en utilizar la magia para ligar. Su recurso para lograr algo tan cotidiano es pensar que a las mujeres les encantará que pueda adherir a sus amigos a las paredes: el humor se deriva de una rareza innata del personaje. Otro método es el «humor de relación». Se basa en combinar las particularidades de dos personajes de modo que sus rarezas se yuxtapongan y exageren, y suele resultar muy fresco y divertido. También funciona para establecer la camaradería en un grupo de personajes mediante diálogos ingeniosos, que pueden incluir caídas cómicas. Por último, destacaría el «humor textual», es decir, los juegos de palabras. Suele ser un humor blanco e inofensivo: el chiste que haría un padre. A mí me encantan.

En general, lo recomendable en una novela extensa es incluir un poco de cada tipo de humor, porque esa variedad garantizará que todos los lectores se rían en algún momento de la historia. Aunque haya ciertos pasajes humorísticos que no conecten con cierto tipo de lector, siempre encontrará otro que le resulte gracioso.

Finales

Una pregunta que suelen hacerme es cómo consigo que converjan las distintas tramas, subtramas y arcos de personaje para provocar, hacia el final de mis novelas, lo que en internet ha pasado a conocerse como una avalancha de Sanderson, una «sanderlancha». Es algo que me encanta que ocurra en las historias, y creo que se refleja en mi forma de escribirlas. Intento dar a mis libros un final espectacular en el que varios hilos argumentales se juntan al mismo tiempo. Es uno de los principales motivos por los que adoro escribir.

Al principio de mi carrera, antes de publicar mi primera novela, estas sanderlanchas me salían con mucha naturalidad y, a base de escribirlas, descubrí que es muy fácil que el lector pierda la pista de algunos momentos intensos si se solapan con otros puntos más álgidos de la historia que están sucediendo al mismo tiempo. Tuve que aprender a distinguir qué tramas no se quedarían grabadas en la mente del lector si formaban parte de una avalancha al final de una novela, y eso está relacionado con la idea de que no es aconsejable que las emociones estén a su nivel máximo todo el tiempo.

Supongamos que tenemos a tres personajes con sus respectivos desarrollos emocionales a lo largo de la historia. Podríamos representarlos juntos en una gráfica cuyo eje horizontal representa las páginas del libro y cuyo eje vertical indica el nivel de sus emociones. El primer personaje podría trazar una curva siempre creciente con algunos altibajos leves. El segundo personaje podría empezar un poco más alto, luego decaería porque no está aprendiendo lo que debe, pero al final su intensidad emocional iría creciendo y tendría un pico en lo más alto. El arco del tercer personaje tal vez sería más gradual y sutil, menos emotivo —lo cual se reflejaría en una gráfica de menor pendiente, que terminaría más baja que las demás—, pero con unas pequeñas oscilaciones que alcanzarían unos máximos relativos en el punto medio de la novela y hacia el final. Quedaría más o menos así:

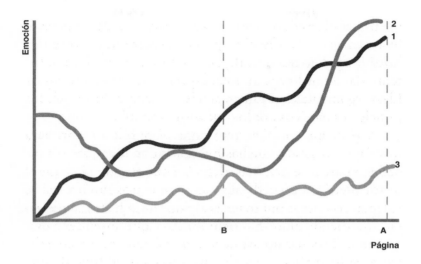

Es evidente que la conclusión emocional del tercer personaje, su punto álgido pero no tan intenso como el de los dos primeros, se verá absolutamente eclipsado si sucede a la vez que esos otros momentos tan espectaculares, en un punto A en el que tenemos a varios personajes con la emoción al máximo, tal vez durante una secuencia de acción explosiva, graduada al diez de intensidad. Si mientras sucede todo eso el tercer personaje por fin comprende que, por ejemplo, su madre nunca dejó de quererle, ese momento cálido e íntimo quedará muy diluido entre la avalancha de sucesos. Sería mejor completar el arco de ese tercer personaje antes del final, quizá cerca del punto B de la gráfica. Así, mientras el segundo personaje está en un tramo descendente, podemos narrar el pequeño momento álgido en que el tercer personaje comprende algo importante para él, y permitir de este modo que brille un poco con luz propia.

Respecto al primer y el segundo personaje —que son los que tienen sus picos intensos al final de la historia—, lo más conveniente es entrelazar sus tramas, ya que ambos alcanzan

su máximo a la misma altura y al mismo tiempo. Mi recomendación es saltar rápido de uno al otro: meter al lector en
la cabeza del primero mientras ocurre algo, y entonces mostrar que lo que está sucediéndole al segundo está de algún
modo relacionado con lo que hace el primero, y viceversa.
Si lo hacéis bien, sus tramas se alimentarán mutuamente, y
el lector sentirá que ambos forman parte de un gran todo
que los ha reunido y ha hecho que sus historias se crucen.
En general, funciona mucho mejor que mantenerlos separados. Pero si los personajes no están en el mismo lugar o
no podéis relacionar sus respectivos puntos álgidos, la mejor
opción consiste en adelantar uno de los dos para que no coin-
cidan en el mismo momento.

Recordad, además, que no es conveniente introducir giros argumentales porque sí. Al principio de mi carrera, estuve a punto de cometer ese fallo en *Elantris*, aunque al final
eliminé la escena. Mi intención original era revelar al final del
libro que un personaje tenía un linaje secreto que había estado ocultando a todo el resto de los personajes, porque me
parecía un giro asombroso, sin más. Pero no aportaba nada
a la novela. De hecho, habría sido como si de pronto la línea
emocional de nuestro tercer personaje ascendiera casi en
vertical hasta el máximo, y el primero pensara: «Vaya, este
personaje ha salido de la nada, pero tiene un trasfondo parecido al mío, así que es algo importantísimo que hace encajar las cosas». Pero en realidad no hacía encajar nada ni
tenía ninguna trascendencia. Solo era confuso, e impedía
que el lector se concentrara en los otros giros argumentales
por el mero hecho de que había demasiados al mismo tiempo. Lo más efectivo de todo es preocuparte de que los giros
aporten algo a la dinámica del personaje o revelen datos al
lector sobre la trama o la ambientación.

Por supuesto, no siempre querréis que vuestras novelas
terminen en alto, con una avalancha de acontecimientos y

emociones. Tal vez estéis escribiendo una tragedia en la que el protagonista no tiene un final feliz y deja triste al lector. Esa es la premisa básica de una tragedia, no obtener lo que se deseaba. La intención es que la historia resulte insatisfactoria pero de manera satisfactoria.

La mayoría de las veces, os interesa haber indicado al lector que es posible que ese final aciago tenga lugar en vuestro mundo. En una tragedia clásica, un defecto del personaje le impedirá tomar la decisión correcta al final de la historia. O tal vez tome una decisión errónea al principio y las consecuencias tengan un efecto bola de nieve que el personaje no logrará superar. Ambos casos son muy fáciles de asumir para el lector, porque en el fondo estaréis escribiendo la misma historia que si el personaje saliera bien parado, con los mismos tipos de presagios, solo que el final será desdichado. Si fuera una novela con final feliz, que terminara con el personaje tomando la decisión adecuada, también querríais incrementar la tensión presagiando que podría optar por un camino más oscuro.

En estos casos, es conveniente añadir a la historia algún elemento que contrarreste el final triste, como, por ejemplo, otro personaje que tome la decisión correcta en oposición al protagonista. Otra opción es mostrar, al principio de la historia, que se desarrollará en un mundo lleno de tragedias, presagio que puede lograrse haciendo que otros personajes tengan finales desgraciados a lo largo de la novela. Si vais con cuidado, también podéis introducir un giro de sustitución: hacer una promesa temprana y luego mostrar durante la historia que el personaje no merece la recompensa, de forma que al llegar al final el lector prefiera que no tenga un final feliz porque no se lo merece.

El personaje también puede replantearse sus objetivos. Si al principio de la historia habéis establecido lo que debe desear, vuestro giro hacia el final puede consistir en que comprenda que no es lo que necesita, y entonces el final no será feliz en el sentido clásico, sino de un modo distinto porque el personaje es consciente de que su meta ha pasado a ser otra muy distinta. Este giro se ve mucho en el cine de acción clásico de Hollywood. El protagonista suele querer estar con la persona amada, pero en realidad necesita salvar el mundo para que ese ser querido no muera. Así que al final el protagonista hace un sacrificio heroico y pierde su final feliz romántico, pero al mismo tiempo ha logrado cumplir la necesidad de evitar un desastre en el mundo. Es el final agridulce clásico para los héroes de acción.

Con esto quiero decir que podéis emplear todo tipo de dinámicas para crear un final que implique algún tipo de tragedia, y llevar la trama en muchas direcciones distintas según el tono que queráis dar a vuestra historia. Pero recordad que es conveniente establecer de antemano que el personaje podría no ver cumplidos sus deseos, incluso en las historias en las que sí obtenga lo que quiere.

Revisiones

Soy uno de esos escritores que detestan revisar. Sé que hay mucha gente a la que le encanta esa parte del proceso de escritura: tengo amigos que afirman que la revisión es mucho más fácil que pensar en ideas nuevas porque ya tienen un material sobre el que trabajar, lo cual es perfectamente comprensible.

Escribir un libro se parece más a crear una escultura de lo que podrían pensar quienes no se dedican a nuestro oficio. Un escultor empieza tallando la piedra con la forma general de una cara y luego va puliendo los detalles, de forma que cada pasada acerca un poco más su aspecto al de un rostro. Con los libros sucede lo mismo.

Para mí, el primer borrador solo plasma los principales arcos argumentales, traza el proceso emocional de los personajes y garantiza que la novela tenga un conjunto satisfactorio de promesas y recompensas. No me preocupo mucho de nada relacionado con la prosa. A veces me doy cuenta de que debería haber anticipado algo en capítulos anteriores, pero en esos casos no vuelvo atrás: dejo una anotación para recordarlo. Cuando escribo ese primer borrador, la máxima prioridad es mantener el ritmo, así que, si decido cambiar algo en la trama o los arcos de personaje, lo hago a partir del siguiente capítulo. Y si funciona, finjo que todo está bien desde el principio. Al terminar, la revisión será el proceso mediante el cual refinaré y mejoraré el libro.

Hay escritores que se oponen a la revisión del texto. Para ellos, es más conveniente pulir las habilidades que uno tiene como escritor y confiar en el instinto. Es mejor aprender a escribir el texto definitivo en el primer borrador y no ponerse la excusa a uno mismo de que los problemas pueden resolverse más adelante. Los partidarios de esa filosofía aseguran que la revisión no mejora un texto, sino que lo cambia, y creen que no habría que tocar un libro a menos que un editor amenace con no publicarlo si no se hacen unas modificaciones concretas. Esta teoría se basa en las cinco normas de Robert A. Heinlein para escritores, a las que no sé en qué medida se ceñía él mismo.

Son unas normas que no se ajustan en absoluto a mi proceso de escritura, aunque supongo que su posible aplicación dependerá del trasfondo y la experiencia de cada escritor. En mi caso, la revisión es un proceso imprescindible para tomar algo bueno y convertirlo en excelente. En parte se debe a que no soy capaz de tener en la cabeza al mismo tiempo hasta el último detalle de mis novelas. Por ejemplo, en El Archivo de las Tormentas hay unos seres llamados spren que se ven atraídos por las emociones de la gente. Son como unos duendecillos que aparecen cuando se los invoca. Si un personaje está muy enfadado, se materializan en forma de charcos de sangre a sus pies. En esa saga, un tema importante es la manifestación visual de las emociones. Pero como ya tengo la mente demasiado ocupada, no incluyo a esos spren emocionales en mi primer borrador. Cuando termino de escribirlo, una colaboradora repasa todo el texto e indica entre corchetes el tipo de spren que cree que se vería atraído cada vez que menciono una emoción. Más adelante, en una versión posterior del libro, los añado todos como si fueran los efectos especiales de una película. El motivo es que en el primer borrador estoy tan concentrado en los arcos de personaje y en que la trama funcione que no me paro a pensar en los detalles.

Así pues, la versión 1.0 de mi libro, el primer borrador, la escribo de principio a fin y sin parar. Cuando termino de redactarla, creo una especie de guía de revisión, que tiene la misma estructura que un esquema de trama, pero es una lista organizada de los cambios que sé que debo hacer al texto. Utilizo las notas que he ido tomando sobre los problemas graves que hay en la trama y en los arcos de personajes, que eran mi principal objetivo para la versión 1.0. Habrá errores y modificaciones que quiera hacer, y también habrá cosas que no funcionan y que sé que tengo que eliminar y solucionar.

Por tanto, redacto una lista jerárquica y pongo lo más importante al principio. Suelen ser problemas que afectan al libro entero, y son demasiado generales para concretar uno por uno los cambios que habrá que hacer al texto para solucionarlos. También pueden ser problemas graves en una subtrama, como que la promesa sea incorrecta y esté llevando al lector a pensar lo que no debe, lo cual me obligará a revisar esa subtrama por completo para que la promesa funcione. La parte central de la lista suele estar compuesta de anotaciones del tipo: «Anticipar tres veces que a este personaje se le da muy bien quitarse los grilletes». Lo especifico así: «Tres veces». Son cosas que sé que puedo pulir con unos cuantos cambios o añadidos, que sé que no me llevarán demasiado tiempo. Por último, al final de la lista apunto las cuestiones que afectan solo a un capítulo determinado, las que no requerirán más que alguna modificación leve aquí y allá.

Una vez terminada esa lista, me pongo a revisar el texto. Empiezo por la primera página, abro la guía de revisión en otro documento, y entonces repaso el libro de principio a fin, procurando concentrarme únicamente en los elementos de la lista. De hecho, lo normal es que durante el proceso añada a la parte inferior de la lista otros problemas que encuentro, porque no voy a resolverlos en ese momento. En la primera pasada me ciño a la lista que he creado, porque lo que soy capaz de hacer en cada revisión tiene un límite. Ese es, precisamente, el objetivo de la lista: marcarme objetivos. El resultado es la versión 2.0 de la novela, que ya tiene arreglado todo lo que sabía cómo resolver en un principio.

Ese segundo borrador es el que, si nada falla, envío a mis lectores alfa, que en su mayoría son profesionales del gremio y pueden avisarme si algo está mal y proponerme formas de arreglarlo. Entre ellos también está mi editor, cuyas sugerencias pruebo en un capítulo o dos para ver si funcionan o si me gustan más que la versión inicial. A partir de la fase de lectura alfa, creo un nuevo esquema de revisión. A ese esquema añado todo lo que se me escapó de la primera lista al preparar la versión 2.0 de la novela, porque estaba concentrado en los elementos importantes y a veces no llego a la parte de abajo (o ni siquiera al centro). Añado también a la nueva lista todo lo que se me haya ocurrido desde la primera versión. Mi método se parece un poco al proceso que se usa para depurar un programa informático.

Con ese segundo esquema, hago otra revisión al texto y

envío la versión 3.0 a los lectores beta. Si los lectores alfa eran profesionales del negocio, mi grupo beta suele estar compuesto por lectores editoriales o gente muy aficionada a mis libros y capaz de analizar un manuscrito, pero la idea es que no trabajen en la industria editorial. Son mi público, y lo que me interesa en esta fase es saber cómo reaccionará ese público a lo que he escrito. En la lectura beta quiero saber si hay un personaje como Jar Jar Binks, que pone nervioso a todo el mundo. Tal vez decido conservar a Jar Jar para el diez por ciento de mi público al que no le rechina, o quizá me dé cuenta de que he cometido un error de cálculo tremendo con el personaje y prefiera resolverlo.

Lo que busco aquí es la reacción de los lectores. El objetivo es prepararme para las opiniones que tendrá la gente sobre el libro cuando lo publique. Si he logrado tomar una buena muestra representativa de mi público objetivo, no me llevaré sorpresas cuando la novela llegue a las librerías. Sus reacciones se plasman en la versión 4.0 del texto, en la que introduzco modificaciones basándome en lo que creo que calará mejor entre mis lectores. Suele contarse la historia de que, en un principio, George Lucas hizo que el Halcón Milenario estallara al final de *El retorno del jedi*, pero cuando enseñó el metraje a una selección de espectadores, no les gustó nada. No sé muy bien lo que pasó con Jar Jar Binks años más tarde, pero en el caso del final de la trilogía original, Lucas optó por no destruir el Halcón Milenario, para gran alegría y regocijo del público.

En la versión 5.0 doy un repaso concienzudo al libro. Ya he estado puliendo un poco la novela en todas las anteriores pasadas, pero esta última revisión será en la que procure eliminar en torno a un diez por ciento del texto. Quito todas las voces pasivas que puedo. Intento reemplazar los verbos débiles por otros más fuertes. Todo lo que hace que un libro sea más legible es lo que modifico en la versión 5.0, que en general es también la que envío a la editorial para su proceso final de corrección.

Por supuesto, no tenéis por qué planificar ni hacer las revisiones a vuestra novela igual que yo. El consejo que pretendo daros con esto es que, si revisar os resulta desagradable, procuréis planificar cómo vais a realizar ese proceso que os gusta tan poco.

Una trampa en la que suelen caer muchos escritores inexpertos, y por la que debo reconocer que en parte tienen razón quienes abogan por revisar poco o nada, es la de dar veinte pasadas a un mismo capítulo. La gente va a talleres de escritura, lleva ese capítulo todas las veces e intenta adaptarlo a las opiniones de todo el mundo. Si se hace eso, llega un momento en que el capítulo ya no está mejorando, sino solo cambiando; se va convirtiendo en algo distinto. No permitáis que vuestro proceso de revisión os lleve a ese punto. Intentad plantearos objetivos asequibles y aprender algo con cada nueva revisión.

Preguntas y respuestas

ESTUDIANTE: *¿Cuál es el cambio más radical o extenso que has hecho a una novela durante el proceso de revisión?*
BRANDON SANDERSON: Debería empezar señalando que muy a menudo, quizá en la mitad de mis novelas, termino descartando los tres primeros capítulos después de completar el primer borrador. El motivo suele ser similar a lo que me sucedió en *Escuadrón*, novela para la que escribí tres principios diferentes en los que intentaba establecer la simpatía, la resolución y la capacidad de Spensa, la protagonista del libro, además del tono y las promesas generales. Me ocurre que a veces, cuando llego a la mitad del primer borrador, ya tengo una idea bastante clara de cómo será el arco de un

personaje y hacia dónde irá, pero esos conceptos no encajan del todo con las premisas que me había planteado al empezar a escribir. A estas alturas de mi carrera, ya tengo bastante asumido que terminaré reescribiendo los primeros capítulos de mi primer borrador, y no me importa hacerlo si así el final funciona.

Creo que uno de los cambios más drásticos que hice fue en la tercera novela de Nacidos de la Bruma, *El Héroe de las Eras*. Había un personaje, Sazed, que no tenía ninguna resolución. Los sucesos del segundo libro le habían hecho entrar en una fase depresiva, y su parte de la trama resultaba agotadora para el lector porque estaba todo el tiempo hundido en la miseria. Lo resolví en parte al darme cuenta de que cualquier sensación de progreso, incluso un progreso descendente, era mejor que nada. Así que retiré todas las escenas del personaje y las reescribí partiendo de cero, haciendo que buscara respuestas en libros y, al no encontrarlas, se deprimiera cada vez más. Funcionó mucho mejor al graduar la emoción de manera progresiva.

Otro cambio importante que hice fue en *El camino de los reyes*, cuando dividí en dos el personaje de Dalinar, eliminé la mitad de sus capítulos y los reemplacé por el punto de vista de su hijo Adolin, recién creado. El personaje original daba una sensación bastante conflictiva. Tenía visiones, y por una parte estaba convencido de que eran reales y lo llevaban a algo importante, pero al mismo tiempo sentía un miedo atroz a estar perdiendo el juicio. Esas dos vertientes del Dalinar original no cuadraban en absoluto, y me estaban dando problemas con las tres escalas en las que sitúo a mis personajes: la simpatía, la resolución y la capacidad. Resultaba menos simpático al lector porque siempre se estaba debatiendo consigo mismo, y la preocupación de estar enloqueciendo menguaba la percepción de su resolución y su capacidad.

Al convertirlos en dos personajes distintos —de modo

que fuera una voz externa la que dijera: «Me parece que se te va la cabeza, papá»—, logré que el lector se sintiera más cercano a Adolin, porque todos hemos tenido cerca a personas con una dolencia que tememos que les haga daño o los cambie. También sirvió para aumentar la empatía de Dalinar, porque todos hemos sido esa persona a la que nadie cree cuando nos pasa algo importante, como decidir que no es una locura dedicarnos a escribir. Al partir el personaje en dos, los dos subieron en simpatía y pudieron ser resueltos, en lugar de mostrarse permanentemente indecisos.

ESTUDIANTE: *¿Qué herramientas utilizas para organizar toda la información?*
BRANDON SANDERSON: Mi *software* de referencia es wikidPad, un programa de código abierto que permite crear una especie de Wikipedia personal y está bastante bien documentado. Aprendí a utilizarlo, y eso que no soy una persona demasiado técnica. Todo lo demás lo hago con Microsoft Word y guardo los archivos en Dropbox. En general, no necesito nada más. He oído hablar muy bien de Scrivener, que parece una herramienta excelente, pero la verdad es que no lo he utilizado nunca.

ESTUDIANTE: *¿Cómo se mata a un personaje?*
BRANDON SANDERSON: Para mí, matar o no a un personaje suele reducirse a una cuestión de filosofía personal acerca de la escritura. Si habláis con escritores, muchos de ellos dirán que sus personajes tienen vida propia y ellos les permiten moverse a su aire y sufrir las consecuencias de sus actos. Cuando empezaba a escribir, pensaba que esa actitud era una idiotez. Yo era novelista, ese era mi oficio, y los personajes harían aquello para lo que yo los estaba escribiendo. Pero con el tiempo he comprendido esa perspectiva, sobre todo en lo relativo a personajes que asumen muchos riesgos.

Como autor, no suelo salvar a mis personajes de las consecuencias de sus actos, aunque a veces lo haga.

Mi impresión es que cuando la muerte de un personaje es consecuencia directa de algo que ha hecho, o de una acción de otro personaje, tiende a funcionar para el lector. Es cierto que, en la vida real, muchas veces la muerte no es consecuencia directa de un acto consciente, sino indirecta como mucho. Pero en las historias ese tipo de muerte suele ser muy poco satisfactoria en un personaje importante. Si estáis escribiendo una batalla épica y el general que la protagoniza muere de disentería en el frente, os resultará muy difícil hacerlo de un modo que resulte satisfactorio para el lector. En cambio, si su muerte es el resultado de una decisión que ha tomado sobre el tipo de terreno en el que librar la batalla, o si muere a consecuencia de la traición de otro personaje, al lector le encajará mucho más, porque así es como funciona la narrativa.

Si matáis a un personaje, deberéis plantearos qué propósito tiene su muerte. Si un personaje completa su arco y al hacerlo decide asumir un gran riesgo o directamente sacrificarse por un bien mayor, tendréis una historia heroica al estilo clásico de Hollywood. Pero si muere cuando está a punto de completar su arco de personaje, estaréis planteando una historia muy distinta, que provocará una gran insatisfacción en el lector. No es que no deba hacerse. De hecho, podéis utilizarlo como herramienta narrativa. Yo he recurrido a ella en alguna ocasión, pero George R. R. Martin es un maestro en el arte de dejar incompletos sus arcos de personaje. Sin embargo, debo advertiros que es peligroso matar así a demasiados personajes. Al lector no le gustará que ocurra una y otra vez a menos que lo hayáis establecido como un tema de vuestra historia, en cuyo caso la reforzará y no actuará en su contra.

En todo caso, es bueno preguntarse siempre qué resultado obtendréis con la muerte de un personaje, por qué motivo lo estáis matando en vuestra historia. Aseguraos de que no resulte un recurso fácil ni un cliché, sino la muerte real de una persona real, que influya de verdad en las emociones del lector y que cumpla un papel en la trama. Es un equilibrio difícil, porque por una parte os digo que no debe parecer que sois autores jugando con piezas de un tablero y decidiendo derribar una, y por otra parte os animo a que hagáis precisamente eso. El truco está en crear la ilusión de que todo es real, en ocultar vuestra mano. Si el lector ve cómo movéis la mano, en general es que habéis cometido algún error.

Existe un lugar común que suele llamarse «la mujer en la nevera»: consiste en que un autor utilice la muerte de un personaje sin mucha influencia sobre la historia —normalmente la novia del protagonista, que es como se originó el cliché en los cómics de superhéroes— para incrementar la empatía hacia el personaje que sí tiene poder sobre la historia. Es preocupante que siga habiendo escritores que creen personajes que no ostentan ningún control sobre sus vidas, mujeres en particular, y los traten como objetos a los que matan para establecer o reforzar las motivaciones del protagonista.

Caer en ese lugar común lleva a todo tipo de situaciones difíciles y no transmite una sensación realista porque el autor les ha retirado toda la autonomía a los personajes, además de entrar en una narrativa manida y reprobable. Pero al mismo tiempo querréis que le importe la gente que tiene alrededor, que en general serán personajes con menos control sobre sus propias situaciones. Por tanto, la respuesta no consiste en no matar nunca a los personajes de vuestros libros, sino en tener cuidado al hacerlo para no caer en los clichés, y en cualquier caso aseguraos siempre de que sean personajes plenos, desarrollados y autónomos.

10

La publicación tradicional

En este capítulo y en el siguiente, hablaremos del negocio de la escritura. Cuando Dave Farland impartía este curso, me pareció una auténtica revelación tener como profesor a alguien que se ganaba la vida con las novelas que escribía, y que nos hablaba de contratos y de cómo vender nuestra obra a las editoriales; de cosas que nunca me habían enseñado en ninguna otra clase. Por eso, cuando me hice cargo del curso, decidí que esta parte más prosaica del oficio era un recurso importante. No podía hablar solo del arte de escribir, sino también de qué hacer con el resultado de dicho arte.

En mi opinión, mientras estéis trabajando en vuestra historia, deberíais centraros por completo en tomar buenas decisiones artísticas para ella, en optar por lo que pueda convertirla en la mejor historia posible del tipo que pretendéis narrar. Mientras escribís, no deberíais dejaros influir por consideraciones mercantiles. Creo firmemente que lo mejor es crear algo que os apasione. Sin embargo, al terminar os aconsejo que agarréis a esa persona que ha creado una obra de arte, la encerréis en un armario, le robéis el manuscrito, huyáis corriendo mientras soltáis una risita y tratéis de encontrar la forma de explotar esa obra por todos los medios posibles.

Autoedición y publicación tradicional

La primera decisión que hay que tomar es si queréis optar por la autopublicación o por los cauces de la edición tradicional. Hubo un tiempo en que la autopublicación parecía una vía ridícula. La llamaban «edición de vanidad», porque básicamente consistía en que un autor imprimía una cierta cantidad de ejemplares del libro que había escrito, pagándolos de su bolsillo, y confiaba en venderlos. En general, no lo conseguía. Se consideraba ridículo y vanidoso porque la mayoría de la gente lo hacía con el único objetivo de ver su libro impreso. Es cierto que varios escritores famosos autopublicaron sus primeros libros. Algunos ejemplos bien conocidos son Richard Paul Evans o Christopher Paolini. Pese a ello, la autopublicación siguió estigmatizada durante mucho tiempo porque la mayoría de la gente se limitaba a pagar a una imprenta y decir: «¡Mirad, aquí está mi libro, es real!».

La autopublicación alcanzó su mayoría de edad en torno al año 2010, cuando internet ya se había popularizado y los e-books empezaron a despegar. En 2010 mucha gente recibió lectores de libros electrónicos como regalo de Navidad. Puedo afirmarlo porque ese año *El Héroe de las Eras* vendió nueve e-books, y, en cambio, en mi liquidación de derechos de 2011 la cifra había subido hasta los diez mil. En el sector editorial todo el mundo opinaba que era imposible, que a la gente no le gustaba leer en pantalla y que los e-books no cambiarían el modelo de negocio, pero, al menos en Estados Unidos, fueron un éxito instantáneo que sucedió de la noche a la mañana. Trajeron consigo una especie de fiebre del oro por la autopublicación, que lanzó muchas carreras literarias. Amanda Hocking estaba en boca de todo el mundo por aquella época.

Al cabo de cinco o seis años, el mercado se consolidó y quedó establecido que la autopublicación era una una vía perfectamente válida y legítima para vender libros. No dispongo de las cifras exactas, pero tengo entendido que en la actualidad entre un treinta y un cuarenta por ciento de todos los libros vendidos en Amazon.com son de autores autopublicados. En mi caso, Amazon.com representa más de un ochenta y cinco por ciento de las ventas de los libros que autoedito, de modo que, aunque a muchos autores no nos guste que una sola empresa controle tanto el mercado de la autopublicación, sus cifras son un buen indicador de por dónde van los tiros.

Dicho esto, no tenéis por qué decantaros del todo por el modelo autopublicado o el tradicional. Existen opciones intermedias: la publicación híbrida y las editoriales pequeñas. Ambas permiten a un escritor tener un pie en cada lado de la línea. Los autores híbridos suelen ser escritores profesionales que tienen un contrato con una gran editorial, pero también se autopublican una parte considerable de su obra. Por otro lado, las editoriales pequeñas pueden ofrecer contratos algo más favorables, más similares a las cifras que manejaría un autor que se autopublica, pero manteniendo algunas de las ventajas que ofrece una editorial tradicional.

Hay dos argumentos a favor de la autopublicación. El primero es el control. Un escritor que publica su propia novela retiene el control absoluto sobre elementos como el aspecto de la portada o el texto definitivo de su obra. Nadie le impondrá una ilustración que no pega con el contenido; nadie del equipo de marketing escribirá un texto de contraportada que destripe la novela, y nadie le dirá que elimine un capítulo del libro, aunque esto tampoco suele ocurrir en la publicación tradicional. Lo de las portadas raras que no encajan sí que sucede a menudo, por cierto. Un autor autoeditado puede publicar su libro para todo el planeta con solo pulsar un botón, sin preocuparse de las complejidades de los derechos internacionales, y puede ponerle el precio que quiera.

El otro punto a favor de autoeditar es el porcentaje asignado al autor sobre el precio de venta, que ronda el setenta por ciento (aunque Amazon, la empresa que domina el mercado, establece ciertas condiciones sobre el precio final para mantener ese porcentaje alto). Si echáis cuentas, quizá lleguéis a la conclusión de que una editorial tradicional puede vender unos dos mil ejemplares de vuestro primer libro y autopublicándolo venderíais solo la mitad, pero ese mayor porcentaje asignado al autor os haría ganar más con la segunda opción.

Por su parte, la principal ventaja de la publicación tradicional es que la editorial se ocupa de todo lo que normalmente no quiere hacer un escritor. Te asigna un editor para pulir la novela y se encarga de diseñar la cubierta; sabe hacer una buena portada que ayude a vender ejemplares, y suele tener diseñadores en nómina.

Otro punto evidente a favor de una editorial grande es el anticipo. Si vendéis un libro a una editorial, os pagará una cierta cantidad por adelantado sobre los derechos de autor. Quizá no sea mucho dinero por vuestra primera novela. En los últimos años se habla de una media de cinco mil dólares en Estados Unidos, negociables en función de lo interesados que estén en el libro. Pero me consta que esa cantidad varía según el país. En el caso de España, mi editora dice que la media ronda los tres mil euros. En el mercado estadounidense, no es raro ver anticipos de diez mil dólares, ni tampoco de dos mil, pero lo normal para una primera novela sería recibir alrededor de cinco mil dólares por anticipado. Debo señalar que el anticipo es lo que su nombre indica, un dinero que se recibe por adelantado en concepto de derechos de autor. Por cada ejemplar físico que vende una editorial estadounidense, al escritor le corresponde entre un seis y un quince por ciento de su precio de venta menos impuestos, pero no empezaréis a cobrar derechos de autor hasta que ese porcentaje de las ventas supere el anticipo que ya habéis recibido.

También debéis tener en cuenta que el porcentaje que recibís de las ventas de ejemplares físicos depende de su formato. Por regla general, en Estados Unidos, las ediciones normales se sitúan entre el seis y el ocho por ciento del precio de venta al público sin impuestos, y entre el ocho y el diez por ciento en España. Las ediciones en tapa dura oscilan entre el diez y el quince en Estados Unidos, entre el ocho y el doce en España, porque la tapa dura tiene más margen de beneficio. Las ediciones de bolsillo suelen estar fijas en el diez por ciento en Estados Unidos y en el ocho por ciento en España. Estos porcentajes no cambian en función de que hayáis superado o no el adelanto, pero sí pueden hacerlo según las ventas. Lo habitual es que, en tapa dura, la parte del autor sea un diez por ciento para los primeros cinco mil ejemplares, un doce y medio por ciento para los siguientes cinco mil, y un quince por ciento de ahí en adelante. (En España, sería entre un ocho y un diez por ciento en los primeros tramos, para llegar a un doce cuando se han superado los veinticinco mil ejemplares vendidos).

Hay relatos mitológicos sobre autores que han negociado para llevarse más de ese quince por ciento. Se rumorea que LucasArts logró llegar al veintidós por ciento para sus libros de Star Wars publicados por la editorial Del Rey, pero no conozco a nadie que haya superado el umbral del quince por ciento sin llegar a un tipo de acuerdo completamente distinto con la editorial. Esos acuerdos suelen consistir en compartir una porción mayor de los beneficios a cambio de renunciar total o parcialmente al anticipo. Se dice que Stephen King negocia así, aunque no está confirmado, y yo mismo comparto beneficios con algunas editoriales. No recibo anticipo, pero sí un porcentaje más elevado sobre las ventas, así que a grandes rasgos estamos publicando los libros conjuntamente.

Teniendo en cuenta los riesgos que asume la editorial, en mi opinión los porcentajes habituales para las ediciones físicas son un modelo de reparto de beneficios bastante justo, y por eso llevan décadas sin variar demasiado. Lo que no lleva décadas negociándose es la parte que corresponde a un escritor por los derechos de sus ediciones en e-book y audiolibro. Los derechos de autor para las ediciones digitales se calculan a partir del beneficio neto, lo cual debería daros mucho miedo en cualquier otro campo, pero por suerte en el sector editorial se calcula sin tener en cuenta el coste y se define como la cantidad que recibe la editorial del punto de venta. Esa cantidad suele ser el setenta por ciento del precio de venta sin impuestos, y lo normal es que al autor le corresponda el veinticinco por ciento de esa cifra, por lo que en la práctica el escritor recibe el diecisiete y medio por ciento del precio de venta sin impuestos.

Es uno de los motivos por los que muchas asociaciones de escritores creen que el porcentaje en derechos de autor debería ser mayor en las ediciones electrónicas, del treinta y cinco por ciento o un poco superior. Afirman que, después de hacer todas las cuentas, las editoriales se llevan una parte del pastel muy superior con los e-books y los audiolibros que con las tiradas físicas. Pero las editoriales se niegan a negociar el porcentaje porque muchos autores tienen cláusulas en sus contratos que elevarían automáticamente su porcentaje en caso de que la editorial aceptara un trato más favorable para otro escritor.

Resumiendo, si os decantáis por la publicación tradicional, estaréis rebajando el setenta por ciento sobre el precio de venta a un diecisiete y medio por ciento, pero a cambio obtendréis la tirada física, que es algo importante porque muchos e-books autoeditados apenas venden ejemplares impresos, y los pocos que venden tienen un margen de beneficio muy bajo, al tratarse de impresión bajo demanda. Por eso muchos autores que empezaron autoeditando sus libros, como Andy Weir, terminaron pasándose a la publicación tradicional, porque una editorial proporciona la edición física y su distribución. Además, un escritor independiente tiene que gestionar su negocio y dedicar horas a muchas cosas que podrían no apetecerle, lo cual quizá sea un buen motivo para decantarse por la publicación tradicional y renunciar a una parte de sus beneficios a cambio de tener a una editorial actuando en favor de su libro y haciendo todas esas cosas que un escritor no suele tener ganas de hacer.

Preguntas y respuestas

ESTUDIANTE: *¿De qué factores depende el anticipo que se ofrece al autor por un libro?*
BRANDON SANDERSON: El principal factor para determinar el anticipo son las expectativas de la editorial sobre las ventas que tendrá el libro. Lo normal es que hagan lo que se conoce como un análisis de pérdidas y ganancias, que forma parte del trabajo de los editores. Consiste en analizar los resultados de libros similares al vuestro, escritos por autores noveles, y tratar de estimar cuántos ejemplares lograrán vender. A partir de esa cifra determinan los beneficios basándose en una tirada hipotética, porque la impresión sale más barata por ejemplar cuanto mayor sea la tirada. Una vez hecho ese análisis de pérdidas y ganancias, determinan cuánto pueden permitirse pagar como anticipo.

El análisis de pérdidas y ganancias es, por su propia naturaleza, especulativo. La editorial podría decidir que un libro venderá lo mismo que Los Juegos del Hambre y ofrecer un anticipo de cuatro millones de dólares, pero quizá concluya que venderá más o menos igual que otra novela independiente parecida a la vuestra, pongamos mil ejemplares en tapa dura, y por tanto no pasar de los dos mil dólares de anticipo. Tratarán de estimar las ventas del libro durante los dos primeros años, de modo que en el tercero empecéis a cobrar liquidaciones de derechos de autor. O al menos, es lo que en general se pretende.

Una editorial podría ofrecer un anticipo superior a esa estimación, pero lo habitual es que lo hagan solo a políticos o personajes famosos, por libros que saben que venderán cifras astronómicas. El motivo es que una tirada inmensa hace bajar mucho el precio de impresión por ejemplar, de modo que la editorial puede permitirse lo que en la práctica es equivalente a ofrecer un mayor porcentaje en derechos de autor sin especificarlo en el contrato, dado que lo más probable es que el autor nunca llegue a superar el anticipo y cobrar liquidaciones adicionales.

ESTUDIANTE: *Si un autor no llega a cubrir el anticipo, ¿tiene que devolver el dinero?*
BRANDON SANDERSON: No. El anticipo jamás se devuelve a menos que no entregues el libro terminado. Un anticipo es una apuesta que hace la editorial por un autor, y también uno de los principales motivos por los que su cálculo es una ciencia muy extraña. Por ejemplo, si una editorial paga cincuenta mil dólares como anticipo y el escritor termina ganando cien mil en concepto de derechos de autor, el libro es considerado un gran éxito. Todas las grandes editoriales estarían encantadas de cerrar ese trato. En cambio, si un escritor ha cobrado un anticipo de ciento cincuenta mil dólares y genera cien mil en derechos de autor, no ocurre lo mismo. Las expectativas eran distintas y, aunque los dos libros hayan vendido la misma cantidad de ejemplares, uno es un éxito absoluto, y el otro, no. Tampoco es que la editorial vaya a negarse a publicar más novelas del segundo escritor, pero internamente lo asumirá como un fracaso relativo,

concluirá que ha adelantado demasiado dinero y quizá le ofrecerá la mitad en su próximo libro, mientras que al primero, con las mismas ventas, podría lograr un futuro anticipo de ciento cincuenta mil dólares.

Por eso, si os decantáis por la publicación tradicional y conseguís un agente (una figura de la que hablaremos a continuación), el dilema está en cuánto apretar a la editorial por el anticipo y la promoción de la novela, porque si os pasáis puede que vendáis muchos ejemplares, y aun así la novela sea considerada un fracaso.

Agentes literarios y envío de manuscritos

Si habéis optado por la publicación tradicional una vez terminado el libro, vuestro trabajo consistirá en hacerlo llegar a las editoriales. Se puede hacer de dos maneras: mediante un agente literario o directamente. En Estados Unidos, con el paso de los años, el sector editorial se está decantando menos por la recepción directa y más por el uso de agentes como intermediarios. Esta tendencia empezó hace décadas y, lejos de remitir, cada vez hay más editoriales estadounidenses que indican en sus pautas para la recepción de originales que solo aceptan obras mediante agentes literarios. Según tengo entendido, el punto de inflexión tuvo lugar en las décadas de 1980 y 1990, cuando los agentes empezaron a hacerse cargo de la criba de originales que antes correspondía más a los editores. En la actualidad, en Estados Unidos, la mayoría de los libros llega a las editoriales después de que su autor haya conseguido un agente. Pero no sucede así en todos los países. En España, por ejemplo, mi editora dice que se está viviendo la tendencia contraria.

El agente ofrece la novela a todos los editores que puedan estar interesados, intenta vendérsela y recibe ofertas que lleva de vuelta al escritor para que decida lo que quiere hacer. Pero eso no significa que la venta directa haya desaparecido. Yo vendí los derechos de *Elantris* a Tor Books en 2003 después de enviárselo a un editor al que había conocido en una feria del libro. También estaba enviando la novela a varios agentes al mismo tiempo, pero logré venderla directamente.

Para decidir si es mejor buscar un agente o intentar vender vuestro libro en persona, deberíais tener en cuenta que la venta directa a editoriales es cada vez más difícil. La mayoría de los agentes, y también la mayoría de los editores, os dirá que vuestra mejor opción es buscar agente antes de mandar un libro a las editoriales. El motivo de ese consejo es que, si un agente acepta un libro y luego descubre que ya lo habéis enviado a todas las editoriales y os lo han rechazado, considerará que el libro ya ha hecho la ronda, y por tanto es «material defectuoso». Le da la impresión de que no podrá venderlo.

Mi opinión es distinta. Creo que hay un argumento a favor de enviar vuestro libro directamente a las editoriales, aunque reconozco que puedo estar cayendo en el sesgo del superviviente porque a mí me funcionó. Lo que solía decirme siempre a mí mismo era que, ya puestos, ¿por qué no duplicar la cantidad de sitios a los que mandar mis libros? Si al final un agente aceptaba una novela que yo ya había hecho circular, quizá podría convencer a los editores de echarle otro vistazo, o al menos de echárselo a otro libro mío, ya que escribía lo bastante rápido para tener más en la recámara. Si el primer libro les había llamado mínimamente la atención, quizá el siguiente también les gustaría.

De hecho, los agentes no buscan libros, sino autores. Les interesa representar a un escritor al principio de su carrera para cosechar los beneficios más adelante. Es lo mismo que siempre ha sucedido en el sector editorial hasta no hace mucho. Las editoriales se basaban en la idea de que publicar a un autor novel les supondría pérdidas, porque cuesta tiempo implantar a un escritor nuevo y sus primeros libros no venderán demasiados ejemplares. El modelo de negocio consistía en que, con el tiempo, el autor ganara popularidad y estableciera una base de lectores. Yo mismo soy un buen ejemplo de eso. *Elantris* no vendió mal, pero seguro que ni siquiera cubrió la inversión que hizo Tor Books. La trilogía Nacidos de la Bruma se vendió un poco más, y luego *El camino de los reyes* hizo unas cifras mucho mejores. Y de pronto, pasé a ser uno de los escritores que más vendían en la editorial, si no el que más. Gracias a eso, ahora esos primeros libros dan muchos beneficios a Tor, aunque al principio perdieran dinero conmigo. En un mundo ideal, todas las editoriales buscarían escritores a los que hacer crecer con el tiempo.

Por desgracia, con los años esa estrategia se ha diluido y las editoriales andan a la caza del superventas. Si una editorial publica un bombazo, sus beneficios compensarán los riesgos asumidos con otros libros que se venden poco. Entre unos y otros está el catálogo de la editorial, compuesto por libros que dan dinero pero no tanto como para financiar otros proyectos. Suelen ser libros de autores consolidados con una buena base de lectores, aunque no inmensa. Durante mucho tiempo, tener un catálogo fuerte era una parte importante del negocio, porque en conjunto proporcionaba unos beneficios equivalentes a los de los pocos superventas que pudiera tener una editorial.

Sin embargo, en los últimos tiempos el catálogo intermedio de las grandes editoriales ha menguado mucho por varios motivos. El primero es que buena parte de esos autores se han ido a la autopublicación o han optado por editoriales pequeñas, porque al tener una base de lectores sólida no necesitan grandes campañas de lanzamiento, y su margen de beneficios es mayor fuera de las grandes editoriales. Por otra parte, en las décadas de 1980 y 1990 desaparecieron muchas librerías pequeñas, que eran los mejores puntos de venta para esos autores de catálogo, al ser absorbidas o desplazadas por grandes cadenas como Barnes & Noble. Dado que la gente pasó a comprar los libros mayoritariamente en esas grandes cadenas, a las distribuidoras empezó a salirles menos a cuenta repartir el catálogo entre muchas librerías y tiendas pequeñas que llevarlos a la gran librería perteneciente a una cadena, y los puntos alternativos de venta de libros (gasolineras, supermercados de barrio) también fueron absorbidos por grandes conglomerados empresariales que preferían tener novelas superventas en los expositores.

El resultado de todo ello fue que las grandes editoriales decidieron apostar más por los superventas en detrimento de los autores de catálogo, porque entre los ejecutivos imperaba la sensación de que un escritor que no había reventado ya el mercado no podría lograrlo nunca. Es una creencia errónea, como demuestra el ejemplo de George R. R. Martin, el arquetipo de escritor de catálogo durante las décadas de 1970 y 1980, que con el cambio de siglo se convirtió en el autor de fantasía épica más vendido del mundo. En mi opinión, a largo plazo la anterior estrategia sigue siendo mejor tanto para los escritores como para los lectores, pero los ejecutivos de las grandes editoriales no parecen verlo del mismo modo.

Tras esta advertencia sobre la situación del sector, volvamos a la pregunta de si deberíais buscar un agente o intentar vender vuestra novela directamente a una editorial. Si os decidís por la segunda opción, el proceso consiste en tener la obra terminada y empezar a enviar cartas de presentación sobre ella. Lo normal es que estas cartas no pasen de una página, en la que se dedica uno o dos párrafos a hablar del libro, otro a hablar del autor y un último párrafo en el que se pide a la editorial que tenga la novela en consideración y se le pregunta si estaría interesada.

A mí se me daba fatal escribir estas cartas de presentación, pero mi agente siempre dice que lo ideal es incluir la premisa básica del libro, a ser posible con algún tipo de gancho, las publicaciones anteriores del autor si las tiene, y muy pocas preguntas retóricas. No le gustan las frases del estilo: «¿Qué pasaría en un mundo donde...?», aunque quizá sea una manía suya. La premisa debe ser breve y con gancho, algo así: «Es una novela sobre un grupo de ladrones que trama un golpe para robar al señor oscuro que gobierna el mundo, después de que el héroe profetizado fracasara en su intento de derribarlo». A continuación, se añadirían unas líneas sobre vuestro perfil, sobre todo si en alguna ocasión habéis publicado relatos o lo que sea. Y luego vendría un resumen un poco más largo del libro, centrado en uno o dos elementos clave que puedan hacerlo interesante. También podéis incluir alguna comparación. Si yo estuviera escribiendo ahora mismo la carta de presentación para *El Imperio Final*, diría: «Tiene un cierto aire a las Crónicas de los Caballeros Bastardos de Scott Lynch». Procurad evitar generalidades del tipo: «Es un cruce entre Harry Potter y *El señor de los anillos*». Termináis pidiendo que se tome en consideración vuestra novela, y fin de la carta.

De entre todos los editores a quienes enviéis cartas de presentación, un pequeñísimo porcentaje responderá para pediros unos capítulos de muestra. En todos los años en que mandé cartas y más cartas, recibí una única petición de capítulos por parte de Joshua Bilmes, que con el tiempo pasaría a ser mi agente. En todo caso, si al editor le gustan los capítulos de muestra, os pedirá el manuscrito completo, lo leerá y, si también le gusta, os hará una oferta. O por lo menos, así se supone que funciona el proceso. Recuerdo leer una vez que un editor decía que, de cada cien cartas de presentación que recibían, pedían capítulos de muestra a unos diez escritores. De cada diez capítulos de muestra, pedían el manuscrito completo a uno, dos como mucho. Y de cada diez manuscritos que leían, hacían una sola oferta. Me parecieron unos números demasiado redondos para ser realistas, pero tal vez la historia sirva como indicador de por dónde van las proporciones.

El proceso para buscar agente, por cierto, es más o menos el mismo que para vender una novela a una editorial: carta de presentación, capítulos de muestra, manuscrito completo.

Quizá la perspectiva os parezca desalentadora. Desde luego, a mí me lo parecía cuando intentaba hacerme un hueco en el sector editorial, porque la probabilidad de superar todos esos pasos parece muy baja. En realidad, no creo que lo sea tanto, sobre todo si llegáis a la fase de los capítulos de muestra. Pensad que la mayoría de las personas que quieren publicar un libro no saben lo que están haciendo. Mucha de esa gente no habrá escrito mucho, quizá una sola novela, que a lo mejor ni siquiera ha terminado a pesar de estar intentando venderla. No habrán leído manuales, ni habrán acudido a clases o habrán visto charlas sobre el tema. En la mayoría de los casos, la editorial rechazará su libro muy deprisa al leer los capítulos de muestra.

Mi objetivo siempre fue saltarme la fase de la carta de presentación. Después de enviar una cantidad exagerada de cartas sobre libros que sabía que eran bastante buenos —de hecho, uno de ellos era *Elantris*— y no recibir ninguna respuesta, empecé a plantearme si podría pasar directamente a enviar los capítulos de muestra. Porque si me rechazaban basándose en esos capítulos, por lo menos estarían rechazándome por mi prosa y mi narrativa, no por mi capacidad de escribir un resumen y una buena carta de presentación. Me propuse intentar conocer en persona a editores y empecé a acudir a ferias y conferencias, leí lo que escribían en internet sobre libros y sobre el sector editorial e intenté hablar con ellos directamente. Les decía: «Tengo una novela que creo que le encajaría muy bien. ¿Querría echarle un vistazo?». Casi todas las veces que pregunté a alguien en persona, me respondió: «Claro, envíame unos capítulos», lo cual me evitó la carta de presentación.

Debo señalar que esto sucedió hace veinte años, y no sé si en la actualidad quedan muchos editores dispuestos a evaluar propuestas que no les lleguen a través de un agente. Sin embargo, me consta que en las ferias —menos generalistas, más profesionales y más caras que los festivales de aficionados— los editores todavía aceptan capítulos de muestra.

También podéis seguir las cuentas de los editores y agentes en Twitter, Facebook y demás redes sociales. Fijaos en los comentarios que escriben, y así, al menos, podréis incluir alguna información personalizada en vuestras cartas de presentación. Imaginad la típica carta: «Estimado/a editor/a: Quisiera que leyera mi libro, titulado *Tal y cual*, que está muy bien. A continuación le explico por qué. Gracias por tomarlo en consideración». Podría ser una carta de presentación profesional y bien escrita, sí, pero ahora imaginad esta otra: «Estimado señor Feder, soy muy aficionado a la obra de Brandon Sanderson y sé que usted es su editor. He estado siguiendo a los otros autores que ha publicado últimamente, incluidos Esta y Este Otro, y creo que tiene muy buen ojo. En mi opinión, lo que escribo encaja muy bien con su criterio, porque me gustan los sistemas de magia complejos pero fáciles de entender y procuro centrarme en la interacción de los personajes con su entorno. Le presento mi novela, titulada *Tal y cual*, y confío en que la tome en consideración».

La segunda carta, si está bien escrita, tiene más probabilidades de obtener respuesta que la primera, pero requiere un trabajo de investigación. Necesitáis saber quiénes son los editores que trabajan en una editorial concreta, y si aceptan manuscritos. Tenéis que saber a qué autores llevan y qué libros han publicado últimamente, sobre todo de escritores noveles. Os costará trabajo recopilar toda esa información, porque no es fácil encontrarla. Una buena idea es mirar las páginas de agradecimientos de novelas similares a la vuestra. También podéis preguntar al autor quién es su editor y si os lo recomendaría. Necesitáis un cuaderno en el que anotar los distintos sellos, los editores que trabajan en cada uno, si aceptan manuscritos o no y los libros de autores noveles que han publicado en el último par de años. Y luego, por supuesto, deberíais leer esos libros, aunque sea en diagonal, para haceros una idea general de las preferencias de cada editor. Es muchísimo esfuerzo.

Una de las cosas que hará un agente por vosotros es ocuparse de todo ese proceso. Su trabajo consiste en conocer en persona a muchos editores de muchas editoriales distintas, saber qué libros han publicado últimamente e intuir lo que pueden estar buscando. Porque —consejo rápido— a un editor no se le pregunta qué busca, dado que preferirá no cerrarse puertas respondiendo, sino cuáles son los últimos libros cuyos derechos ha comprado y por qué. Los agentes quedan para comer con editores, se juntan con ellos en las ferias, llevan listas de quién ha adquirido qué.

Un agente también negocia por vosotros. Si os llega una oferta de una editorial, vuestro agente será experto en contratos de edición. Sabrá lo que debería incluir un contrato y lo que podéis negociar o no siendo autores nuevos, o al menos lo difícil que será negociarlo y lo que es probable que obtengáis. Conocerá el valor intrínseco que tenéis para el sector editorial como escritores, porque es fácil que os dejéis llevar por el pesimismo y olvidéis que las editoriales necesitan vender libros: necesitan lo que estáis ofreciendo. Y un agente literario sabrá cómo explotar al máximo ese valor intrínseco y negociar hasta obtener el mejor acuerdo posible.

Un buen agente también puede aconsejaros sobre vuestra escritura. En general, sabrá cómo hacer que una novela guste más a los editores y podrá darle una primera pasada para ayudaros a resolver los problemas que puedan ahuyentarlos en sus primeros capítulos, y eso facilitará que quieran publicar el libro.

A la vista de todas esas ventajas, ¿por qué no querríais tener un agente literario? Hablemos ahora de sus puntos negativos. El primero y principal es que se quedan con un quince por ciento de vuestros derechos de autor. De cada contrato que firméis, a vuestro agente le corresponderá un quince por ciento. De hecho, lo normal es que la editorial envíe el dinero directamente al agente, y que este aparte su porcentaje y os pase el resto a vosotros. Hay un cierto aspecto positivo en ello, y es que facilita las declaraciones de impuestos. A final de cada año, mi agente me envía un desglose de todo el dinero que hemos ganado y el modelo de formulario rellenado para presentarlo a Hacienda.

Pero eso también puede ser un inconveniente. No sucede a menudo, pero de vez en cuando puede haber algún agente que estafe a sus representados. Conozco varios casos en los que un escritor no estaba atento a las cifras de ventas y su agente se llevaba más de lo que debía. Insisto en que es muy poco frecuente, pero hay quienes aconsejan solicitar que las liquidaciones de derechos de autor se repartan al salir de la editorial, no en el despacho del agente. Yo no lo hago, porque suena a trabajo innecesario para el editor y confío en mi agente, pero es una preocupación legítima.

Otro motivo por el que algunos autores rechazan tener agente es que no quieren que edite su obra. A medida que los agentes se ocupan cada vez más de hacer la criba entre los manuscritos que reciben antes de enviárselos a las editoriales, en ocasiones puede darse un conflicto de intereses: el agente solo quiere presentar a un editor las mejores novelas posibles, para que ese editor confíe en que solo recibirá de él obras de la máxima calidad y sean las primeras que considere. Por ese motivo, a veces los agentes hacen pasar los libros por muchas revisiones hasta que el escritor los deja como consideran que deben presentarlo a una editorial.

Los escritores que prefieren trabajar sin agente afirman, probablemente con razón, que ese trabajo no corresponde al agente. Este debe encargarse de vender los derechos del libro, no de ser su editor. Es peligroso que un agente retenga un libro para transformarlo en algo que no es, porque puede equivocarse y llevarlo en una dirección que guste menos a los editores que la original. Si optáis por la publicación tradicional y por trabajar con un agente, tendréis que decidir hasta dónde queréis dejar que se implique, teniendo en cuenta que algunos agentes no aceptan representar a un autor a menos que haya pasado por un par de revisiones para comprobar su disposición y su destreza.

También puede haber otros conflictos de intereses. Por ejemplo, supongamos que un agente se plantea negociar un contrato para mejorar vuestro anticipo de diez mil a veinte mil dólares, pero le costaría dos semanas lograrlo. Ese agente podría estudiar la situación y pensar: «Los mil quinientos dólares adicionales que ganaría no compensan dedicarle todo ese tiempo. Es mejor decirle al escritor que acepte los diez mil». Y para vosotros, esos ocho mil quinientos dólares de más quizá supongan la diferencia entre poder dedicaros a la escritura a tiempo completo o no. Los buenos agentes son conscientes de esa posibilidad y hacen explícita la norma ética de conseguir el mejor contrato posible para sus autores, cueste el tiempo que cueste, mientras el autor quiera seguir apretando.

Mi agente, por ejemplo, está dispuesto a pasar meses negociando un contrato para aumentar en quinientos dólares los derechos internacionales de un libro, porque para él obtener el mejor acuerdo posible es una cuestión de principios. De hecho, la mayoría de los autores autopublicados o de editoriales independientes no utilizan agente, pero los que sí lo tienen es sobre todo por los derechos internacionales, porque son muy complicados de gestionar. Lo habitual es que un agente tenga acuerdos con otros muchos agentes de distintos países para que intenten vender a los autores que representa en sus respectivos mercados. Si lo logran puede resultar muy lucrativo, sobre todo si estáis empezando.

Preguntas y respuestas

ESTUDIANTE: *¿En qué momento deberíamos renunciar a buscar agente?*
BRANDON SANDERSON: En el momento en que os decidáis por la autoedición. Mientras queráis publicar libros con un editor tradicional, deberíais seguir buscando agente, a menos que tengáis con ellos alguno de los problemas que hemos comentado. Pero no deberíais renunciar a tener agente por culpa de los rechazos, sino porque de verdad preferís no tenerlo.

ESTUDIANTE: *¿Qué borrador de nuestro libro deberíamos enviar a un agente?*
BRANDON SANDERSON: Tal y como yo organizo las distintas versiones de mis novelas, diría que a partir del tercer borrador, pero eso dependerá mucho del proceso de cada escritor. No existe una única respuesta válida, pero yo recomiendo que terminéis el libro, lo dejéis a un lado y volváis a él al cabo de seis meses. Hacedle una buena revisión, buscad a unos cuantos lectores de prueba y cread un tercer borrador que tenga en cuenta los comentarios que consideréis acertados antes de enviarlo.

ESTUDIANTE: *¿Los agentes y los editores suelen explicar los motivos por los que rechazan un libro o se limitan a no responder?*

BRANDON SANDERSON: Lo habitual, si os rechazan en la fase de carta de presentación, es que no obtengáis respuesta. También sucede, más o menos la mitad de las veces, en la fase de capítulos de muestra, pero en alguna ocasión sí que os escribirán explicando por qué rechazan el libro. Si llegáis a enviar el manuscrito completo, lo normal es que después de haberse molestado en leerlo os den alguna explicación.

En todo caso, si empezáis a recibir respuestas explicándoos los motivos del rechazo durante las dos primeras fases, suele ser muy buena señal y significa que os falta poco para conseguirlo. Alrededor de un año antes de publicar mi primera novela, empecé a recibir muchas respuestas personalizadas en las comunicaciones de rechazo, aunque reconozco que fueron todas en la fase de capítulos de muestra porque me había saltado la carta de presentación.

ESTUDIANTE: *¿Cómo podemos saber si un agente no nos conviene?*

BRANDON SANDERSON: En muchos otros oficios, la pertenencia a una organización o a un colegio profesional sería un buen indicador de la fiabilidad de sus miembros. Sin embargo, al menos en Estados Unidos, hay malos agentes que son miembros de esas organizaciones y buenos agentes que no, de modo que no hay una correlación fiable. En mi opinión, lo primero que deberíais comprobar es si el agente que os interesa trabaja en una agencia literaria que ha vendido recientemente libros de autores noveles que pueden encontrarse en las librerías. Desconfiad si alguien se hace llamar agente literario pero se dedica a enviar libros a las «editoriales de vanidad», que cobran al autor por publicar su obra.

Una «edición de vanidad» no es lo mismo que la autopublicación. Si decidís autopublicaros, tenéis el control absoluto sobre vuestra obra. Quizá contratéis a un editor autónomo y paguéis una ilustración de cubierta, y en mi opinión deberíais hacer ambas cosas, pero el control es vuestro. En cambio, una editorial de vanidad se hace pasar por una editorial tradicional y os dirá: «Enhorabuena, hemos aceptado tu libro. Solo necesitamos que nos transfieras tal cantidad de dinero para publicarlo». Si topáis con alguna de esas editoriales, salid corriendo. Un agente que os envía a esos sitios no es un verdadero agente, o, si lo es, tiene unas carencias éticas muy graves.

Otra señal a la que deberíais prestar atención es cuando un agente os pide que reviséis el libro una y otra vez y no se lo envía a nadie. También puede ocurrir que os diga que vuestro libro está haciendo la ronda, pero se niegue a concretar a quiénes se lo ha enviado y en qué editoriales trabajan, y tampoco quiera enseñaros las cartas de rechazo. En cualquiera de esos dos casos, poneos en guardia.

Si un agente os pide mucho dinero por adelantado, mala señal. Por lo único que debería cobraros un agente es, como mucho, por los gastos de envío. E incluso en ese caso, no debería ser dinero que le adelantéis. Mi agente descuenta esos costes de mis beneficios. Si tiene que mandar ejemplares al extranjero, nuestro contrato especifica que puede descontar esos gastos del dinero que gano, y suele ser poquísimo. Cuidado también si os pide un pago por leer vuestra obra.

Pero insisto sobre todo en que comprobéis que el agente está vendiendo libros a editoriales serias y que esos libros pueden encontrarse en las librerías. Si entráis en una librería grande y no encontráis en los estantes a ninguno de los autores a los que representa un agente, no necesitáis a ese agente. Cualquier cosa que pueda hacer ese agente también podéis hacerla vosotros por vuestra cuenta mediante la autopublicación.

El proceso editorial

Veamos ahora qué sucede cuando una editorial decide comprar los derechos de un libro. En primer lugar, recibiréis una oferta con un anticipo sobre los derechos de autor. Ya hemos visto que, si la aceptáis, ese dinero es vuestro y no tendréis que devolverlo a menos que no entreguéis el manuscrito. Recordemos también que no empezaréis a cobrar liquidaciones periódicas en concepto de derechos de autor hasta que la parte proporcional que os corresponde por las ventas supere el anticipo.

Los anticipos para un autor novel suelen dividirse en dos pagos, la mitad a la firma del contrato y la otra mitad a la publicación del libro. A veces se reparte en tres pagos: uno a la firma, otro cuando el texto definitivo recibe el visto bueno del editor y un tercero a la publicación de la obra. Para autores más consagrados, puede suceder que el anticipo se divida en cuatro, añadiendo un último pago en el momento en que sale al mercado la edición de bolsillo. Creo que es la situación actual de mis libros, porque los anticipos de los contratos que firmo se han vuelto tan prohibitivos que las editoriales prefieren espaciar los pagos tanto como sea posible.

Lo normal es que la editorial haga una oferta relativamente negociable a partir de su análisis de pérdidas y ganancias, es decir, extrapolando la cantidad de ejemplares que creen que venderá vuestro libro a partir de los datos que tienen sobre otras primeras novelas que consideran similares. Pero también puede suceder que el libro vaya a subasta, si un agente tiene entre manos una obra que considera un posible bombazo. En ese caso, la enviará a todas las editoriales y, en lugar de esperar a que un único editor responda, que puede llevar entre seis y doce meses —yo tuve que esperar un año y medio para recibir noticias de *Elantris*—, te quitan la novela de las manos. El agente dice a los editores: «Aquí tenéis este libro, que esperamos que se venda muy deprisa. Empezaremos a recibir ofertas dentro de dos semanas». Y de pronto todos los editores se vuelven locos y se ponen a leer la novela y a pujar por ella, lo que suele llevar a un anticipo bastante elevado. Por eso los agentes intentan mantener una buena reputación, porque alguien que haya intentado llevar a subasta una novela mediocre tendrá más dificultades para volver a hacerlo.

Detengámonos ahora en dos detalles sobre los anticipos que creo que deberíais tener presentes. El primero es que el anticipo representa la cantidad mínima de dinero que ganaréis con un libro. Quizá vuestro porcentaje en derechos de autor nunca llegue a superar ese anticipo, pero en caso de que lo haga, si vendéis la misma cantidad de ejemplares que el libro de un autor famoso, en general terminaréis embolsándoos el mismo dinero que él. Os sucederá más tarde (porque el autor famoso habrá cobrado un anticipo muy superior al vuestro), y tal vez las cifras varíen un poco, pero los contratos editoriales están bastante estandarizados, y los porcentajes en derechos de autor son más o menos los mismos para todo el mundo. Si vuestra novela triunfa, los beneficios que obtendréis dependen únicamente de cuántos lectores tenga. Aunque hayáis recibido un anticipo de diez mil dólares por vuestro libro, si despega y termina vendiendo un millón de ejemplares, no ganaréis solo esos diez mil dólares, sino muchísimo más, aproximadamente lo mismo que un autor famoso que venda la misma cantidad de ejemplares.

Otro dato interesante es que cuanto más dinero adelante una editorial por un libro, más probable es que dedique recursos de marketing y publicidad a lograr que se venda. Tampoco os interesa un anticipo astronómico, porque implicaría que la editorial tiene unas expectativas desorbitadas sobre el libro y, en caso de no cumplirlas, lo consideraría un fracaso. Pero lo normal es que, si vuestro anticipo es alto, la editorial piense: «Tenemos que dar bombo a esta novela, porque después de pagar este anticipo necesitamos vender muchos ejemplares para recuperar la inversión, así que montemos una gran campaña».

Después de recibir la oferta con el anticipo, vuestro agente negociará. En general, os interesa un contrato por el que vendáis los derechos de más de un libro. Tampoco es necesario que sea una docena, porque os dejaría sin margen para renegociar más adelante, pero lo ideal es que la editorial se muestre comprometida a haceros crecer como autores. Por ejemplo, cuando estaba vendiendo los derechos de *Elantris*, nos ofrecieron cinco mil dólares por ese único libro. Joshua Bilmes, mi agente, logró que subieran a veinte mil por dos libros, es decir, diez mil por libro, y me recomendó aceptar la oferta. A él le parecía que podría haberlo llevado a otras editoriales y sacar más dinero por él, y aún lo cree, pero sabía que yo prefería publicar con Tor Books, así que aceptamos un anticipo algo más bajo del que Joshua creía que podría haber negociado, pero que incluía la publicación de un segundo libro.

Más tarde, cuando terminen las negociaciones y firméis un contrato, pasaréis a trabajar directamente con un editor, con quien lo ideal sería que os llevarais muy bien. El editor es como el gestor de proyecto para vuestro libro. Su trabajo consiste en hablar con vosotros sobre cómo pulir el texto, y su intención es crear una versión mejorada del libro que queríais escribir desde el principio. Llegados a este punto, no olvidéis que esa persona ha comprado los derechos de vuestra novela o trabaja para quien la ha comprado, así que no intentará obligaros a transformarla en algo que no es. Sin duda, os hará sugerencias, pero os corresponde a vosotros decidir si las aceptáis. A fin de cuentas, siempre estáis en vuestro derecho de devolver el anticipo y rescindir el contrato si el proceso no funciona, pero es muy poco probable que ocurra. Lo normal es que intentéis revisar el libro siguiendo sus consejos. Algunas sugerencias os encantarán, y otras no. Terminaréis alcanzando un consenso, y entonces el libro estará listo para ir a imprenta.

Durante ese tiempo, el editor también habrá trabajado con el departamento de diseño para crear una cubierta. La cubierta es como el cartel cinematográfico de vuestro libro, no una ilustración de su contenido. Tened en cuenta que el trabajo de los diseñadores consiste en crear una cubierta que incite al público adecuado a comprar la novela, no ceñirse hasta el mínimo detalle a su texto. La decisión definitiva sobre la cubierta corresponde al editor. Os enseñará bocetos, pero lo habitual para una primera novela es que al autor no se le conceda demasiada capacidad de decisión sobre el resultado. Puede que sí, pero no suele ocurrir.

Entonces el libro pasa al departamento comercial, que se encargará de lanzarlo al mercado.

Promoción

Hasta ahora hemos visto todo lo que podéis dar por sentado que una editorial hará por vosotros y por vuestro libro. Lo que viene a continuación no tiene por qué suceder en todos los casos, pero entra dentro de lo posible. La mayoría de los escritores autoeditados que en la actualidad aceptan un contrato tradicional lo hacen por estos extras que pueden llevarlos mucho más alto. Por ejemplo, Hugh Howie, autor de la Serie del Silo, al parecer logró conservar los derechos digitales de su obra y firmó un contrato de publicación física con una editorial importante, con lo que disfruta de lo mejor de ambos mundos.

¿Qué podría hacer por vosotros una gran editorial? Podría organizaros una gira. En una gira, la editorial lleva al autor a librerías a lo largo y ancho del país para que firme libros. Tal vez estéis pensando: «Bueno, pero si soy un autor nuevo, no vendrá nadie a mis firmas», y tendréis razón. Pero si vuestro nombre empieza a sonar, se presentará gente. Además, si os llevan a las librerías adecuadas, descubriréis que esos lugares tienen un grupo de aficionados devotos que acude a lo que sea que organicen cada semana, aunque no conozcan a los escritores que presentan su obra.

Pero lo más interesante de hacer una gira por librerías es que os dará la oportunidad de conocer a libreros. Si firmáis libros en una de esas librerías más o menos especializadas y a los empleados les llama la atención vuestra novela, quizá la lean y entonces de pronto tendréis a alguien recomendando el libro a las siguientes cincuenta personas que pasen por la librería. Así es como muchos libros han llegado a convertirse en superventas, sobre todo en ciencia ficción y fantasía. Steve Diamond, el responsable de la web *Elitist Book Reviews*, era el anterior encargado de la librería Waldenbooks del centro comercial de la zona. Leyó *Elantris*, le gustó y vendió cien ejemplares de la novela a base de recomendarla a los clientes. Me propuso ir a firmar libros y yo esperaba que aparecieran dos o tres personas, pero llegaron unas setenta y vendimos otros noventa ejemplares. Aunque desde entonces el efecto se haya reducido por la cuota de mercado que ahora ocupan los e-books, sigo creyendo que conocer a los libreros puede veniros muy bien.

Cuando vayáis a librerías, también podéis dejar ejemplares firmados en la estantería. En una de mis primeras firmas, a las que solo acudían mis amigos, uno de ellos vio un ejemplar firmado por Neil Gaiman y se volvieron todos locos. Empezaron a rebuscar, encontraron los ejemplares firmados y los compraron todos, aunque ya tenían ese libro en casa. Si dejáis libros firmados, es probable que los libreros los coloquen en espacios destacados durante un par de semanas, y que la gente los vea y decida dar una oportunidad a la novela. Además, las librerías son el mejor lugar donde conocer a vuestros lectores. Dos años después de empezar a publicar, hablé con un lector en Denver que me dijo que había regalado ejemplares de *El Imperio Final* a todos sus amigos. Al volver a casa, llamé a la editorial y pedí que le mandaran una caja de ochenta ejemplares en edición de bolsillo. Lo hicieron y, durante los siguientes dos años, ese aficionado los repartió entre todos sus conocidos que buscaban una nueva lectura.

Una gran editorial también puede destinar recursos a promocionar vuestra novela. Al principio quizá esos recursos sean muy escasos, del orden de cincuenta dólares. El motivo es que, si la editorial ha hecho su análisis de pérdidas y ganancias para vuestro libro y os ha ofrecido un adelanto de diez mil dólares, espera que ese libro genere más o menos el doble y gane los otros diez mil dólares. Por tanto, para ellos invertir cincuenta mil dólares en promoción es muy arriesgado. Tal vez salga bien y las ventas se disparen, pero en la mayoría de los casos les supondrá una pérdida de cuarenta mil dólares. El marketing literario es difícil, sobre todo para novelas de ciencia ficción y fantasía. Si la editorial se decide a invertir, sobre todo lo hará en anuncios segmentados para internet o en negociar una posición destacada en las librerías.

Esta estrategia se basa en que todas las librerías, incluidas las digitales, tienen el espacio limitado. Las páginas principales de Amazon y de Apple Books son espacios publicitarios de pago. Si entráis en una librería de Barnes & Noble y veis una mesa octogonal o un estante al cruzar la puerta, es un espacio publicitario de pago. Las cabeceras de las estanterías también suelen serlo, aunque con ellas pueden mostrarse un poco más flexibles y colocar vuestros libros si estáis haciendo una firma o una lectura. En todos esos casos, la editorial no suele pagar para colocar un libro en una posición destacada, sino que otorga a la librería un porcentaje algo más elevado sobre el precio de venta al público.

Por último están los marcapáginas, las postales y otros regalos que a veces se hacen al comprar un libro. Todos estos materiales salen del presupuesto de marketing, que suele ser un departamento independiente del de promoción y prensa, encargado de conseguiros entrevistas en medios, organizar encuentros con los lectores en redes sociales y hacer sorteos de ejemplares.

Como autores noveles, podréis proponer a la editorial que realice ese tipo de campañas. Es cuestión de negociar: sois libres de plantear lo que queráis, y que lo consigáis o no dependerá sobre todo de lo corporativa que sea la editorial. Tor Books, mi editorial de libros para adultos, no tiene una cultura muy corporativa y deja bastante manga ancha a sus autores. Para mi primera novela no organizaron una gira. No suelen hacerlo. Pero cuando publicaron la segunda, llamé y se la pedí. Me consiguieron firmas de libros en Fresno y en San Francisco, pero no tenían presupuesto para billetes de avión y me propusieron que me desplazara en coche. Así que conduje doce horas para llegar a Fresno, firmé libros y volví a casa, porque no podía permitirme un hotel. El fin de semana siguiente, conduje otras doce horas hasta San Francisco, firmé y volví. Al año siguiente, llamé y les dije: «¿Qué os parece si hago una gira conjunta con Dave Farland? Somos amigos, podemos viajar juntos y así atraeríamos más público. ¿De qué presupuesto estaríamos hablando?». Me dijeron que podían permitirse unos mil dólares por escritor, que para ellos no es nada porque un autor en gira tiende a costar alrededor de dos mil al día, teniendo en cuenta los vuelos, las dietas y el transporte entre el aeropuerto y la librería. Les respondí que con esos mil dólares podía subir a un coche con Dave y hacer diez sesiones de firmas, porque viajaríamos en coche y compartiríamos habitación de hotel. (Estamos hablando de 2005, cuando ese dinero daba para más que ahora). Así que, durante los tres años siguientes, hicimos giras juntos con un presupuesto de mil dólares por persona.

El segundo año, cuando ya me había hecho una idea de cómo eran las cosas, pedí a la editorial que me diera una caja de ejemplares de mis libros y, el día anterior a cada sesión de firmas, iba a la librería, regalaba uno a la persona encargada de la sección de ciencia ficción y fantasía, y dejaba otro firmado en la estantería, con su correspondiente pegatina para destacarlo. Eso fue lo que hizo que la gira mereciera la pena, porque lo repetí en todas las ciudades. Ir a veinte librerías en cada parada fue agotador, pero al menos el departamento de promoción de la editorial me dio los ejemplares gratis porque les había explicado para qué iba a utilizarlos. Por tanto, es posible realizar acciones publicitarias alternativas, e incluso podéis ahorraros los desplazamientos aprovechando internet y el auge del libro electrónico.

11

La autopublicación

Como sabéis, la mayoría de mis novelas están publicadas por editoriales tradicionales, de modo que en realidad quizá no sea la persona más indicada para hablaros de autopublicación. Por suerte, he tenido como alumnas a Jennifer Peel y Becky Monson, ambas autoras profesionales de novela romántica autoeditada, que se apuntaron a mis clases porque querían ampliar horizontes. Agradezco mucho a las dos que se prestaran a pasarme sus notas, un recurso valiosísimo viniendo de unas autoras que ahora mismo trabajan en las trincheras de la autopublicación.

Breve historia y situación actual de la autopublicación

Hasta hace poco, si un escritor quería publicar por su cuenta, le resultaba muy difícil. Algunos autores lo lograron, como Richard Paul Evans con *La caja de Navidad* o Christopher Paolini con *Eragon*, pero no era lo habitual. Hasta la gran revolución digital de 2010, la publicación independiente era casi sinónimo de «edición de vanidad». No eran lo mismo, pero la línea divisoria tampoco estaba muy definida. La edición de vanidad consistía en que un escritor pagaba por imprimir ejemplares de su libro y los almacenaba en su garaje para regalarlos de vez en cuando o, con un poco de suerte, vender alguno. Recuerdo que un amigo de mis padres lo hizo con un libro que contaba la vida de un golfista y consiguió vender unos cuatrocientos ejemplares de los cinco mil que había pagado.

Por desgracia, mucha gente que intentó autoeditar su libro en aquel momento se veía reflejada en este ejemplo. El problema era que el almacenamiento, el envío y la distribución de libros físicos era difícil y requería tener muchos contactos, mucha fama o un canal de ventas propio. Antes de la revolución digital, para triunfar en la autopublicación era casi imprescindible tener un método para vender los libros uno mismo. Por ejemplo, dar charlas o seminarios y llevar los libros autopublicados para venderlos a los asistentes. O quizá alguien que se dedicaba a otra cosa y llevaba su libro sobre el tema a las ferias y exposiciones. Era posible conseguirlo, pero tan difícil que durante muchos años la autoedición se vio manchada por un cierto estigma, probablemente ya inmerecido entonces, y muy inmerecido en la actualidad. Y ese estigma se resumía en la creencia de que autopublicar no era publicar de verdad.

Pero en el año 2010 la revolución digital por fin llegó a la literatura. Tardó mucho en hacerlo, tanto que nadie estaba muy seguro de si el libro digital terminaría popularizándose. La música se había digitalizado, y la televisión y el cine estaban en proceso de hacerlo, pero la literatura se resistía y la gente seguía comprando sobre todo libros físicos. Entonces Amazon lanzó el lector Kindle y, en doce meses, el panorama cambió por completo. De un año al siguiente, las ventas digitales de mis libros pasaron de ser anecdóticas a representar un veintipico por ciento del total. La tendencia se mantuvo en el tiempo hasta estabilizarse en los últimos años; ahora la proporción entre libros físicos y e-books es más o menos la misma, y el sector que está creciendo a costa de ambos es el de los audiolibros. Para que os hagáis una idea: *Estelar*, la secuela de *Escuadrón*, solo tuvo un diecisiete por ciento de ventas en formato físico durante las primeras semanas de su publicación en Estados Unidos. El otro ochenta y tres por ciento fueron e-books y audiolibros.

Por supuesto, esos porcentajes dependen mucho del género y del público objetivo. Los libros infantiles, por ejemplo, se venden mucho más en físico que en digital y audio, y los libros extensos suelen tener más público en formatos electrónicos, en parte por su peso y por el modelo de suscripción que ofrecen las grandes librerías digitales, que anima al lector a maximizar la cantidad de palabras adquiridas.

Un tercer factor que influye es lo mucho o poco que enganche el libro. Este factor compensa en cierta medida el de la longitud, porque muchos de los mejores *page turners* son libros breves, solo que cuando el lector los termina, quiere el siguiente de inmediato. Si al final del libro hay un enlace para comprar su continuación, en muchos casos lo pulsará y seguirá leyendo sin parar.

Esa revolución del e-book —es decir, esa transferencia de lectores del formato físico al digital— ofrece muchas oportunidades a un escritor que quiera autopublicar sus libros. Le permite hacer por sí mismo buena parte del trabajo de las editoriales sin tener que preocuparse de las cadenas de distribución y el almacenamiento. Hoy en día, la autopublicación se basa sobre todo en el e-book y el audiolibro. Muchos autores tienen sus libros disponibles a la venta en formato físico, pero suelen imprimir a demanda con un margen de beneficios muy escaso, para ofrecer ese servicio a los lectores que quieren un ejemplar para guardarlo en la estantería. La inmensa mayoría de sus ventas son en formato digital.

El gran cambio de paradigma que sucedió en 2010 llegó

encabezado por unos cuantos autores que sobre todo escribían novela romántica o *thriller*. Publicaban libros cortos de ritmo rápido (lo que en otro tiempo habríamos llamado literatura *pulp* de género), y a precios económicos, entre tres y cinco dólares. Lo habitual era que formaran parte de series, de modo que el lector pudiera comprar el siguiente volumen con un solo clic después de terminar un libro de una sentada. Eso hizo que el mercado de la autoedición creciera cada vez más, hasta el punto de que hoy en día entre un treinta y un cuarenta por ciento de los libros vendidos en Amazon son autopublicados. Sobre este dato, debería mencionar que J. K. Rowling representa una parte nada insignificante del porcentaje, quizá un dos o un tres por ciento ella sola, porque retuvo los derechos digitales de la serie de Harry Potter y la publica directamente.

Pero incluso sin ser J. K. Rowling, es posible hacer un buen negocio con la autopublicación. Por ejemplo: pedí a Jennifer Peel y Becky Monson que me proporcionaran sus cifras aproximadas de beneficios. Tuve que insistir un poco, porque no querían que pareciera que estaban alardeando, pero Jennifer Peel ha publicado treinta novelas hasta la fecha y sus beneficios anuales están en las seis cifras. Sus libros también pueden comprarse en formato físico y ha ganado varios premios literarios. Becky Monson ha publicado siete novelas, roza las seis cifras anuales, tiene agente y ha cerrado un acuerdo cinematográfico. Os recomiendo que echéis un vistazo a los libros de ambas.

Argumentos a favor de la autopublicación

Ya se han apuntado en el capítulo anterior, pero profundicemos un poco en los motivos por los que puede interesaros autopublicar vuestra obra, en contraste con el modelo editorial tradicional. Los principales beneficios de la autoedición son la flexibilidad y el control. Si publicáis vuestros propios libros, podéis adaptaros con mucha mayor rapidez y eficacia a los vaivenes del mercado. También decidís vuestro ritmo de publicación, la cantidad de novelas que tendrá vuestra serie y lo extensa que será cada una: estáis al mando de todo. Podréis elegir sin injerencias externas sobre la cubierta del libro, su texto de contraportada y, en el aspecto económico, también su precio, en qué momentos ponerlo en oferta y qué promociones queréis lanzar.

Son motivos de mucho peso, porque, como veíamos, en la publicación tradicional un escritor suele tener muy poca capacidad de decisión sobre la cubierta y el texto de contraportada de su primera novela. Además, en Estados Unidos, los contratos editoriales (por lo menos para las ediciones físicas) suelen ser a perpetuidad o, mejor dicho, hasta que expiren los derechos de autor (esto no sucede en España, donde los contratos tienen una duración de entre cinco y ocho años). Pero si vendéis los derechos de un libro a un editor estadounidense como Tor Books, la editorial tendrá derecho a explotarlo durante todo el tiempo que viváis, más otros setenta años. Es posible recuperar los derechos, y la manera de hacerlo suele constar en las cláusulas del contrato, pero lo que estáis firmando es eso.

Otro motivo a favor de la autopublicación es la remuneración. El porcentaje en derechos de autor suele rondar el setenta por ciento, aunque en Amazon.com la condición para mantener ese porcentaje es que el precio del e-book esté entre los tres y los diez dólares. Si os salís de ese rango, Amazon os asigna un porcentaje de derechos bastante menor, porque entiende que bajar de los tres dólares devalúa demasiado el libro, y pasar de los diez anula la sensación de ganga que le permite mantener la venta de dispositivos Kindle como inversión para el lector (que luego ahorrará leyendo en digital). Ese porcentaje alto de beneficios sobre el precio de venta implica que, si tenéis una base de lectores pequeña pero entusiasta y dispuesta a comprar todo lo que publiquéis —y si el modelo tradicional no os supondría un aumento considerable de ventas porque escribís un género muy concreto y a cuyo público conocéis bien—, ganaréis mucho más publicando por vuestra cuenta. Si además sois capaces de seguir las tendencias del mercado, escribís rápido y producís series largas de libros que enganchen, mejor que mejor.

Os recomiendo que estudiéis el caso de Bella Forrest. Creo que es la autora autopublicada más vendida en Amazon.com casi todos los meses, y su modelo de negocio consiste en publicar libros adaptándose a las tendencias editoriales del momento. La flexibilidad de la autoedición le permite subirse muy deprisa a cualquier carro y escribir historias largas que vende por entregas. Su serie más conocida es La Sombra del Vampiro, muy parecida a la saga Crepúsculo: es decir, fantasía urbana romántica con vampiros. Tiene más de cincuenta entregas, porque publica una cada seis semanas, y vende una barbaridad, casi al nivel de J. K. Rowling, alcanzando a veces el tercer o el cuarto puesto en la lista general de Amazon.com. Tiene otra serie que es parecida a Los Juegos del Hambre y otra con cierto aire a los libros de Nicholas Sparks, y entre todas ellas Bella Forrest publica un libro nuevo cada dos semanas. La autopublicación le permite una flexibilidad que jamás podría haber desarrollado con una editorial tradicional.

Otra ventaja que suelen mencionar los defensores de la autopublicación es que con ella se puede conseguir todo lo que ofrecen las grandes editoriales. Si queréis llevar vuestras novelas a las librerías, es posible lograrlo. Será más difícil que mediante una editorial tradicional, pero no deja de ser factible. Si buscáis vender los derechos cinematográficos, también puede suceder, aunque no sea tan habitual. Andy Weir autopublicó *El marciano*, y yo mismo lo hice con mi novela corta *El alma del emperador*. De su edición física se encargó Tachyon, una pequeña editorial de San Francisco que hizo un trabajo excelente llevándola a todas las librerías y ayudándole a conseguir un premio Hugo y la candidatura a los World Fantasy Awards. Así que en realidad fue un modelo híbrido, pero el e-book lo publiqué yo mismo y recibí una oferta para producir una adaptación audiovisual de la historia.

Todos estos argumentos a favor de la autoedición son más que legítimos. Si seguís teniendo algún prejuicio (por cómo habla de ella la industria tradicional, o porque quizá todavía colee el estigma de la edición de vanidad), os conviene revisarlo. Es un segmento del mercado en crecimiento y una opción perfectamente realista. Creo que cualquier escritor que intenta hacerse un hueco en este sector debería plantearse al menos la posibilidad de autopublicar.

Cómo empezar en la autopublicación

Existen dos métodos distintos a la hora de entrar en el negocio de la autopublicación. El primero aboga por lo que yo llamo convertirse en un «escritor de plataforma». Consiste básicamente en tener una buena plataforma mediática que atraiga mucha atención y utilizarla para publicitar el libro.

El ejemplo paradigmático de este método es Larry Correia, un firme defensor del derecho a portar armas y comentarista político de derechas. Antes de que estallara la fiebre de la autopublicación, Correia tenía un blog en el que hablaba con fervor de los temas que más le interesaban, las armas y la política, y empezó a escribir novelas de acción y aventura cuyos personajes hacían un uso realista de las armas de fuego. Para los lectores que sabían manejar armas y que veían el mundo de un modo parecido al de Correia, eran las historias perfectas. Así que utilizó su blog y su reputación en los foros sobre armas para decir a esos lectores potenciales: «Ya me conocéis porque llevo años participando aquí. Este es mi libro y espero que le deis una oportunidad». Logró atraer bastante atención hacia sus novelas y las convirtió en superventas antes de firmar un contrato con una editorial.

Sin embargo, muchos autores autoeditados con los que he hablado afirman que, a la hora de crear una plataforma en la que apoyarse, cada vez cuesta más destacar. Por tanto, a menos que uno ya disponga de un altavoz que le permita lanzarse, recomiendan el segundo método, que consiste en publicar tanto y tan deprisa como se pueda. Suelen decir que tu próximo libro es la mejor publicidad que puedes hacerle al anterior, lo cual también es cierto en la publicación tradicional, y creo que es un buen consejo para todo el mundo. En general, el hecho de asegurarse de que vuestro siguiente libro no tarda demasiado en salir publicado es la herramienta de marketing más valiosa. Lo primero y principal es escribir vuestra siguiente novela, que podríais publicar perfectamente al cabo de cuatro meses o de un año, según vuestros planes.

Para lograrlo, recomiendan unirse a foros y grupos de internet sobre el mundo de la autopublicación y preguntar a escritores autoeditados que estén vendiendo libros en ese momento. Así podréis obtener información mucho más valiosa que la que os proporcionaría alguien como yo, que estoy muy metido en la publicación tradicional y, hasta cuando autopublico, cuento con la plataforma de ser un autor de fantasía consagrado y respetado, y con el presupuesto para marketing de una gran editorial. Otras buenas ideas son asistir a eventos literarios sobre autores autopublicados (o donde hable alguno de ellos), y, sobre todo, escribir un libro buenísimo, o incluso varios, antes de empezar a publicar, porque un buen ritmo permite hacer distintos tipos de publicidad.

Actualmente, en el mundo de la autoedición, es muy habitual el método del bombardeo. Una buena amiga mía, Janci Patterson, estuvo varios años escribiendo una serie de quince novelas a cuatro manos con Megan Walker y luego las publicaron seguidas, una cada mes, durante algo más de un año. Quizá os preguntéis cómo es posible que Bella Forrest publique un libro cada dos semanas. Yo también me lo pregunto, y no tengo ni idea de cuál es su método, pero sí sé que muchos amigos míos no podrían publicar un libro al mes. Lo que pueden hacer es tomarse tres años, escribir una docena de libros y bombardear con ellos cada mes para que cada uno aproveche el tirón de los anteriores. Sea como sea, un ritmo rápido suele ser muy ventajoso en la autopublicación.

También es importante asegurarse de que el libro no parezca autoeditado. En otras palabras, deberíais considerar la edición de vuestros libros como un negocio que requiere tiempo y dinero. Aquí es donde falla muchísima gente. Os interesa tener una buena portada, y las buenas portadas hay que pagarlas. Cuando autopublico una novela suelo invertir unos dos mil dólares en la ilustración de cubierta. No tiene por qué ser tanto, pero sí os recomiendo que gastéis algún dinero en eso, y se puede conseguir una portada bastante decente por quinientos dólares. Aunque no lleguéis a tanto, os aconsejo que no compréis una ilustración por cinco dólares en webs como Fiverr, ya que el resultado será mediocre.

También deberíais invertir en la edición, la revisión de estilo y la corrección ortotipográfica. Un editor externo os advertirá de los problemas que pueda haber en la trama, los personajes o el ritmo narrativo, y os sugerirá cómo abordarlos. Una revisión de estilo hará el libro más comprensible para el lector, evitará repeticiones de palabras y otros errores comunes y adecuará el texto a las normas gramaticales. También es posible que capte incoherencias como que los ojos de un personaje cambien de color de una escena a otra. Por último, la revisión ortotipográfica cazará las erratas que hayan escapado a los dos procesos anteriores. Cuando mi director editorial, Peter Ahlstrom, hace revisiones de estilo u ortotipográficas a mis libros, acostumbra a leer empezando por el último capítulo, para no distraerse con los problemas globales que corresponderían a un editor. Quizá también os interese pagar a alguien que maquete el libro para mejorar su estética en la página, aunque si solo publicáis en formato digital, tened en cuenta que los lectores cambiarán el tamaño del texto a su antojo, así que el proceso de maquetación es mucho más sencillo.

Una vez que el libro ha pasado por ese proceso de revisión externa y ya tenéis portada, estaréis en condiciones de publicarlo. Para hacerlo, tenéis dos posibilidades básicas: subirlo a todas las plataformas existentes o conceder la exclusiva a Amazon. Si estáis dispuestos a limitaros a una sola plataforma, Amazon os añadirá a Kindle Unlimited, un servicio de suscripción en el que el lector paga una cuota mensual fija y Amazon retribuye a los autores según el número de páginas leídas por el conjunto de los usuarios. Puede ayudar bastante a un autor autoeditado, porque muchos escritores que publican por la vía tradicional no están presentes en el servicio, lo cual reduce la competencia, y suele funcionar bien para el género romántico, el fantástico y el misterio.

La otra opción es publicar el libro en todas las plataformas disponibles. Si lo hacéis así, llegáis a más lectores, pero no tendréis las mismas condiciones en Amazon que publicando allí en exclusiva. Existen herramientas, como Draft2 Digital, que se ocupan de distribuir el manuscrito a Barnes

& Noble, Kobo, Apple Books, Amazon y muchas otras plataformas. Si utilizáis alguna herramienta de distribución automática, os recomiendo que de todos modos subáis el libro a Amazon manualmente, porque es fácil y supone un mayor control y unas condiciones más favorables. Es lo que hacemos nosotros cuando autoeditamos mis e-books.

En ocasiones puede ser buena idea vender vuestro primer libro a noventa y nueve céntimos de dólar, aunque con ello el porcentaje en derechos de autor que os asignan las distintas plataformas pueda menguar, en algunos casos hasta el treinta y cinco por ciento. Durante bastante tiempo, regalar o dejar muy barato el primer libro de una serie era un buen método para enganchar al lector y que siguiera con las entregas posteriores. Ahora los lectores se han inmunizado ante esa estrategia, y es mucho menos efectiva que antes, pero quizá os interese probar. En todo caso, Jennifer Peel y Becky Monson recomiendan tener cuidado con el precio al que vendéis vuestros libros, porque el público se acostumbra enseguida a lo barato y, si ha comprado entregas de una saga a noventa y cinco céntimos, esperará seguir pagando lo mismo en las siguientes.

Por último, un par de advertencias para escritores noveles autopublicados. La primera es que hay estafadores por todas partes esperando a que piquéis. Una buena actitud, tanto en la autoedición como en la publicación tradicional, es sospechar siempre de quien os pida dinero. Por supuesto, eso no incluye a los profesionales a quienes contratéis la portada o a los distintos servicios editoriales, pero desconfiad si alguien dice que os hará todo el trabajo a cambio de cierta suma, porque muchos de ellos son estafadores, que no os hacen ninguna falta hoy en día porque podéis conseguir lo mismo por vuestros propios medios.

La segunda advertencia es que el panorama de la autopublicación no deja de cambiar constantemente y deberíais prestar atención y manteneros al día. Por ejemplo, uno de los grandes cambios recientes es que Amazon ha empezado a cobrar a los autores por anunciar sus libros en el sistema de recomendaciones, una jugada que se ha convertido en una fuente importante de beneficios para la empresa. Al principio de la revolución digital, las recomendaciones de Amazon se basaban exclusivamente en los otros libros que gustaban a la gente que había leído una novela concreta. Si entrabais en la página de un libro mío, solo se os recomendaban otras novelas que habían gustado a mis lectores, ya fueran autoeditados o publicados por editoriales tradicionales. Creo que Amazon está siendo corta de miras y se está equivocando con este cambio, pero desde hace un tiempo ese sistema de recomendaciones se ha vuelto casi testimonial, al ser reemplazado por este modelo que intenta cobrar a los escritores por aparecer en las páginas de otros libros. Muchos autores autoeditados me cuentan que están pagando miles de dólares cada mes para que Amazon publicite sus libros y ellos sigan vendiendo. Visto así, el setenta por ciento de los beneficios sobre el precio de venta decrece bastante si la mitad de esos beneficios vuelven a Amazon casi sin remedio, porque la alternativa es que la visibilidad de los libros y, por tanto, las ventas decaigan drásticamente.

En mi opinión, es un cambio muy negativo para la autopublicación y para la literatura en general, pero es lo que ha decidido hacer la empresa que domina el negocio del e-book. Por tanto, si queréis autoeditar vuestros libros, vuestras opciones son las siguientes: o bien tener una plataforma que atraiga a la gente hacia ellos y haceros lo bastante famosos como para que los lectores hagan búsquedas directas de vuestra obra; o bien pagar a Amazon para que la anuncie y podáis venderla. Me parece una situación lamentable, pero así está el negocio ahora mismo.

Con todo, os animo a que comprobéis mis afirmaciones

hablando con otros autores autoeditados. He consultado a bastantes de ellos y esta es la respuesta que me han dado, pero quizá mi muestra no sea muy representativa del panorama general, sino de un segmento concreto del mercado que invierte mucho en anuncios y le funcionan, de modo que sigue haciéndolo. Es probable que esa proporción de gasto publicitario tenga un tope, un punto de inflexión a partir del cual la publicidad rinde y el autor gana cada vez más dinero, con lo cual el porcentaje invertido se reduce. En cualquier caso, deberíais ser conscientes de que los anuncios pagados son una característica importante del mercado en estos momentos.

Autopromoción y marca personal

Muchos de los consejos que uno puede dar a un escritor novel que quiere abrirse camino en la autoedición sirven también si está intentando hacerse un nombre mediante la publicación tradicional. Una de las ventajas de publicar con una gran editorial es la posibilidad de aprovechar su cadena de distribución y su departamento comercial. Eso significa que la editorial tiene a mucha gente que va a las distintas librerías y convence a los responsables de que pongan ejemplares de vuestro libro a la venta en sus estantes. Para un autor que empieza y que no ha recibido un anticipo demasiado alto, esa será toda la publicidad que hagan por su libro. La editorial no gastará mucho dinero en anuncios de Amazon o Facebook. Puede que invierta un poco, pero os garantizo que no será una suma desorbitada, a menos que conviertan vuestra novela en una de las grandes apuestas de ese año. En consecuencia, muchas veces tendréis que promocionar el libro vosotros mismos, igual que haría un autor autopublicado.

Aparte de los anuncios de pago, de los que ya hemos hablado, la recomendación más general en ambos casos es que os centréis en las redes sociales. Permitidme insistir en que nada de esto debería ser más prioritario que terminar vuestro siguiente libro, pero os conviene tener una presencia en redes sociales y una página web propia, siempre que podáis mantenerlas. Si vuestra web tiene un blog, pero no lo actualizáis nunca, es mejor no incluir un blog y tener una página estática con vuestros libros, unos cuantos capítulos de muestra y poco más.

Lo mismo ocurre con las redes sociales. Algunos autores, como Jennifer Peel y Becky Monson, afirman que últimamente les funcionan mejor Facebook e Instagram que Twitter, pero conozco a otros escritores que sacan mucho partido a Twitter. Lo importante es que escojáis unas cuantas plataformas sociales y hagáis un buen trabajo con ellas. Con esto me refiero a que mucha gente no quiere seguir a cuentas promocionales en redes sociales, porque ya ve demasiados anuncios corporativos a diario. Por tanto, si vuestra cuenta de Twitter o de cualquier otra red parece la de una empresa promocionando sus productos, quizá no resulte atractiva para vuestros lectores potenciales. Deberéis dedicar tiempo a que sea un lugar donde la gente acuda a descubrir cosas. Tanto si ya tenéis una base de lectores como si empezáis a cultivarla, suele funcionar colgar publicaciones sobre vuestra vida. En todo caso, recordad que una cuenta de Twitter que se limite a anunciar las fechas de salida de vuestros libros os servirá de poco.

Asimismo, es importante que vuestra página web tenga un aspecto profesional. Y permitidme insistir en que, si no vais a actualizarla con frecuencia, es mejor que su diseño sea agradable a la vista y no muestre la fecha en que se publicaron sus elementos. Tener una buena página web es una de las mejores inversiones de tiempo que podéis hacer, porque, si la gente os busca en Google, llegará a ella y encontrará lo que os interesa transmitir sobre vuestros libros.

norma militar. Eran novelas de acción y aventura pero con abogados, un cruce entre Ley y orden y Star Trek. La serie apenas funcionó, a pesar de que eran unos libros muy buenos. En este caso, los distintos géneros se excluyeron entre sí y mi amigo solo consiguió captar el centro del diagrama de Venn. Excluyó a los aficionados a la ciencia ficción que no lo eran también de las historias de abogados, y viceversa.

Si las editoriales supieran siempre cómo vender un libro al público más amplio posible, lo harían en cada lanzamiento. Por tanto, no lo saben. Nadie sabe qué libro será un bombazo y cuál pasará desapercibido. Si mi amigo hubiera autopublicado sus libros, tal vez habría encontrado a mil o dos mil personas que pensaran: «Yo he sido policía militar y me encanta la ciencia ficción, así que son las novelas perfectas para mí». Podría haber creado una base de lectores muy entusiasta escribiendo un contenido de nicho. La autopublicación podría haber dado a su saga un destino muy distinto. En todo caso, la historia tiene un final feliz porque mi amigo cambió de marca personal y publicó bajo el seudónimo de Jack Campbell la serie La Flota Perdida, en la que renunció a los abogados, se centró en la ciencia ficción militar y triunfó a lo grande.

ESTUDIANTE: *¿Los relatos cortos autoeditados funcionan bien?*
BRANDON SANDERSON: Los relatos de un autor independiente no venden, pero pueden llegar a un público bastante amplio si son gratuitos. Existen lugares donde la ficción breve gratuita atrae a muchos lectores. Tuve un alumno que cosechó un gran éxito en un subforo de Reddit dedicado a los relatos de terror, pero en general es difícil cobrar por los relatos autoeditados. La mayoría de los relatos que veo disponibles en internet son gratuitos, pero sus autores los es-

criben para promocionarse o para intentar venderlos a revistas que les proporcionen cierto prestigio.

Las novelas cortas sí que se venden bien. Si podéis ponerlas al precio mágico de tres dólares en Amazon, son un modelo viable. Por debajo de ese precio, dejan de ser productivas en términos económicos. Y no es que la ficción breve sea menos popular que antes. El problema es que ahora mismo no suele ser lo suficientemente rentable como para que merezca la pena dedicarse a ella.

ESTUDIANTE: *¿Cómo se puede pasar de la autoedición a la publicación tradicional?*
BRANDON SANDERSON: Si yo ahora mismo estuviera intentando entrar en el mercado editorial, creo que probaría el enfoque híbrido. Escribiría unas cuantas novelas, y entonces me plantearía si lo más conveniente es buscarles editorial o autopublicarlas. En el primer caso contactaría con editoriales tradicionales, y en el segundo empezaría a publicar por mi cuenta.

Al mismo tiempo, intentaría escribir un contenido orientado a la autoedición, que pudiera funcionar muy bien. Por ejemplo, algo como mi segunda serie de Nacidos de la Bruma, la tetralogía protagonizada por Wax y Wayne, unos *thrillers* de misterio con ritmo rápido ambientados en un mundo fantástico. Son unos libros más cortos y, por tanto, más adecuados para la autopublicación. Si no fuera un autor conocido e intentara abrirme camino, tal vez me plantearía dedicar unos años a escribir una serie de seis novelas entre mis otros libros destinados a la publicación tradicional, guardar esa serie y, una vez terminada, publicarla seguida por mi cuenta. En caso de que los libros que estuvieran en manos de las editoriales tradicionales terminaran rechazados, me los reservaría para autopublicarlos después de esas novelas más cortas. Les diría a los lectores: «Si os han gustado mis historias vertiginosas, tal vez os interesen estos otros libros más extensos, ambientados en el mismo mundo». Seguramente intentaría hacerme un nombre de ese modo.

Aunque los dos modelos me parecen viables, creo que la combinación entre la publicación tradicional y la autopublicación es el mejor método en los tiempos que corren. Pero hablad también con escritores de los dos mundos para averiguar qué estrategias les funcionan. No os cerréis ninguna puerta. Investigad por vuestra cuenta. Este curso solo pretende daros una visión general sobre el oficio de escritor. Y espero que os sirva como base para adquirir los conocimientos que os lleven a publicar vuestra primera novela.

Conclusión

Suele decirse que la escritura es una actividad solitaria, y es cierto... pero también es extraño decirlo. Porque además es una representación, solo que las reacciones del público llegan con retraso.

Quisiera terminar este libro con una metáfora. Es algo que suelo comentar en clase, pero aquí me gustaría enfatizarlo y explorarlo un poco más a fondo. Estoy cada vez más convencido de que la clave para convertirse en escritor es concentrarse menos en lo escrito y más en el proceso de escritura en sí mismo.

Es probable que esta distinción parezca imposible. ¿Acaso no son lo mismo? Recordaréis que al principio de este libro hablo sobre chefs y cocineros. Sobre ser la clase de persona capaz de estudiar los ingredientes de una historia, de saber lo que hacen y cómo interactúan, y de utilizarlos después de formas inteligentes para alcanzar tus objetivos.

Del mismo modo, quisiera proponeros que cambiéis la forma de miraros a vosotros mismos. Vosotros sois la obra de arte. En muchos aspectos, el libro no lo es. El libro es una expresión de vosotros mismos, de la persona que erais en el momento de escribirlo. De los temas que os importaban entonces, de las conexiones interesantes que establecisteis entre los personajes, de las escenas emocionantes que estabais deseando narrar.

El poder de los libros reside únicamente en el efecto que tienen en la gente. No es una característica innata de la palabra escrita: lo importante son los lectores, que aportan al texto su entusiasmo y su imaginación. Por esa misma regla, la historia que estáis contando no es importante porque resulte ser una entidad mágica y poderosa que canalizáis y se transmite a través de vosotros, ajena a vuestra esencia. Lo que estáis plasmando en la página es vuestra alma. Y el lector más importante de todos sois vosotros mismos.

A medida que practiquéis y maduréis como escritores, os animo a dejar de pensar en vuestro libro o vuestra historia como algo perfecto que conviene no desbaratar. Consideradlo más bien como un medio a través del cual estáis mejorando como narradores. Con cada palabra os acercáis un paso más al escritor que queréis ser. Ganáis un mayor dominio de esta forma artística y aprendéis a conectar mejor con los lectores. El mero hecho de haber escrito os hace crecer.

Si afrontáis la escritura con esa mentalidad, sin perder de vista el objetivo de mejorar empleando las palabras como un medio, comprenderéis mejor de qué se trata. Os obsesionaréis menos con si tal palabra es la perfecta o no, si tal frase rechina o no, y os fijaréis más en cómo estáis madurando como escritores. Buscaréis el tipo de historias que os obligue a esforzaros, que os cueste escribir, porque descubriréis que eso os ayuda a crecer como autores. Al hacerlo, vuestra escritura mejorará a pasos agigantados. Y conectaréis mejor con el público, porque habrá más de vosotros mismos en vuestra obra.

Escribir no es una actividad solitaria. Lo que ocurre es que la gente que os aclamará, el público cuyo favor un día conoceréis, aún no ha tenido ocasión de experimentar la historia que estáis escribiendo. Seguid adelante. Seguid por ellos, por la escritura, pero sobre todo por vosotros mismos. Y por la persona en la que poco a poco os está convirtiendo la escritura, mientras avanzáis a través de su magia.

Índice alfabético y temático